대원불교
학술총서
07

대원불교
학술총서
07

활생문명으로 가는 길

대지 지향의 현대사회를 향한
불교적 모색

김규칠 지음

운주사

발간사

오늘날 인류 사회는 4차 산업혁명을 통해 완전히 새로운 세상을 맞이하고 있습니다. 전통적인 인간관과 세계관이 크게 흔들리면서, 종교계에도 새로운 변혁이 불가피하게 되었습니다. 이런 상황에서 대한불교진흥원은 다음과 같은 취지로 대원불교총서를 발간하려고 합니다.

첫째로, 현대 과학의 발전을 토대로 불교를 현대적으로 재해석할 필요가 있습니다. 불교는 어느 종교보다도 과학과 가장 잘 조화될 수 있는 종교입니다. 이런 평가에 걸맞게 불교를 현대적 용어로 새롭게 이해할 수 있도록 하려고 합니다.

둘째로, 현대 생활에 맞게 불교를 이해할 필요가 있습니다. 불교가 형성되던 시대 상황과 오늘날의 상황은 너무나 많이 변했습니다. 이런 변화된 상황에서 부처님의 가르침을 제대로 이해할 수 있도록 하려고 합니다.

셋째로, 불교의 발전과정을 종합적으로 이해할 필요가 있습니다. 북방불교, 남방불교, 티베트불교, 현대 서구불교 등은 같은 뿌리에서 다른 꽃들을 피웠습니다. 세계화 시대에 부응하여 이들 발전을 한데 묶어 불교에 대한 총체적 이해가 가능하도록 하려고 합니다.

대원불교총서는 대한불교진흥원의 장기 프로젝트의 하나로서 두 종류로 출간될 예정입니다. 하나는 대원불교학술총서이고 다른 하나는 대원불교문화총서입니다. 학술총서는 학술성과 대중성 양 측면을 모두 갖추려고 하며, 문화총서는 젊은 세대의 관심과 감각에 맞추려고 합니다.

본 총서 발간이 한국불교 중흥에 조금이나마 기여할 수 있기를 바랍니다.

불기 2567년(서기 2023년) 7월

(재)대한불교진흥원

글머리에

다음과 같은 기본 생각으로 이 글을 썼습니다.

불교 핵심사상의 현대적 조명[1]

불교는 '연기적 현실세계'에서 삶의 의의와 구도의 길을 찾는 사유방식이다.[2] 불교는 대지의 미물을 포함한 모든 생명의 생존에서부터 구원에 이르기까지의 '둘 아님'의 관계와 그 도정을 염원하고 함께한다.[3] 보통과 평상을 중시하되 자유로운 삶을 향해 진력하는, 유사시에 개척과 모험을 감행하는 행동학이다.[4] 진정한 긍정에 이르기 위하여 끊임없이 새로운 해석과 의미의 발견, 부정과 실험을 통하여 현실을 극복하며 살아내는 과정이다. 불교는 개인주의와 공동체주의를 넘어 궁극적으로는 무지배·자유·평등[5]을 지향하는 정신이다.

---

1 『금강경』, 『반야심경』, 『What the Buddha Taught』(Walpola Rahula, Gordon Frazer, 1978) 등의 핵심내용을 중심으로 현대적으로 해석, 조명하고자 한다.

2 불교는 하나의 세계냐, 두 세계냐의 질문에 동의하지 않는다. 잠재장의 현실과 현재화된 현실 등 다 차원적 다양한 현실을 포괄하는 '연기적 현실의 세계'에서 길을 모색하고 정진하는 삶을 지향한다.

3 『금강경』 첫 법회에서의 고타마 싯달타(붓다)와 수보리와의 대화에서의 첫 설법 참조.

4 늘 새로움의 개척과 생사를 건 모험을 통해 자타 구분의 너머로 나아감을 말한다.

5 그리스의 이오니아의 교역과 상업지역에서 일어난 '이소노미아(Isonomia)'와

자연은 끊임없이 생성과 변멸을 계속하는 연기법이다. 연기는 스스로를 묶어 두지 않은 연기이므로 어디로 어떻게 변화할지 알 수 없다. 그러므로 연기는 연기를 넘어 비연기로 되기도 하고, 비연기가 연기로 되기도 한다. 이 '변화-되기'가 곧 공空이다. 공의 변화과정은 곧 차이생성의 무한반복이며 이 과정이 연기법이다. 대지가 활생을 잃으면 생명도 인간도 활생을 잃는다. 그런 의미에서 불교인은 생동하는 자연, 저항하고 행동하는 대지의 대변자다. 자연의 속성은 차이생성과 다양성의 원리이고, 끊임없이 생성하는 움직임이고 흐름이다. 자연의 속성이 다양성이고 생성이라면, 그 속성의 표현양태인 생명과 생명의 살려고 하는 의지를 긍정할 수밖에 없다. 그러나 유한한 유기체의 관점에서 긍정이기에 그 긍정은 또한 잠정적이고 유한할 수밖에 없다. 유한 양태는 고정된 긍정에 머무를 수 없으므로 스스로 부정하면서 다시 긍정으로 나아가고 끝없이 그 과정을 거듭한다. 바람, 욕망, 의지는 한순간도 머물러 있지 않는다.

존재는 응고 결정된 존재가 아니다. 굳이 말한다면 한정적인 의미에서 동일성, 항상성, 안정성이고 그와 동시에 동태적 모양새요 복합적 유동성(상향성, 하향성 등)이다. 연기법을 현대적으로 환언하면 '연기적 공空적 생성·변화의 복합존재론'이라고 할 수 있다.

상통하는 것으로 본다. 이소노미야는 지배를 개념적으로 전제하지 않은, 자유와 평등을 위한 정치체제를 말한다.

존재론과 관계론에 대하여 — "실체에도 관계에도 머물지 말라"(붓다)

존재자는 문자대로 실체로 존재하는가? 존재하는 것은 관계에 의하여 존재하는 것인가? 물음에 문제가 있다. 불교의 연기론적 입장에서 보면 실체의 존재론에 동의할 수 없다. 철저하고 엄밀하게 볼 때 '…이다'라고 규정할 수 있는 것은 아무 것도 없다. 어떤, 무엇, 어떤 것(…이기/…임)을 전제한 관계론적 존재론에도 동의할 수 없다. 연기는 어디에도 머물지 않고 끊임없는 '되기 과정' '변화과정'이다. 이런 연기적 변화를 '공空'이라고 하였다. 관계도 어떤 '되기'와 어떤 '되기'의 연유로 인하여 논할 수밖에 없는데, 그 어떤 되기나 관계 모두가 연기적 관계에 의한 생성일 터이므로 그것들의 존재가 아니라 먼저 생성을 논해야 한다. 사물을 관계망과 관계의 구성요소에서 본다고 할 경우, 다양하게 생성하고 변하는 유동적 과정적 존재로서, 즉 생성, 변멸, 반복의 과정으로서 보아야 한다. 그렇지 않고 고착된 형상, 체계 또는 중심을 가지고 연결 짓는 관계망으로만 이해한다면 제대로 본다고 할 수 없다. 근거 또는 본질을 규명하는 식의 논의 자체를 불교의 관점에서는 삼간다. 불교는 본질주의, 실체론 또는 관계망의 구조과 요소에 의거하는 사고를 벗어나서, 생성 변이하는 현실의 관계와 배치, 사건과 사태가 끊임없이 생성하고 변멸하며 이를 거듭하는 과정에서 말한다.

우리는 대지와 현대사회의 조화를 기반으로 한 '활생문명'[6]을 원한다

---

6 활생문명은 자연수탈의 문명에서 잠재력발휘 문명으로의 전환을 뜻한다. 인류가 대지와의 '둘 아님'의 의미를 깨닫고, 온 생명의 생존과 번성을 위해 조화의

그러기 위해서 먼저 문명의 원천과 유래, 이와 관련한 핵심요소로서 집단적인 집합표상 설정의 임의성과 그 성격의 공성空性[7]을 성찰할 필요가 있다. 그리하여 문명이 활생의 방향을 취하지 못한 연유를 알아야 한다.

현대의 정치, 경제, 사회 구조는 세력들 간의 적대적 공생관계의 근본전략과 맞물려 있다. 이런 공생관계가 백성과 인류, 특히 강대국 사이에 낀 중소국 백성들을 인질로 잡고 있다. 그 인질들은 거대권력의 편짜기에 편입되고 포획되어 있다. 이런 사태의 표면적 동인은 체제편과 반체제편의 대립이지만, 그 이면에는 집단적 표상이 있다. 집합표상의 계보를 거슬러 올라가면 원조에 임의적으로 설정한 관념들의 전제가 있다. 이것을 실체적인 것으로 규정하여 동일성 중심의 존재론을 정립하고 정체불명의 정체성을 형성하여 왔다. 그 과정에서 생긴 종교·정치결합체는 정치·경제 결합체제로 진전되어 갔으며, 그 체제는 물리력을 기반으로 생산위주 시스템을 강행 발동하여 자연과 생명을 종속적 대상으로 만들었다. 이리하여 대지와 대지의 생명체들은 절단과 남획의 대상으로 전락하고 말았다. 원래 '둘 아님'의 관계였던 대지 야생과 문화, 인간과 인간을 분리하고 단절시켜 버린 것이다.

지혜를 발휘함을 말한다. 방생, 야생의 회복, 자연에의 귀의를 넘어, 인간의 적극적 생명 살리기로 기운氣韻 생동하는 평화의 지구문명을 지향한다.

7 집단적 표상은 공유하는 믿음과 상징, 가치와 도덕관념 등을 말한다. 이는 사회의식을 조성하고, 행동 방향이나 문화양식을 이끌며, 내면화를 통해 개인의 자기의식으로 됨. 임의적 상상관념, 종족주의, 종교적 정치적 이념 등이 집단적 집합표상의 사례다. 공空은 고정된 실체 없음, 변화를 뜻한다.

체제 반대편도 실체 파악의 방향을 거꾸로 잡은 점만 달랐지, 그 사회적 행동화의 경로는 기존의 체제 쪽과 유사하였다. 그들은 도립형 집합표상의 확증편향과 과잉 주장으로 유물론적 전체론의 전제를 수립하였다. 그 실행은 획일주의 체제의 공고화였다. 그런 식으로 거듭된 역사의 수레바퀴가 한참 지난 뒤 이제는 급기야 온 생명을 볼모로 잡고 지구 자연을 붕괴의 위기에까지 몰아붙이고 있다. 이 지경에 이르기까지 인위적 작용과 개입이 주동적 역할을 하였음은 두말할 필요가 없다.

이런 진실을 바로 아는 것이 급선무인 상황에서 오래오래 인욕하던 지구대지가 대폭발 직전에 직접 일대 저항의 행동에 나섰다. 대지는 인류에게 마지막으로 대지의 생명을 생명답게 살리는 활생의 문명을 호소하고 있다. 그렇지 않으면 지구 전체에 패닉 상황이 발생할 것이라고 경고하고 있다. 우리가 '행동하는 대지'라는 사실을 몰랐다. 대지는 침묵하는 피동자가 아니라, 직접 능동적으로 지질과 대기와 생태계를 생성하고 관리하며 운영하는 행위자였다. 진짜 비상사태다. 지금 당장 사태를 신속히 똑바로 파악하여 제대로 대처해야 한다.

자연과 생명계 그리고 인간의 관계, 그 진실에 대하여

인류의 비극과 지구 생태환경 위기의 원인을 인간욕망과 기술문명에서 찾으려는 것은 오인이거나 기만적이다. 사회 형성의 출발에서부터 왜곡 굴절된 인간과 사회의 관계, 특히 국가 사회의 '생산편향적 극대화 시스템'의 귀결로 보아야 하지 않을까? 이 생산편향 일변도의 시스템을 '원천적 생성원리'에 따라 지구 자체의 개방적 선순환과정[8]으로 방향을 전환하는 것은 불가능할까? 우리는 이런 문제의식으로 길을 모색해 보고자 한다.

자연 존재란 개념 자체에 유루법적 누수가 따른다. 자연이라는 생성의 존재 세계 전체를 생각할 수 없고 한정 지어 말할 수 없다.[9] 대지의 생성으로서의 생명체는 살려고 하는 의지와 생명력을 갖고 태어난 것은 확실하다. 최대한 삶을 유지하고 자신을 지키고자 하며 증식과 발전을 도모한다. 그러나 지키며 머물고 싶다고 마냥 머물게 되지 않는 게 생성의 원리이다. 자연과 생명은 끊임없이 다양하게 생성 창조하려는 잠재력의 분출이고 분출된 생명력의 표현이다. 생명력은 에너지로, 의지로 발현된다. 발현하고자 하는 의지와 에너지를 욕망이라고 부른다면 그 욕망을 살리고 자유롭게 고양시키며 잠재력을 충분히 발휘할 수 있게 북돋울수록 생명은 기뻐한다. 부정하거나 좌절하게 되면 슬퍼하고 저항한다. 어디로부터든 생명력을 제어하고 억압하려 하는 부정적 '권력에의 의지'는 문제를 일으키고 고통을 준다. 생명은 자유롭게 만남과 만남을 추구하는 긍정적 '힘에의 의지'로서 보람과 기쁨의 창조 방향으로 능동적으로 움직이기를 바란다. 이런 점에서 불교도 욕망에 대해 부정적이지 않고 긍정적이다.

---

8 지구과학에 의하면, 지구에는 자체의 '개방적 정상순환시스템'이 자동적으로 작동하고 있다. 폐기물 등을 자체적으로 분해, 환원, 처리하고 남은 폐열 등 엔트로피는 지구 바깥으로 내보낸다. 이 과정에 장애가 생기거나 한도를 초과하면 지구는 열적 죽음에 이르러 파멸적 황폐화를 초래하게 된다.

9 자연에 대한 같은 취지는 들뢰즈(Gilles Deleuze), 『의미의 논리』, 이정우 옮김, 1999, 한길사, 424쪽의 '총체화가 불가능한 합습-그러나 집합적이기보다는 배분적이다-으로서의 자연' 항목 참조.

그런 방식으로 자연과 생명은 스스로 생성하고 다양화하며 진화한다. 온갖 관계와 배치 속에서 다양한 선을 만들며 생성한다. 이 지점이 자연과 문화의 분기가 일어날 계기가 된다. 과정에서 인위적 개입으로 말미암은 왜곡과 굴절, 모순과 부조화가 발생하였다. 그리하여 자연과 인간의 관계는 인간과 인간의 관계를 은폐하거나 외면하고는 그 진면목을 밝혀내고 살리기 어렵다. 생성의 진면목은 어떤 모양이나 성질로도 고정되지 않고 자유롭게 움직이기에 연기적 움직임이고 공이다.

공空적 자유로움의 끊임없는 생성과정이란 어떤 큰 흐름이나 다수의 힘이 생성된다고 할지라도 그 일변도로 쏠리거나 굳어진 채로 끝나지 않음을 말한다. 즉 어떤 경우이든 긍정은 긍정인 채로 멈추지 않고 부정을 통하여 새로움으로 나아간다. 부단히 작은 흐름, 미세한 되기의 계기에서 작은 움직임들이 새로운 '양태-되기' 변화를 개시하므로 새로움의 생성으로 진행한다. 우리의 바람이 새로움과의 만남으로 창조적 생성의 길로 나아갈 수도 있다. 나아간다면 이성의 안내와 인도를 받아 더 나은 삶을 향한 '욕망 중의 욕망'[10]으로 고양되어 더 높은 가치실현의 방향으로 상향의 길을 갈 수도 있다.

이와 같이 생성이란 긍정과 부정의 교차와 반복의 과정이라고 말할 수 있다. 싯달타처럼 치열하게 살다보면 걸림 없는 자유, 욕망으로부터의 해탈, '극복돼야 할 인간성을 극복한 인간' 붓다에 이를

---

10 화이트헤드(Alfred North Whitehead)는 더 나은 삶의 지향을 '욕망 중의 욕망'이라고 부르며 이를 이성의 기능이라고 말한다. 『이성의 기능』, 김용옥 옮김, 통나무, 1998, 44~8, 117, 134쪽.

수도 있을 것이다.[11] 그 극복과정은 실존적 생사문제의 해결과정임과 동시에 자연사 및 인류사와 관련된 주요과제의 수행이기도 하였다. 그것은 곧 소수의 새 물결-되기, 타자-되기, 무아-되기 곧 만인-되기와 같이 '둘 아님'의 철저한 깨달음과 실천의 과정이었다.[12] 인간은 일상적 일반경제의 시간과 틀 속에서의 현실주의적 삶, 고뇌하며 방황하며 의미를 찾아 헤매는 삶, 탈주선의 노마드 또는 모험을 감행하는 삶을 산다. 연기적 변화를 거듭하는 과정에서 각자 나름대로 바람직한 욕망을 살려 나감은 자유와 인연조건에 달렸다. 우리는 긍정과 부정을 거듭하며 새로워지는 '욕망 중의 욕망'이 개척할 수 있는 문명을 원하며, 그 문명이 대지와 조화하는 문화를 창조하기를 원한다. 우리는 다양하고 풍부한 잠재력 발휘(이것이 활생이다)의 가능성을 지닌 문명으로의 전환이라는 과제를 안고 있다.

---

11 로널드 보그(Ronald Bogue)는 『들뢰즈와 가타리』(이정우 옮김, 1996, 새길, 48쪽)에서 니체의 철학을 언급하며 "인간이 진정한 긍정을 얻을 수 있는 유일한 길은 그 자신을 극복하는 것이며, 인간이 아닌 다른 무엇이 되는 것, 즉 초인이 되는 것이다."라고 하였다. 서경덕(『화담집』)도 '나 역시 타인이요 타인 역시 나이다. 이 모두 물임을 아는 것이다'고 하며 개아적 인간성을 극복한 이물관물以物觀物의 경지를 말했다. 『논어』에서도 극기복례위인克己復禮爲仁, 즉 인을 실천하는 극기를 말한다.

12 차이생성론의 철학자 들뢰즈(Gilles Deleuze)는 현실적 틀에 갇힌 삶, 요동하는 분자적 삶, 탈피(탈층화, 탈영토화, 탈코드화, 탈주체화)하는 삶의 복합존재론을 피력한다. 이는 불교 '연기적 생성론'의 현대적 조명과 상통하는 견해라고 본다. 그러나 들뢰즈의 질료주의적 본질론에는 동의할 수 없다.

서술 방법 및 부분별 요지

1) 대원총서 간행의 취지에 따라 학술성과 대중성의 조화를 위해 사회적 경험, 학제적 작업, 이론과 실천과의 상관적 고려들을 아우르는 융합적 태도로 임하려고 하였다. 모든 문제, 특히 생명 존재와 인간 사회의 문제는 서로 관련성이 높은 상의상관적 문제이다. 불교 자체가 이미 탄생에서부터 기득권 질서와 기성의 관념을 탈피하고자 하였으며, 불교의 핵심 내용이 통섭과 융합의 사유방식이고 학적 차원을 넘어선 실천궁행에 관한 것이다. 우리는 이 점을 중시한다. 우리는 학제 간 연구와 지식의 통합을 넘어 연기와 중도에 바탕을 두고 조화와 지혜를 지향하는 불교적 통섭과 수행의 가르침을 존중한다.

2) 한반도 분단해결의 문제는 국제관계의 문제이고, 지구적 문명의 전환 및 인간성의 분리 단절과 밀접히 관련된 문제다. 이념적 정신적 문제이면서 사회제도 개혁의 문제이기도 하다. 또한 이 문제는 학문적 사상적 모색의 과제임과 동시에 실천적 사회문화운동의 과제다. 우리의 문제가 어렵고 고민이 깊은 만큼 체험에서 터득한 것이 남다르고 우러난 생각도 창의적일 수 있다. 우리가 하기에 따라서는 세계적 난제의 돌파구를 열 수 있다고 보고 이 도전적 과제에 최선을 다해 응하도록 하자는 자세로 임했다. 이 시론은 시안에 불과하다.

3) 대지와 생태계 그리고 인간의 운명이 밀접한 관계에서 서로 영향력을 생성하며 끼치고 있다는 사실이야말로 우리가 가장 주목하고 존중해야 할 진실이다. 이 진실이 연기법이다. 이를 외면하면 경제도 정치도, 그 어떤 이념도 사상누각이 될 뿐이다. 유사 이래

이 진실을 외면하고 한계점에 이를 때까지 끌어온 인류의 사고와 행태를 나는 처음부터 다시 파악하고 싶었다. 연기법은 지구 자연인, 대지의 가르침이다. 대지를 지향하는 삶이 인간의 길이다. 인간다운 삶의 기본은 거기에 있다. 그 토대 위에서 지구와 인류의 문제도, 한반도의 문제도 해결될 수 있을 것이다. 총론적 서장은 이를 강조하면서 본서 전반을 개괄하기 위한 지면이다.

4) 1부의 도입부에 젊은 세대를 대상으로 학생운동부터 시민운동과 공적 활동을 거쳐 종교적 사회참여에 이르기까지 관련된 실제적 탐구와 모색의 과정을 포함하였다. 여기에 적시된 문제와 문제의식은 현대사회에서도 여전히 논의되고 있는 중요사항으로 세대를 불문하고 관심과 흥미를 가질 수 있을 것이라고 본다.

5) 1부 2·3장은 대과도기에 사는 현대인의 나침반으로서 불교와 그 현대적 조명에 관한 견해를 밝힌 부분이다. 과거의 패러다임과 성공모델이 크게 흔들리고 현재의 지구붕괴위기 및 현대문명의 혼미 상황에서 불교의 현대화에 미래를 향한 한줄기 희망의 빛을 발견하였다. 불교에 잠재된 역량과 인류의 능력을 연결시킨다면 큰 힘을 발휘할 수 있으리라고 기대한다.

6) 2부에서는 역사적 현실, 현대문명의 표층적 사태와 그 저변의 기조를 만들어 온 사상적 심층을 연결시키면서 성찰하여 보고자 하였다.

7) 3부와 종장은 구상과 제안의 핵심에 해당되는 부분이다. 역사적으로 출발에서부터 생성·선순환 프로세스와 생산편향 시스템의 원초적 부조화와 모순이 있었다. 원래 생성·선순환 프로세스는 대지와

생명의 순리에 따른 잠재력 발현, 즉 서로를 살려 나가는 지속과 활생의 과정이었다. 반면 생산편향 시스템의 동력은 처음부터 지구 자연의 대상화와 포획을 기반으로 한 물질력과 권력의 생산전략이었다. 재생산과 증식의 최대화 일로의 귀결은 대지와 생태계의 생명다양성 고갈과 황폐화였다. 지금 그 극대화의 지점에서 생산 편집증적 시스템과 그를 기반으로 한 문명의 지배력이 대지를 압도하며 세계의 위기를 초래하고 있다. 우리는 연기적 원리와 사실적 근거를 토대로 이 난관을 돌파하기 위해 '자유의 고도화를 통해 둘 아님 너머로 진일보'하는 길을 모색하고자 한다. 여기에 시안을 제시하고 사회 제현들의 검토를 바란다. 3부 3·4장 및 종장에 걸쳐 제안의 이유, 내용, 기대효과 그리고 추진전략 등 관련 사항을 가능한 한 구체적으로 설명하고자 하였다.

서장. 지구 활생·복합시장경제·소수지향 정치는 어떻게 둘 아님인가?[1]

1.

분리와 단절을 어떻게 볼 것인가? 왜 '하나도 둘도 아님'인가? 왜 소수-되기인가? 분단의 문제는 이념과 체제, 경제와 문명의 복합전쟁의 뿌리를 찾는 작업—분단이 역사시대부터 본격화한 연유를 알아야 해결의 실마리를 찾을 수 있다.

한반도의 분단은 당시 세계의 대세와 외세에 의해 정해진 것이다. 그들의 중대한 이해타산적 '적대 속의 공생관계'에 획기적 변화를 일으키지 못한다면, 우리가 통일을 외쳐도 이루어지기 어려울 것이다. 적대관계의 존속이 그들의 이해에 부합할 수 있기 때문이다. 지금은 전 지구적 문명사적 헤게모니 쟁탈전이요, 사활적 복합이념대결의 시대가 되었다. 패권경쟁은 심화되었고, 대량살상무기 사용의 위협 그리고 지구적 규모의 경제전쟁과 생태적 중대위기가 중첩적으로 얽히고설킨 복합전쟁이 되고 있다. 보통의 이해갈등이나 전쟁과는

---

1 둘 아님(不二)은 차이와 다양성을 기반으로 하되 공감대와 보편성을 지향함과 동시에, 자유·독립과 상호존중·유대·연결을 의미한다. 여기의 소수는 숫자의 많고 적음과 관계가 없다. 보편적 이상을 추구하기 위해서는 언제나 기꺼이 소수 되기를 감수하는, 진정한 소수-되기 민주화운동의 소수이다.

비교가 안 될 정도로 그 뿌리는 대단히 깊고 광범위하며 복잡하다. 그것은 존재(자)의 근본적 분리와 단절 그리고 전체론적 자기중심주의와 깊이 연결되어 있다. 이제는 표층과 심층, 수직과 수평 등 다각도적 연결과 상관의 입체적 좌표계에서 보아야 한다. 그것도 변화하는 동학적 시각에서다.

존재계의 분리와 연결, 단절과 접속을 우리는 어떻게 보고 어떻게 받아들여야 하는가? 분단과 접속은 어떤 면에서는 원래 생명과 존재세계에 자연스러운 현상이 아닌가? 먼저 생명의 탄생과 관련하여 생각해 보자. 난생의 경우는 모체에서 '알'로 나오고 포유류는 뱃속에서 수정란으로 시작한다. 이런 '알' 같은 상태를 '기관 없는 신체'라고 비유한다.[2] 여기에서 줄기세포가 나오고 기관들이 생기고 여러 가지 기능으로 분화되어 나간다.

이처럼 유기체로의 변화과정에서 분리와 단절, 접합과 연속이 일어난다. 어느 단계에 이르면 모체(또는 보육 생체)와 헤어지는 분화의 순간을 맞는다. 이렇게 생명은 형태적으로 기관의 생성과정에서도 분화를 하지만 개체로 탄생할 때 모체로부터 일단 분리된다. 그렇다고

---

2 시인 극작가 아르또(Antonin Artaud)는 하나의 중심과 최종 목적에 의한 유기화, 즉 조물주(신의 조작) 관념에 반대하여 '기관 없는 신체'란 말을 썼다. 이를 '알'에 비유한 철학자 들뢰즈(Gilles Deleuze)에 의하면, '기관 없는 신체'는 형상 이전의 '모양 없는 순수 질료'를 의미한다. 유기체의 기관처럼 어떤 형태로 만들어져 어떤 기능을 담당하게 되면, 다시 다른 기관으로 만들어지거나 바뀔 수 없다. 그런데 '기관 없는 신체'는 새로 만들어지고 바뀌며 사라지기도 하는 장場을 의미한다. 불교적 용어에 비유하자면 무한한 잠재성을 지닌 '여래장', '본래 진면목' 같은 것이라고 할 수 있다.

자연생태계와 모체로부터 완전히 단절되는 것은 아니다. 그런데 분리되어 나오는 그 순간, 독립된 하나의 유기적 통일체처럼 생존의지를 갖고 자유롭게 살려고 꿈틀거리기 시작한다. 그러나 대지와 절연하거나 모체와 떨어져 고립된 채로 살 수는 없다. 모체와 생태적 환경에 의지할 수밖에 없다. 생존해 가면서 자기 증식과 번영과 잠재력 발휘의 과정에서 자연생태계, 즉 대지와 모체 그리고 다른 생명체들과의 관계도 변화한다. 그 속에서 각자 개별화를 의식하게 됨과 동시에 친소나 원근에 따른 생각들도 자란다. 가족, 씨족의 무리 속에서 점차 자기와 자기집단 중심의 애착심과 증식욕이 커가는 반면 타자와 타집단에 대한 경계와 배타성이 강화되어 간다.

한편에서는 대지의 생태계와 분리 단절되는 경우가 생기고, 다른 한편에서는 타자·타집단과 단절 대립의 관계에 직면한다. 그리하여 그들과 아무런 연결도 없는 자유 독립한 존재인 줄로 오인과 착각이 늘어간다. 이를 착각인 줄로 깨닫지 못하고 어리석음도 자란다. 그런 과정에서도 아직 많은 사람들이 모태적 생태계인 대지와, 그 대지가 낳은 생명들과의 연결과 상호작용을 몸으로 느끼고 살아가고 있었다. 이들에게는 지구상의 다른 생명 존재들과의 연결점을 놓치지 않고 균형관계를 유지하며 사는 삶이 당연한 것이었고, 언젠가는 다시 대지로 돌아갈 운명은 자연스러운 것이었다.

이렇게 대지와의 연결을 믿는 이 원초적 사고야말로 야생의 사고 중의 야생의 사고였다. 그러나 때로는 상상 속에서 때로는 이해할 수 없는 천재지변에 대한 불안 공포와 함께 흔들리는 부류 또한 늘어갔다. 그런 부류들 중에 많은 사람들이 죽을 운명 앞에서 불안과 공포로부터 해방될 수 있다는 '내세 상상'의 영적 신화적 유혹에 크게 기울어져 갔다. 물론 이런 데 기울지 않고 여전히, 자연의 공동자손인 다른 동식물처럼 어차피 대지로 돌아갈 것임을 묵묵히 믿고 살았던 자연적 삶 또한 연면히 이어지고 있었다. 그러나 불안과 공포의 소리가 주변의 공기를 휩쓸고 분위기를 장악하자 초자연적 절대자를 상정하는 움직임이 휘몰아치며 왔다. 그와 함께 점점 점술과 예언과 제사의 형식으로 얽어매고 굳혀가는 움직임도 늘어갔다. 씨족에서 부족으로, 다시 종족으로 확대 증가해 가는 흐름과 더불어 무리들의 집단화와 조직화도 일어났다. 원시적 제정일치에서 출발한 소박한 집단화와 조직화는 확대 성장하며 사회와 국가의 형성으로 나아간 것이다. 주류의 인류사는 훗날 이를 다수가 마치 보편적 법칙으로 알고 따랐던 것처럼 역사에 기록하기도 하였다.

이러한 움직임들이 세를 불려갈수록 또 한편 분열과 대립, 위험과 비극은 커가고, 대지와의 연결을 몸으로 느끼고 순박하게 살아온 대지의 자손들은 대지와 함께 시달림과 소외를 당하는 처지가 되어갔다. 이들을 아랑곳하지 않고 세력을 키워 주류 다수파가 되려는 무리들은 서로 싸우며, 조직화를 통해 자연과 인력의 포획을 자행하여 물질력과 권력의 생산과 확대 재생산을 가속화한다. 이를 진화와 역사의 전개과정 속에서 신화와 역사에 대한 필자 나름의 재조명 노력을 통해 살펴보고자 한다.

2.

생성·선순환의 연기적 과정 vs 선형적 생산(소비·폐기물·폐열) 극대화 시스템

vs 지구 생태계 붕괴 — 이와 관련 분단, 괴리, 모순의 발생, 심화 과정을 직시하자.

본격적인 분리와 단절은 인간이 대지의 순리를 외면하고 분리하고 절단하며 다스림과 포획의 대상으로 단정하는 순간, 인간과 인간의 사이에, 그리고 인간 스스로에게도 일어난 사건이다. 똑바로 일어서 직립한 인간이 하늘을 향하여 고개를 들고 땅을 내려다볼 수 있었던 순간에 일부 머릿속에서 분단은 시작되고 있었을지도 모른다. 그때부터 하늘과 대지, 머리와 몸, 자와 타, 세계와 세계의 분단은 진행되고 있었다고 볼 수 있다. 그러나 이런 사태를 사람들이 받아들이는 것은 다 똑같을 수는 없다. 대지와 생명체의 타고난 자연생태 속에 이미 연결과 접속, 분리와 단절은 모두 복합적으로 존재하고 전개되어 왔던 것이므로 이를 어느 정도 어떻게 인식하고 받아들였는가에 관해서 일률적으로 단언할 수 없다. 연결과 분리, 그중 어느 한편으로 기울어진 생각도 있었을 것이고, 모두를 함께 일어나는 자연스러운 일, 복합적 현상으로 받아들이는 쪽도 있었을 것이다.

많은 사람들은 비록 한편에서는 분화와 분단을 겪고 몸은 제각각 움직이며 각자의 삶을 엮어 나가면서도, 다른 한편 기본적 생활에서는 대기와 물을 떠나서 살 수 없듯이 대지와 다른 생명체들과 깊은 연결고리로 이어져 있다고 생각하고 있었다. 원초적 야생의 사고 그대로 야생과의 유대와 대지로의 귀향을 자연적 운명으로 여기는 것이 당연한 사람의 길이었다. 이것이 가장 자연스러운 최초의 야생의 사고였다.

그러나 이와는 달리 머릿속에서 일어난 분단을 더 중요하게 받아들여 다른 길로 접어드는 움직임도 일고 있었다. 이 첫 분기점에서 개별화하며 어느 정도 자립에 성공한 것을 계기로 자기를 주체로, 대지와 타자를 대상화의 객체로 단정하여 완전 주객 분리된 실체처럼 인식하는 사람들도 많아지고 있었다. 그러다가 하늘을 정점으로 여기는 부류들 중에 어떤 신비스러운 존재의 부름을 들을 수 있다고 자처하는 특수한 부류가 나타나기 시작하였다. 이들은 인간의 약한 고리를 잡아 흔들어 초자연적 절대자로 하여금 사자死者의 운명을 뒤바꾸고, 나아가 산 사람의 일생과 대지의 법칙마저 관장하게 하는 권능이 있음을 설파하며 대세를 몰아갔다. 그들은 대지와 타자와의 분단 관념을 활용하고 증폭시키며 더욱 공고히 하는 작업에 노력을 기울이면서 점차 강열도를 더하는 부족주의적 부추김을 통해 힘을 키웠다.

세력화의 길은 내부의 결속과 외부로 향한 대항력의 강화였다. 그 전략은 하늘로 상징되는 존재를 근원과 정점으로 받들어 줄을 세우고 그 정점을 구심점으로 통일을 지향하는 동일화의 방향이었다. 이런 부족주의적 확대 재생산을 통한 종족주의적 세력화는 무섭게 번져 나갔다. 중근동과 지중해, 아프리카, 그리고 유럽, 심지어 인더스강 유역까지 뻗쳤다. 그리하여 그리스 로마 문명과 섞여 기독교 문명권을 만들고 이슬람과 유대헤브라이즘, 힌두 문명권 등으로 세력권을 나뉘어 뻗어나갔다. 그러면 대지로의 귀향을 자연으로 받아들였던 그 순전한 야생의 사고는 어찌 되었던 것일까? 그때까지 그들은 곳곳에 살아 숨 쉬고 있었다. 때로는 소수자로, 때로는 이단이나 비주류로 몰리면서도 대지의 저항과 함께하며 대지의 가르침을 잘 지켜오고 있었다. 아마도 그 흐름은 지금까지도 곳곳에 남아 있을 것이다.

그런데 그 순전한 야생의 사고가 매우 진지하고도 무게 있는 목소리로 일찍이 문명화된 또 다른 곳에서 차원 높은 정신문화의 꽃을 피우고 있었으니 다행이라면 다행한 일이었다. 그것이 무상과 무아의 불교이었다. 불교는 야생의 원천적 사고와 문명사적 관점을 융합하여 전우주적 차원의 자연의 현실원리로 제시한 사고방식의 혁명이었다. 불교는 원초적 야생의 사고를 원류로 삼아 인류의 자기중심성과 변경개척의 욕망을 함께 녹여 새롭게 고차원적 정신으로 다시 탄생시키는 새로운 움직임이었다. 이것이 히말라야의 야생에서 싹터 갠지스강의 문명을 넘어 부활한 '원초적 야생의 사고의 르네상스'였다.

이제 '축의 시대'의 길목에서 두 번째 분기점에 이르렀다. 이 분기점은 만일 인류가 원초적 자연적 야생의 삶 그대로의 길을 택했더라면 색다른 경로로 갈 수 있었던 역사적 전환점이 될 수도 있었다. 그러나 여기에서 분단을 불가피한 현실인양 절대화, 고착화하고 세몰이로 힘을 키워오던 부류들이 역시 외형적 힘과 전략적 지식을 강화하고 중시하는 쪽을 선택하였다. 종족주의적 세력화의 길을 밟아오던 습성과 행태는 관성의 흐름에 따라 기득권에 집착하는 길을 고집하였다. 대세의 흐름과 대지의 장악으로 권세와 영광을 누리던 무리의 집착은 그처럼 무서운 것이었다.

인류학자 레비-스트로스는 그때의 사정을 이렇게 말하고 있다. 인간은 죽을 운명의 "불안과 공포로부터 해방되기 위해서 세 가지 커다란 종교적 시도를 하였다. 대략 반세기의 간격을 두고 인간은 불교, 그리스도교, 그리고 이슬람교를 연이어 고안해 내었다. 그런데

각 단계가 그전의 것에 비해서 진보를 이룩하기는커녕 오히려 후퇴를 보이고 있다는 것은 놀라운 일이다. 불교에서는 내세가 없다. 불교에서는 모든 것이 삶의 근원적 비판으로서 환원된다. 인간은 그 비판의 능력을 영원토록 간직할 수 있는 것이 아니로되, 일단 비판을 이룰 수만 있으면(삶의 진리를 깨달으면) 성현이 사물과 인간의 의미에 대한 거부로의 길을 열어준다는 것이다. 그것은 우주를 무無로 보며 종교로서의 그 자체도 또한 부정하는 하나의 수련이다."

레비-스트로스는 만일 기독교가 남성적·가부장적 성격의 이슬람보다 모성적·여성적인 불교를 먼저 만나 융합하는 과정을 거쳤더라면 인류의 역사는 달랐을 것이라고 술회한 적이 있다. 이 포용성 있고 역동적 지성에 빛나는 존재와의 관계를 염두에 두고 『슬픈 열대』는 말을 이어 간다.

"이에 새삼 공포에 사로잡힌 그리스도교는 내세를 다시 설정하고 동시에 그 희망, 위협, 그리고 최후의 심판도 새로 다듬었다. 따라서 이슬람교에 남겨진 것이라고는 현세를 내세로 이어주는 길밖에는 없었다. 그래서 현세는 정신세계(종교세계)와 합병돼버렸다. 사회질서는 초자연적 질서의 위광으로 몸단장을 하고 정치는 신학이 되어 버렸다." 결국은 신정神政의 높은 자리에 앉은 "지도자들에게 내세의 전매특권까지를 부여함으로써 그렇잖아도 벌써부터 견뎌내기 어려운 현세의 짐 무게에다 다시 내세의 짐 무게까지를 추가한 결과가 되어 버렸다."[3]

---

3 인류학자 클로드 레비-스트로스(Claude Lévi-Strauss)의 『슬픈 열대』, 박옥줄 옮김, 한길사, 2009, 732~733쪽 참조.

이 줄 세우기의 교묘함은 일차 비대칭적 분절화, 그 다음 무게중심 쪽으로의 통합이라는 양면작전에 있었다. 먼저 '신-신의 대리자-지상의 통치자와 그 그룹들'을 특수 계층이라고 우월적 지위의 존재로 규정하고 자임하였다. 거의 동시에 나머지 인간과 동물, 자연 등은 지배와 이용의 대상일 뿐이라고 규정하여 그들 우월자 집단의 밑에 복속시켜 버렸다. '하나로의 통일'이란 방식은 다신의 과두체제든 일신의 유일체제든 결국 통합하고 장악하려는 내심의 목적에는 안성맞춤의 '머리 굴림'이었다. 종교집단의 형식이든 국가와 정치의 영역이든 역사시대의 시작은 그때부터 '하나로 뭉치면 살고 흩어지면 죽는다'는 표어가 거역할 수 없는 지상명령이 되었다. 그 명령은 신성불가침이란 외피를 쓰고 신성모독과 반역을 최악의 배덕으로 단죄하는 사태의 빈발로 이어졌다.[4]

이런 대세 아닌 대세를 공고히 하는 역사적 과정에 무수한 비극이 탄생하였고, 부정과 저항이 끊임없었던 것이다. 그러나 부정과 저항도 타도와 전복인 이상, 불가피하게 또 다른 부정과 저항을 불러왔고, 진압과 장악, 길항과 전복의 과정에서 또 하나의 조직화, '동일화의 통일체제'를 노릴 수밖에 없었다. 이렇게 어느 쪽이든 하나로의 조직적

---

4 클로드 레비-스트로스는 『오늘날의 토테미즘』(류재화 옮김, 2012, 문학과지성사) 서문과 12쪽 등에서 토템의 해석들은 서양 사유의 투사물이며, 기독교적인 우주관은 자연에 대한 억압에 관해 책임이 있다고 비판하였다. 그에 의하면, 자연과 문화 사이에 근본적인 분리와 단절을 인정하지 않은 '야생의 사유'와 달리, 신관의 종교적 사고는 인류와 자연의 관계를 손상시키고, 신과 맺고 있다고 주장하는 관계들에 특권을 부여한다. 이어 자연과 인류간의 불연속적 단절은 도구주의적 사고를 초래한다.

동화同化, 즉 통일은 거룩한 외피를 두르고 있지만 사실은 처음부터 심각한 허위의식과 모순을 안고 있었다. 그것은 대지와 타자로부터 완벽한 분리와 단절은 불가능함에도 불구하고 온전하게 가능한 것처럼 잘못 인식하였기 때문이다. 없는 '실체적 정체불명의 정체성'을 있는 것처럼 만들어 그것을 중심으로 삼는 체제로, 또는 그에 대항하는 반체제로의 통일몰이로 세계를 장악하는 것이 가능할 것처럼 생각하였기 때문이다. 모든 역사적 불안과 위험과 비극의 근원적 모순은 여기서부터 발생하고 심화된 것이다. 자연과 타자와의 분리와 단절, 수탈과 차별화의 문명은 단순한 물질생산의 부족이나 차등분배 또는 인간과 자연환경 사이의 부적응이나 부조화의 문제의식으로 그칠 일이 아니다. 인간과 인간, 사회와 사회의 관계에 관련된 문제에 대한 분석과 비판을 충분히 거쳐야 한다.

레비-스트로스가 슬픈 어조로 언급하였듯이, 만일 그리스도교가 이슬람이 아니라 불교와의 만남을 먼저 이루고 그 뒤에 과학적 지식 등 이슬람 문명과의 교류를 이룩하였더라면 인류의 역사적 경로는 대단히 많이 달라졌을 것이라고 말할 만큼 인류학적 철학적 시각의 문제임과 동시에 역사적 정치적 문제인 것이다.[5] 이 근본적 분리와 단절의 모순이라는 문제는 사실은 지구 자연, 즉 대지의 자연적 순환

---

5 레비-스트로스의 불교 언급은 상기 『슬픈 열대』, 732~3쪽 외 734~5쪽도 참조. 그 외에도 불교에 대한 관심과 반反역사법칙주의적 '잠재적 역사'에 관한 논의는 크리스토퍼 존슨(Christopher Johnson), 『모두 다 상연되었다?: 레비-스트로스의 역사철학』, 뉴레프트 리뷰, 길, 2015, 134~5, 140~3, 146쪽 참조. 분기점은 '역사가 다른 경로로 갈 수 있었던' 전환점이 될 수도 있었던 것이다.

생성과정과 편파적 인간의 생산극대화 시스템 사이의 원초적 모순과 부조화의 문제이었다고도 말할 수 있다. 이 부조화와 모순은 현대라는 시대를 만나 최고도로 복잡한 단계의 복합적인 상황변화를 보이고 있다.

앞으로 현대문명이 갈수록 더욱 살벌해지고 황폐화로 치달을지도 모른다. 그러므로 지구 자연이라는 기반의 중요성은 갈수록 더할 것이고 아무리 강조해도 지나치지 않을 것이다. 진정한 선진화는 가장 중요한 원천적 기반의 회복 또는 구축에 달렸다고 하겠다. 그러나 21세기의 상황에서 대지와 인간의 공동활생의 기반을 위해 옛날의 원천 그대로 돌아갈 길은 없다. 다시 회복이 가능한 곳은 회복하되, 어려운 곳은 대지의 잠재력과 인간의 품격 있는 능력의 결합으로 이루어 내야 할 것이다. 우리는 연기적 생성 프로세스의 원리를 잘 파악하여 현대의 문명적 상황과 여건 속에서 대지와의 관계를 조화롭게 살려나가는 방도를 모색해야 한다. 그것이 이 시대의 과제요 우리의 꿈이다.

3.
분리와 단절의 문제가 지구 전체의 중대 문제로 — 위기 속발의 가능성에 대비해야

우리는 집이 매우 귀중한 줄로 안다. 그러나 아무리 집이나 건물이 중요해도 그 바깥이 제일 중요하다. 우리는 집안에 갇혀 살 수 없다. 바깥이 있어서 숨을 쉬고 먹이를 얻으며 뛰놀 수 있다. 원천적 자유는 거기서 나온다. 창과 현관문을 열면 바깥이다. 그러나 그 바깥은 우리 동네와 저 산과 바다만이 아니다. 지구 자연의 야생과 광대무변의 세계 전체가 바깥이다. 창문을 열면 휘영청 밝은 달이 그림자를 드리우고, 밤하늘을 우러러보면 별들이 총총하다. 바깥이란 무한한 허공계, 광활한 우주까지 뻗어나간다. 문안은 수 미터 또는 수십 미터밖에 안 되지만 바로 문밖은 끝없는 허공계와 맞닿아 있다. 얼마나 신기한 대조인가!

이 우주 공간에서 일어나고 있는 변화가 어떠한지 알 수 없다. 그것이 진짜 어떤 식으로 움직이고 있는 것인지 알 수 없고 추론할 뿐이다. 약 45억 년 전에 지구가 생겼고, 38억 년 전에 눈에 보이지 않는 지극히 작은 미생물들이 나타났다. 약 30억 년 전에는 원시식물들이 나타났다. 그리고 이 미생물과 식물들이 오랜 세월 동안 진화를 거듭하면서 온 지구 전체를 덮었다. 비로소 지질과 대기와 생명수를 갖춘 대지가 탄생한 것이다. 대지의 주된 변화는 미생물들의 변화였다. 생물들을 원천적으로 만들기 시작하고 스스로 생물의 몸통 구실을 해왔던 것이 미생물이다. 그를 바탕으로 생물들의 진화과정에서 대지와 생물의 삶에 생태계 질서가 형성되었던 것이다.

이 오랜 생태계가 그 이후 지구의 모든 동식물 생태계의 원조, 즉 대자연적 모법母法의 생태계인 셈이다. 미생물은 변화무쌍하게 변신을 하면서도 모법의 기초적 안전성과 생태계 질서 안에서 미묘한 삶을 이어오고 있다. 그런데 그 야생의 근간인 생태계 질서에 심각한 문제가 생긴다면 어떻게 될까? 야생은 미생물의 천지이므로 야생의 생태계 질서에 큰 변동이 생겨 미생물들이 삶의 위협을 받는다면 원조 생태계 자체가 무너지고 있다는 뜻이다. 미생물 생태계와 야생의 생태계 그리고 전체 생물의 생태계는 서로 맞물려 자연의 질서를 형성하고 있다. 따라서 야생과 미생물들에 위기가 닥친다면 생물계 전체의 생태계가 요동치게 될 것은 필연적이다.

인류는 문명이란 이름하에 자연의 질서 속 미생물들의 삶을 뿌리째 흔들어 놓았다. 이제 그 미생물들이 아우성을 치며 대대적인 피난의 운명에 처하여 천지에 난리가 난 것이 분명하다. 몸 안도 몸 바깥도 미생물 천지인 사람 세계가 전쟁처럼 난리를 겪을 수밖에 없다. 대지와 창공의 질서를 훼손하고 야생의 생태계를 허물어트린 결과가 지구 기후변화이고 전염병 감염확산이다. 팬데믹의 공포가 도심 한복판으로 내습來襲하였다. 이런 사태는 과거 페스트 또는 스페인독감 같은 차원이 아니다. 언제 전 지구 오대양 육대주 방방곡곡 모든 나라가 문을 닫아걸고 온 세상이 마스크를 쓰며 난리법석을 떨었던 적이 있었던가? 그런데 우리가 이번 사태를 통해 목도한 사실이 하나 있다. 각국 관민 모두가 대증요법식 미봉책에만 골몰하였고, 많은 사람들이 문제와 사태의 심각성을 제대로 깨닫지 못하고 있다는 사실이다.

신종 바이러스나 슈퍼박테리아의 출현이 왜 자주 생기는지 원인에 대한 성찰은 미미하다. 그것이 자연에 대한 횡포와 수탈로 생긴 과보인지, 지구 전반에 걸친 온난화 등 기후변화와는 관련이 얼마나 깊은지, 인류의 식생활 등 문화와 문명의 양식과는 어떤 관련은 없는지 등 근본적인 과제는 극히 일부 지성인을 제외하면 거의 관심 밖에 밀려나 있다. 임시 잠정대응도 필요하다. 그러나 그런 건 보조수단이지 본질적인 대책은 아니다.

사태는 근본적인 원인 규명을 위한 연구와 더불어 철학적 성찰과 사회적 결단을 내릴 수밖에 없는 단계에 이르렀다. 먼저 환경문제에 관한 철학적 성찰 한 가지. 불확실한 미래나 미지의 사물과 사태를 대할 때 실수나 실패를 할 경우에라도 큰 대가를 치르지 않고도 회복이 가능한 길이 보장된다면 우리의 기지既知의 범위 내에서 어떤 시도나 실험도 할 수 있다. 그러나 치유와 회복이 어렵고 불확실하거나 그 대가와 희생이 막대할 경우에는 실험과 실수는 삼가는 것이 옳다. 달리 대체물代替物을 찾거나 대안을 마련하여야 한다. 더구나 제도와 정책을 통해 얻는 이익이나 편의가 주로 당대나 기득권층을 위한 일이거나 편파적인 것일 때에는 감행해서는 안 된다.

미래세대의 삶에 대비하는 지구의 온난화와 기후변화의 문제, 경계를 모르고 넘나드는 야생동물, 특히 야생조류와 곤충과 미생물의 생태와 관련된 문제들에 대해서는 인류는 진지하고 겸허한 자세로 깊이 숙고하여야 한다. 영원불변의 법칙과 질서란 없는 것이지만 인간을 포함한 지구 생태계의 유한한 세계 내에서는 사람, 가축, 야생동물의 연기적 연쇄관계는 원래 야생의 생태계 질서에 의해서 조절되어 왔던 것이다. 그 원천적 생태계 질서를 존중하는 수밖에 없다. 보다 근본적으로는 야생을 야생으로서 지켜주며 인간의 침범을 최대한 삼가는 실천, 즉 야생의 생태계라는 자연법칙을 준수해야 한다.

4.

말 못하는 생명들과 소수의 마음이 전하는 보편적 목소리를 대변하고자

하는 불교, 그러나 세상이 귀를 기울여주지 않는다면 언제나 기꺼이 소수-되기를 자임하는, '늘 다시 출발하는 불교'의 길을 가는 모험의 윤리학 — 소수-되기 윤리학이 필요하다.

유럽의 사상가 엘리아데(Mircea Eliade)는 인류 앞에는 다음 선택밖에 없다고 하였다. "자연적인 것에의 영원회귀와 반복을 통해 역사적 시간을 넘어서 초월적 의미를 되살리느냐? 역사적 현대적 시간 속에서 자유라는 환상과 창조라는 의미부여의 착각으로 절망에의 길을 짐짓 외면하거나 회피하는 길로 가느냐? 죽은 신을 붙잡고 착각과 망상 속에서 유사 초월적 의미의 삶을 산다고 하는 '전락顚落의 종교'에 몸을 맡기느냐? 아니면 동방의 신비주의 또는 자연과 초월의 연계와 합일 또는 신인神人에의 길이 가능할 것 같다고 계속 보통 사람들을 몰아갈 거냐? 특수한 극소수, 초인, 붓다, 지인, 역사의 지배자들에게나 평생을 걸고 기도해 볼, 그런 길을 말이다."[6]

역사가 도널드 서순은 우리 시대의 병적 징후들을 지적하며 '담대한 희망'을 갖기 어렵다고 토로한 바 있다.[7] 나는 엘리아데가 말하는 불교를 두고 논하고 있지 않다. '자연의 생성의 원리로서의 불교, 종합적 현실교육으로서의 불교, 보편성을 지향하는 소수-되기 윤리 운동을 전개하는 개척과 모험의 사유로서의 불교'를 말하고 있다. 그러한 불교를 조명하여 보통 사람들의 사회변화와 발전을 위한 현대적 기획아이디어로서 제시하며 논하고자 함이다.

---

6 미르치아 엘리아데, 『영원회귀의 신화』, 심재중 옮김, 이학사, 2003 참조.

7 도널드 서순(Donald Sassoon), 『우리 시대의 병적 징후들』, 유강은 옮김, 뿌리와이파리, 2021.

전승되어 온 불교의 언설 자체에 현대적인 상황에서의 대처방안을 제공하는 직접적인 내용이 미리 마련되어 있는 것은 아니다. 그렇지만 재조명하고 현대화하려는 노력을 통해 현대적 지성의 성과와 연결될 수 있는 촉매제나 매개의 역할을 할 수 있는 지혜의 광맥은 많이 남아 있다고 본다. 그리하여 불교적 사유와 발상법에 간접적으로라도 연결될 수 있는 길이 발견된다면 생태와 환경문제, 특히 요즘처럼 기후환경 위기에 직면한 전 지구적 과제의 수행에 일조하는 날이 올 것이라고 믿는다.

5.

한반도의 문제는 세계적 문제 — 중견국가라도 국익 넘는 세계 전략을 가져야

정신과 사상, 인간과 나라 모두가 분리와 단절의 아픔을 겪고 있는, 인류사에서 가장 대표적이고 상징적인 의미를 갖고 있는 딜레마 상황의 지역이 한반도다. 그런데 한반도의 문제와 지구차원의 문제가 그 성격과 난이도難易度가 비슷하다고 생각한다. 인간성과 세계의 분리와 단절뿐만 아니라 분단현실과 DMZ의 문제와 지구 생태계 붕괴의 문제, 팬데믹의 문제는 뿌리에서 연결되어 있다. 그 모두를 우리 자신의 문제로 보고 그것을 풀 정도의 각오와 사상과 전략을 가질 때에야 우리 문제도 지구 문제도 풀린다.

유럽의 지성들이 고민하듯이 선진국들도 주관주의와 객관주의의 분리에 의해 초래된 단절을 메우지 못한 존재론 등 근대철학의 불행과 인간성의 문제를 안고 있다. 현대에 와서는 과학기술의 진보와 윤리적

의식의 진보 사이에 괴리가 너무 크다. 그리고 이념과 사상의 분열과 대립, 문명의 충돌과 민족, 집단, 인종, 종교, 국가 등의 사람 잡는 정체성의 문제는 여전하다. 그것은 경제전이나 문화전쟁의 저변에서 마그마처럼 끓고 있는 중대한 문제들이다.[8]

극대든 극미든 궁극적인 실체나 본질이 아닐 뿐만 아니라 어떤 사물이든지 홀로 존재하는 법은 없다. 존재 연쇄연관 속에서 생성, 소멸, 변화한다는 것을 제대로 깨닫지 못한 탓으로 문제가 생긴 것이다. 생명이란 존재를 받치고 있는 생태계가 어느 정도의 안정이나 항상성도 없이 늘 불안정과 운동만을 거듭하는 것은 아니다. 그렇다고 한계 있는 안정과 항상성에 집착하여 잠재적 차원에서 끊임없이 작동하고 있는 변화의 기제를 외면한다면 그것은 본말을 전도한 것이다. 수많은 부분적 변화와 잠정적인 안정을 포함한 '온 변화'를 읽어야 한다. 온 변화로 우주 대자연은 전개되고 다차원 다양성의 세계가 열리며 그것 또한 끝없이 변화한다. 그러한 우주적 대자연의 차이와 다양성이 발현되는 변화과정을 바탕으로 대지는 인간을 비롯한 생물들의 삶을 키우고 북돋우며 그들과 함께 또는 그들을 통해 행동을 표시하고 있다.

사실이 이러함에도 불구하고, 현실적 이해에 따라 정체불명의 갖가지 정체성을 가지고 대지를 나누고 절단하며 황폐화시켜 왔다. 그것을 출발점으로 하여 쌓아 온 문화와 문명에 대한 자부심이 넘친 나머지 막다른 골목에 이르렀다. 마치 본질이나 실체가 있는 것처럼 어떤

---

8 아민 말루프(Amin Maalouf), 『사람 잡는 정체성』, 박창호 옮김, 이론과 실천, 2006, 72, 127, 150쪽 등 참조.

개별적 또는 집합적 사물(표상)을 자기의 정체성으로 삼아 집착하고 강화한 결과다.[9] 그들 대세장악을 노리는 세력들이 지배와 피지배 또는 권력과 반권력, 체제와 반체제라는 대결 구도를 만들었다. 그 과정에서 권력 쟁탈전장과 유사 경쟁시장의 외형을 만들어 온 것이다. 그 전장과 시장은 결코 일반의 의지를 반영한 것도 아니고, 자연적 자유의 성격을 띤 그런 곳도 아니었다.

근대에 들어와 저변에서 체제와 반체제의 대립은 더욱 심화되어 갔다. 그러다가 세계대전과 혁명이란 이름의 전복의 시대를 통과하면서 과도, 과잉, 극단화의 사태를 스펙타클처럼 연출하고, 급기야는 그 문명의 블랙홀 속으로 빨려 들어가는 형국이다. 이러한 과정을 제대로 보고 문제를 바로 찾아 적의한 대응을 하기 위해서는 사태를 직시해야 한다. 하지만 좌우를 막론하고 관성의 지배를 받는 소탐의 지배주류는 아직도 재래식 성공과 향유의 모델에 집착하고 있다. 사회의 여러 세력들 간의 맞물린 구조 때문에 아마도 어느 누가 먼저 난관돌파를 하려고 나서지 않으리라. 그러나 이 난관을 돌파하지 않고는 달리 묘책은 없을 것이다. 우리가 먼저 대비하고 전환을 시도할 수밖에 없다.

가장 한반도적인 문제가 가장 지구적인 문제라는 시대에 자기중심성을 탈피하되 세계에 공헌할 자세와 역량을 갖추는 것이 필요하다. 위에서 살펴본 바와 같이 분열과 단절도 길이 아니고 동일화의 통일만을 강조함도 길은 아니다. 길은 '분단에서 하나를 넘어 둘 아님'으로

---

9 위 같은 책, 107~141쪽 '지구촌 부족들의 시대' 참조.

계속 '진進일보'하는 도정에 있을 것이다. 제법무아와 연기법적 이치가 중생의 생태계와 대자연을 관통하는 원리이며 가장 중생을 긍정하고 포용하는 마음이라고 여긴다. 이를 달리 표현하면 전 우주적 차원의 자연적 현실원리이다.

그러한 자각으로 체내體內 미생물까지를 포함한 온 중생의 다양성을 존중하는 것이 지구 생명을 살리는 요체다. 그 위에서 변화와 혁신의 흐름에 부응하며, 현대적 의미의 온 생명 중심 존중의 정신으로 고양된 '새로운 자유, 평등, 박애'의 세계로 향한 희망을 가질 수 있기를 바란다. 이 희망을 빠르면 10년 내에, 늦어도 30년 안에 세계를 향해 본격적으로 표명해야 한다. 그런데 그 추진은 종래의 정치관행과 관료적 행태로는 어렵다고 본다. 재래식 모델이나 대처방식으로는 시대를 따라가지 못한다. 격차의 문제를 안고 있으며 여러 가지 의미에서 과거에 얽혀 있기 때문이다.

이제는 미래지향적 진취적 자세로 젊은 역동성을 가지고 나아가야 한다. 생명의 존엄성과 대자연적 주권의 회복, 비인간화 시대의 인간 잠재력 개발, 문화의 창조와 조화 등 각 방면에서 제도개혁과 입법을 제안하고 촉구하는 자발적 시민사회운동이 필요하다. 뿐만 아니라 지구상의 지역적 운동과 국제적 운동의 상호 연계가 필수적이다. 국내외를 아우르는 융합적 전략이 필요하다.

제1부

문제의식과 탐구의 여정

1장 고요한 밤과 대낮 같은 밤의 앞과 뒤

1. 밤의 제국을 정신없이 뒤좇는 선진화

1993년 겨울 한국방송(KBS)의 프로그램 「세계의 창에서 본 한국」을 제작하기 위해 워싱턴, 파리, 베이징, 도쿄를 찾았다. 낮은 자동차의 물결과 사람들로 넘쳐나고, 밤은 화려한 상점가와 눈부신 조명등으로 대낮같이 밝은 세상을 이루고 있었다. 나는 한반도를 머리에 떠올리며 현장 취재를 겸행하고 그곳에 주재하고 있는 우리나라 대사들과 인터뷰를 진행하였다. 프로그램 이외에도 나름대로 특별한 상념이 없을 수 없었다. 청춘시절 방황과 고뇌의 아픈 기억과 더불어 의미 있는 인연들도 뇌리에 떠올라 생각에 생각을 이어갔다.

『뜻으로 본 한국의 역사』를 쓴 함석헌 선생이 대학로 법대도서관 분수대 앞에서 단식데모를 하던 우리를 격려차 방문하여 시대정신과 미래개척을 강조하였다. 법불회 주최 『금강경』 강의를 계기로 독립운동가 신소천 선사禪師로부터 '새 생각(전쟁 없는 세계의 건설방략)' 등 귀중한 저술들—이들은 불교적 원리에 의한 사회개혁론과 세계평화론이었다—을 받아 가르침을 청하던 것도 그 즈음이었다. 당시 우리는 뚝섬 봉은사 명성암에 대학생수도원을 열고 간디의 비폭력사상, 고승들의 수행기와 말씀에 관심이 쏠렸던 때라 좌파적 운동권의 시각이나 고시파 현실주의와는 다른 생각을 갖고 있었다. 그러나 마음 깊은 곳에서는 우주와 생명의 신비 그리고 존재의 근거에 관한 물음을 떨쳐 버릴 수 없었다. 그래서였던지 『사서四書』와 『선가구감禪家龜鑑』 등 동양 정신문화에도 한동안 심취해 있었다.

사회변혁과 인생의 문제를 함께 고민하던 우리들의 중요과제들은 다음과 같은 것들이었다.[1] 이 과제들은 본론에서 주제와의 관련 하에 다루게 될 것이다.

1) 한국이 일본의 산업화, 선진화 방식을 답습하는 것이 과연 바람직하고 옳은 것인가? 난개발의 상징 같은 도시로 개발되는 것이 과연 우리의 미래상이 될 것이란 말인가? 양극화로 슬럼가와 우범지대가 함께한 세계의 대도시들이 성장과 발전의 목표란 말이냐?

2) 왜 선진국들은 대부분 그러한 산업화와 근대화의 길을 걸어왔던가? 자유경쟁 시장경제체제라는 이름의 자본주의는 필연이었던 것인가?

---

1 1964~5년 단식투쟁에 후일 출가승이 된 휴암(성경섭), 학송(권경술), 원기(이진두) 등 법우들도 동참했었다. 수많은 낮과 밤 토론과 연찬의 세월을 보냈던 젊은 날의 우리의 화두를 요약 정리한 것이다.

3) 이른바 신석기 시대의 농업 혁명과 정주定住혁명 전후에서 일부 인류학자가 잠재적 역사라고 부르는 대안적인 역사의 전개는 절대로 불가능한 것이었던가? 기독교가 그리스, 로마와 접속하고 이후 이슬람 문명과 만나면서 점차 가부장적 남성적 성격으로 변할 수밖에 없었던가? 기독교가 포용적 성격의 불교와 만날 수 있었더라면 인류의 역사는 달라지지 않았을까? 지난 일이지만 난관과 위기에 처한 문명의 전환을 위해 필요한 성찰이 아닐까?

4) 전쟁을 일으키는 모든 나라의 통치자는 다른 나라가 먼저 위협하기에 할 수 없이 전쟁한다고 한다. 1차 세계대전 때에 독일과 프랑스 사이에 선전이 포고되자 국제적 연대를 강조하며 열렬히 반전 평화운동을 외치던 사회주의 계열과 노동운동 단체들이 적극 참전으로 선회, 각기 애국전선으로 나갔던 것은 무엇을 의미하는가? 민족과 국가란 무엇이기에 독립국가의 출현을 공식적으로 제도화했던 웨스트팔리아 체제[2] 전후부터 계속해서 그럴 수밖에 없다는 것인가?

5) 지배 야욕을 품은 자들이 무리를 짓고 세력을 키워가면서 대중의 불안과 공포심을 이용하여 민족감정을 불러일으키어 국가를 형성하였던 것인가? 대중이 먼저 불안하고 무서워하여 자기들을 지켜줄 나라를 세우자고 하였는가? 대중의 누가 어떻게 선택하였다는 말인가?

6) 자유경제를 옹호하는 사람들은 '시장은 자연발생적으로 생성되

---

2 1648년 독일의 웨스트팔리아(베스트팔렌)주 뮌스터와 오스나부르크에서 조인된 국제조약 체제. 30년 종교전쟁 후 가톨릭계의 신성로마제국의 종말을 고하며 유럽 제후국들의 독립과 자치권을 확립해 준 조약.

었다'고 하는데 과연 그런 것인가? 세력 다툼과 싸움 통에 시장은 어떻게 되었을까? 중상주의와 절대국가 시기에 권력이 시장의 형성에 개입한 실상은? 사업면허권을 무기로 상권을 독점하려 했던 '길드'와 역내 교역확보와 역외 통행세 부과, 공동방어 등을 강행했던 도시동맹은 시장의 형성에 어떤 영향을 미쳤던가? 시장의 생성 발전에 정말 인위적 강제나 착취 또는 권력의 보호나 간섭은 없었다는 것인가? 봉건영주에서부터 부유한 젠트리와 요우먼(Yeoman) 계층에 의하여 권력적 엄호 하에 장기간 진행된 농토 침탈과 배제의 실태는 과연 어떠했을까? 문서 하나 없이도 조상 대대로 농지를 잘 지켜오며 농사를 지어오던 관습농민들과 소작농민들을 왕권과 영주에 의해 보호를 해주기는커녕 농토 없는 농민으로 만들어 일터와 생산수단을 잃은 대량 실업군상으로 바꿔버린 '인클로져' 같은 사태는 무엇을 의미하는가? 이 모든 것들을 자연적 발생과 성장과정이라고 억지를 부린다면 자연적이지 않은 게 또 어디 있겠는가?

7) 자본주의의 대안이라는 과학적 사회주의가 과연 과학적이며 현실적인가?

8) 소위 과학적 사회주의자들이 주장하듯이 자본의 본원적 축적, 생산수단의 박탈과 자본주의의 성숙과정에서 계속 배제되고 소외된 무산자와 부랑민들의 살길은 오직 폭력혁명을 일으켜서 유산자 계급의 국가구조를 타도하고 프로레타리아 독재정부를 수립하는 길밖에는 없다는 말인가? 폭력으로 정권장악에 성공한 강권혁명의 지배계급이 중앙통제와 집중계획에 의해 단기간 내에 강제적으로 단행한 전반적 사회변혁으로 과연 인간의 존엄성과 자유와 복지를 실현할 수

있는가? 후속 정권들도 지속적으로 사회를 혁신하고 사회주의 이상국가를 향하여 나아가 결국은 무정부 사회의 목표에 이를 수 있을 것이라는 주장을 믿으라는 말인가? 단기간에 강권적 독재를 마무리하고 자유롭고 민주적인 사회로 이끌 수 있으며 '자유, 평등, 비밀 투표'의 보장에 따라 선출된 민주적 정부에 평화로운 정권이양을 할 것이란 말인가? 혁명을 주도한 전위정당의 지도층과 주동 세력이 새로운 계급군을 형성하여 영구혁명을 주장하며 권력을 세습하거나 영구집권을 기도할 위험성은 정녕 없다는 것인가?

9) 전 지구적 자본주의 세계는 중심부에 대한 주변부의 종속으로 부익부 빈익빈의 양극화로 치달을 수밖에 없기 때문에 개발도상국은 영원히 후진국 신세를 면하지 못할 것이란 말인가? 한국은 미일에 종속된 국가로 진정한 자주독립은 불가능하다는 말인가? 과연 그럴까?

10) 체제와 반체제의 대립 투쟁은 불가피하므로 오직 변증법적 '정반합'의 역사법칙에 따라 대립하는 진영의 국가들은 영구적으로 싸울 수밖에 없다는 말인가?

문제의 해결은 무엇이 문제인가를 정의하는 데서부터 시작한다는 말이 있다. 아무리 대세가 큰 물결을 이루어 흘러가도 언젠가 때가 되어 우리 나름의 변화발전의 계기를 잡으려면 평소부터 제대로 된 문제의식을 지니도록 노력하고 보는 눈과 생각하는 힘을 연마해 두어야 한다. 우리는 자기 쪽의 문제는 잘 모르면서 상대방의 문제점은 지나치게 예리하게 보는 경향이 있다. 문제의 제기와 비판은 해답의 제시와 해결의 실천보다 쉽다. 더욱이 해결을 위한 과제들의 실제 이행과정은 몇 배로 더 어려운 것이 사실이다.

지금처럼 선·후진 간, 양대 진영 간으로 나뉘어 체제경쟁을 하며 각기 내부의 문제점과 모순을 안고 있는 상황에서는 설득력 있는 대안을 제시하고 우위를 점해야 살아남아 번영 발전할 수 있다. 그렇게 하려면 문제를 철저히 파악하여 바람직한 방향과 과제의 설정을 통해 목표의 실현가능성이 보이도록 해야 한다. 상대를 공격하거나 비난하는 일에만 몰두해서는 결코 바람직한 미래는 오지 않을 것이다. 위와 같은 생각으로 경험하고 파악한 것은 대부분의 나라들이 선진국을 좇아가는 형국이라는 것이다. 그리고 선진국을 포함하여 모든 나라들이 내부적으로는 빈부격차 확대로 양극화가 심화되고 있으며 병들어 가고 있다는 것이다.

내부적으로는 변화의 마그마가 들끓고 있지만 표면으로 올라갈수록 큰 흐름은 20세기를 지나 21세기에 들어섰어도 크게 달라지지는 않았다. 상호의존적 국제관계에서는 선진국의 경제 사회 변화는 후진 개도국에 거의 그대로 다방면에 걸쳐 지대한 영향을 미치게 마련이다. 선진국은 선진국대로 이윤률과 성장률의 저하 속에서 경제적 위기에 처하고 군사적 외교적 지출과 전반적 제도의 유지관리를 위한 고비용의 문제뿐만이 아니라, 양극화와 사회적 병리에 따르는 사회안전망의 확충 등 복잡하고도 어려운 과제에 직면하고 있다. 그들 또한 지구촌 전반의 불안과 공포의 위협 밑에서 내면의 불안과 두려움과 공허감을 떨치지 못하고 있을 뿐 아니라, 그들 나름의 문제들도 산더미처럼 안고 살아가고 있다. 세계의 현장에서 본 현실이나 그곳에서 만난 사람들의 표정과 언어 또한 그들의 고뇌와 생각을 전해주고 있었다. 어떻게 하여 이러한 단계에까지 이르렀는가? 이것은 정치력과 경제력의 문제인가? 이념과 체제의 문제인가? 아니면 보다 더 심층적인 근원적 기반의 사상과 사고방식의 문제인가?

우리의 생각은 잠깐 원조 '밤의 제국'의 역사, 그중에서도 문화와 사상사의 측면으로 가로질러 들어가 그 연관성을 엿보기로 한다.

2. 원조 '밤의 제국'의 속사정

구름이 늘 하늘을 가려 하늘이 낮은 나라라고 말하는 네덜란드는 땅도 바다 수면보다 낮아 일찍부터 살기 위한 인위적인 노력을 많이 기울였다. 신대륙의 발견 이후 대항해 시대를 맞아 해양개척에 앞선 이베리아 반도 쪽이 먼저 금은의 수탈로 부국을 이루어 갈 때, 영국과 네덜란드는 해운과 통상 입국의 기회를 엿보고 있었다. 그 사이에 종교개혁의 물결이 전 유럽을 휩쓸자, 스페인, 포르투갈, 프랑스 등지의 유태인과 신교도 중산층 직인 지식인들이 영국과 네덜란드로 대거 이주하였다. 공국과 왕국의 지배자들은 신의 가호를 내세우며 스스로 땅과 부의 획득에 앞장서고, 때로는 무역상인들과 짜고 때로는 해적들과도 공모하며 부를 축적하여 지배체제를 더욱 공고히 하여 갔다.

그 유럽의 나라들 중에서도 가장 다수 국민들이 경제적 정치적 타산과 합리주의에 밝아 자연의 어려움에 맞서 최대한 인위적 노력을 많이 기울인 나라 하나만을 들라면 네덜란드를 꼽겠다. 그 네덜란드 사람 중에 우리가 유럽과 아메리카를 통틀어 근대까지 가장 인문주의자다운 인문주의자, 가장 철학자다운 철학자라고 볼 수 있는 사람이 에라스뮈스와 스피노자라고 한다면 과히 틀리지 않을 것이다. 그런데 이들은 금은의 수탈이나 부의 축적 또는 지배체제의 강화에는 관계가 없는 사람이었다. 오히려 그 대척점에 선 정신과 사상의 선창자들이었다.

가톨릭 성직자였던 에라스뮈스의 『우신예찬』과 유태인 스피노자의 『윤리학(에티카)』은 자기의 출신성분을 무색하게 할 정도로 비판적이고 풍자적이었다. 에라스뮈스는 종교개혁의 불길을 불러일으키는 원동력을 만드는 데 큰 영향을 끼쳤다. 스피노자는 유태인 집단으로부터 파문을 당하면서까지 '자연이 곧 신'이라고 외치며 인간의 신적 인식의 가능성을 열어 절대자와 지배자 없이도 인류에게 희망이 있을 수 있음을 강조하였던 사람이었다.

그들과 그들을 존경하고 진심으로 애호하였던 유럽의 의식 있는 소수의 사람들은 저녁과 밤을 왕공귀족이나 부유한 상인들처럼 즐기는 사람들은 아니었다. 농노, 농민, 그리고 수많은 가난한 사람들은 일용할 양식도 푸성귀도 부족한 데다 불빛을 밝힐 등촉이나 기름조차 구하기 어려운 형편에, 그들은 해지면 어둠 속에서 고단한 몸을 누였다. 날이 밝으면 문밖으로 나서서 흙과 더불어 하루 온종일 노역을 감당할 수밖에 없었다. 저녁 들판에서 잠시 허리를 펴고 먼 산을 붉게 물들이며 넘어가는 황혼을 바라보는 순간이나 잠자리에 들기 전의 짧은 밤의 고요와 새벽녘의 별들을 우러러보는 순간이 밤을 누리는 방식이었다. 그들은 결코 만찬과 밤을 즐기는 사람들이 아니었다. 그럴 겨를이 없었다.

그들 어진 백성의 밤은 석기 시대부터 대지의 품에서 조용히 깃드는 밤이었다. 비록 어둠의 지배세력이 '거룩한 한밤'을 억지로 쥐죽은 듯 고요한 밤으로 만드는 암흑시대에도 그랬다. 밤의 대지가 내미는 손길에 이끌려 신비스런 품에 안기는 것만이 유일한 안식이었다. 힘겨운 하루를 무사히 잘 견뎠음에 서로 감사하며 무언가 어디에서인가 있을 내일의 실낱같은 가능성에라도 희망을 걸어보지만 별로 나아질 것 같지 않을 앞날에 체념을 달관처럼 받아들인 사람들이었다.

'밤을 즐기는 사람들'이 주도하고 상속하는 역사 속에서 '밤을 쉴 수밖에 없는 사람들'의 후손들이 종교와 관습과 제도의 틀에 묶여서 신산한 삶을 오랫동안 견디어 왔다. 나중에 그 후손의 후손들은 큰 흐름에 편입되어 고난에 찬 삶에 다소나마 차도의 효과를 조금 맛볼 수 있었다. 억압과 수탈의 역사가 어느 시기에 얼마간 잠재력 개발의 문명으로 나타나기도 하는 사이에 이제 세계는 곳곳에 도시문명이 대낮 같은 밤을 연출하였다. 이 대낮 같은 밤을 미친 듯이 즐기는 나라를 정신없이 뒤좇아 가는 모든 나라, 특히 모든 대도시의 현대문명을 우리는 주목하는 것이다. 우리는 이런 대도시 문명을 '저녁의 서쪽 땅, 밤의 나라들', 아니 '밤의 제국'이라고 부른다.

어느 시대거나 있을 수밖에 없는 '전쟁과 기아와 전염병과 자연재해' 사태만을 두고 병든 문명의 땅이라고 할 수는 없을 것이다. 그것들의 발생원인과 지도층의 대응책과 민중의 반응을 보고, 특히 전쟁과 기아의 문제를 어떻게 보았고 어떤 식으로 대처했는가를 살펴야 한다. 여기에 더하여 교통, 통신 교역의 지구화에 의한 세계의 단일 시장화가 초래한 전반적 변화를 읽어야 한다. 기후환경의 생태적 근본문제, 그리고 테러와 핵과 대량살상무기에 의한 공포의 전 지구적 문제화 등에 대한 포괄적이고 심도 있는 인식에 도달할 때에 비로소 현대문명의 문제를 알 수 있을 것이다.

그런데 이와 관련하여 서양의 한 유명한 철학자는 이 저녁과 밤의 나라, 그중에서도 미국과 소련(붕괴 이전의 지칭, 지금의 러시아)을 두고 '정신적인 전락轉落의 문명'이라고 비판하였다.[3] 반기독교 사상가 '니체'는 좀 더 부정적으로 혹평하였다. 그는 '서구의 역사를 두고 반동적인 힘과 부정적인 권력에의 의지가 승리해 온 역사로 간주하였으며 이를 허무주의가 승리한 역사라'고 표현하였다. 서양 문명 속에서 그 문명의 혜택을 받고 자랐음에도 불구하고 이러한 자기비판들은 그들의 조상격인 에라스뮈스와 스피노자의 생각과도 연결되고 있는 것 같다.

생각이 깊고 현명한 정신과 사상의 선인들도 나오는 이 지역에서, 특히나 자비로운 신의 은총과 보호를 받는 기독교와 이슬람의 축복의 땅에서, 어떻게 끊임없이 정복과 보복의 유혈로 낭자한 피비린내 나는 역사를 거듭하며 전쟁이 꼬리에 꼬리를 물고 일어났던가? 어떻게 전대미문의 대규모 살상과 전면적 파괴를 초래한 대전이 몇 차례나 발발했던가? 그런 엄청난 비극을 겪고도 어떻게 핵을 비롯한 대량살상무기를 경쟁적으로 개발하여 전 인류를 공포와 불안에 몰아넣는 짓을

3 하이데거는 서양 문명의 대표 격인 '미소美蘇 문명'을 예로 들어 '그 속에서는 정신의 전락과 정신적인 것의 평가절하 현상이 수많은 사람들에게서 발견되는 모습이다'라고 하였다.

할 수 있을까?

최근까지도 그곳에서 수천 수백만 인명을 전쟁과 혁명과 인종청소란 이름하에 집단적으로 학살하는 일들이 일어났다. 국제법을 내세운 그들이 불문율과 관습에 따라 큰 문제없이 살아가던 아프리카, 아메리카, 아시아의 원주민의 삶터를 식민지화하고 죄 없는 수많은 인류를 짐승보다 못한 노예상태로 전락시켜 죽음으로 몰아갔었다. 선진 지역의 부국강병을 위해 불도저식 무자비한 산업화 전략으로 내외 백성을 핍박과 고통에 시달리게 하였고, 수백 년간 지속적으로 자원을 착취하여 고갈 상태에 이를 정도로 지구 곳곳을 황폐화시켰다. 또한 자연적 식생과 생명의 질서를 어지럽히고 원천적 모태인 야생의 생태계를 폐허로 만들어 지구를 파멸적 지경에까지 빠트려 놓았다. 그래 놓고도 문명과 체제개혁 차원의 전환이나 반성은 없다. 몇 개 나라 대표의 사과 발언이 있었을 뿐 획기적 변화도 없고 깊은 내면의 성찰도 없이 진영과 블록으로 나뉘어 현상유지와 국익의 추구에만 급급하고 있는 실정이다. 정치, 경제, 사회, 문화 여러 부문의 권력을 장악한 세력들은 이권의 카르텔을 만들고 분열과 갈등과 대립을 여전히 반복하고 있는 것이 아닌가? 이게 선진 각국 주류들의 모습이다.

이와는 달리 성찰하는 서양인들도 소수지만 보인다. 국제적 구호단체를 세운 '떼르 데좀므(Terre des Homme, 인간의 대지)'의 에드몽 카이저와 전 유엔 식량권 보고관 장 지글러 등을 비롯한 양심적인 인사들은 마음속 깊은 곳에서는 이 세계를 지배하는 약육강식의 질서와 자신들이 공범 관계에 있다는 사실 때문에 괴로워한다. 다국적기업 등 현대판 봉건제후들 쪽의 일부 사람들은 자신들의 행위가 초래한 결과, 가정

해체, 저임금 노동자들의 수난, 생산성이 높지 못한 서민 계층의 절망 등에 대해 세세하게 알고 있다. 그러나 이런 불의의 상황에 대해 시정하거나 기득권 질서를 혁파하기 위해 행동에 나서는 사람은 극소수에 불과하다.[4] 위에서부터 언급한 서양인들의 내면이나 이중적 처신에 대하여 우리는 의문을 갖지 않을 수 없다.

이와 관련하여 에드문트 후설은 근대유럽의 역사 자체에 어떤 내적 동기가 은폐돼 있다고 하며 그것을 유럽적 인간성의 위기와 연관시켰다. 그 내적 동기인 근원적 원인을 그는 자연과학적(물질적) 객관주의와 초월론적(정신적) 주관주의의 이분법적 분리에 의해 초래된 단절을 극복하지 못한 근대철학의 불행에서 찾았다. 하이데거에 의하면 이 근대철학의 문제란 서구 형이상학의 역사의 문제였다. 생명을 비롯하여 모든 존재하는 사물의 근거나 근원을 묻는 '형이상학', 그것에 문제가 있다는 것이다.

형이상학을 흙속에 박힌 뿌리에 비유하면 다른 철학적 사고나 이념과 체제 등에 관한 생각은 땅 위에 드러난 모습의 나무에 속한다. 아무튼 그는 서구 형이상학의 역사는 곧 존재의 망각 또는 존재의 방기의 역사였다는 것, 그 뿌리가 문제라고 하였다. 존재의 망각 또는 방기放棄란 생명 존재의 존엄성과 정신적 의미를 소홀히 취급하는 반면, 물질적 소유와 감각적 자극에 치우쳐 있는 삶의 태도를 말한다. '형이상학이 문제'라는 그의 말이 나에게는 이렇게 들린다. 문제는 뿌리에 있으므로 그 뿌리의 어딘가를 살펴보고 바로 잡으면

---

4 Jean Ziegler, 『탐욕의 시대』, 양영란 옮김, 갈라파고스, 2010, 10~18쪽 참조.

문제는 해결된다는 것이다.

과연 그럴까? 그러나 사실은 문제는 뿌리에도 있지만 뿌리만이 문제가 아니다. 근본문제는 뿌리를 박은 흙이었다. 뿌리가 진짜 대지의 흙속에 내린 게 아니고 분재처럼 가공된 흙과 그릇에 심어져 있었다는 것이다. 그리고 그나마도 부지런히 물을 주고 잘 보살피지 않으며 정성을 다하지 아니하였다는 사실에도 문제는 있었다고 해야 될까? 그 가공된 흙이나 뿌리라는 것이 신석기 시대 신화의 상징을 잘못 해석한 인위적 상상력의 결과, 즉 '초월적 존재계 또는 일자의 허구적 관념'이라는 임의적 전제이다. 공통감각, 선의지 등을 전제로 하거나 인간의 형상을 유추하여 만든 이미지로부터 인간이 창조한 관념과 사상을 말한다.[5] 가공된 틀과 흙속에다 옮기고 접목하면서 키운 나무는 인간의 관심사와 이해관계에 따라 그 생존과 성장이 좌지우지되고 흔들리게 될 것은 당연하지 않은가? 우주 대자연과 같은, 온 천지와 온갖 생령으로 연결된 대지의 흙, 그것은 하늘의 이미지나 뜻, '하늘의 동아줄'과 아무런 관계가 없다.

나는 이 문제를 붓다가 자연의 이치라고 한 연기법의 도움을 받아 풀어보고 있다. 여기서 뿌리와 흙을 어떻게 보든 그들 서양의 지성에 의해서 본질과 현상, 실체의 여부 등을 둘러싼 이분법적 분리를 비롯하여 여러 가지 분리와 분절이 일어났다는 뜻이 아닌가? 결과적으로 지성인과 대중과 사회지도층 간의 분리 때문인가? 그 모두가 말과

---

5 서동욱, 『들뢰즈의 철학』, 민음사, 2002, 227쪽 및 『차이와 타자』, 문학과지성사, 2000, 1장. 그리고 전게前揭 크리스토퍼 존슨의 논문 및 레비-스트로스의 『오늘날의 토테미즘』 서문과 12쪽 참조.

행동, 지능과 감성, 의식과 무의식의 분리 분절 때문인가? 그럼 그 분리는 어떻게 일어났는가? 제도와 체제와 이념의 문제인가? 아니면 개체와 전체, 본질과 실체의 문제, 즉 정체불명의 정체성 문제의 잘못된 이해와 대처 등 서양의 사고방식과 정신문화 자체에 내재해 있었던 중대한 결함의 문제인가?

3. 머물 수도 떠돌 수도 없는 일상

산과 산맥들이 바다의 파도처럼 망망무제茫茫無際로 뻗어나간 나라 '코리아', 그러나 허리가 자유롭지 않아 고통을 감내하고 안으로 아픔을 삭이며 짐짓 밝은 미소를 짓고 있는 아름다운 대지의 나라, 그 안타까운 땅의 남쪽 한국에서 우리는 문제에 부딪혀 의문을 품고 출발하였다. 고뇌는 세계사적 연유를 지녔으면서 동시에 민족사적 유래에 깊이 연결된 문제에서 발원하였다. 코리아의 문제는 휴전과 열전 재발발의 위험 사이에서 아직도 엄중하고 심각한 상황에 놓여 있다. 지금은 군사적 외교적 마찰과 기술 및 경제적 안보 측면의 치열한 이해 다툼이 복합적으로 상호작용하며 길항과 견제를 강화해 가고 있다. 우리의 방책과 역량을 갖고 우리 뜻대로 관철할 수 있는 여지가 더 줄어들어 간다는 것은 결코 반가운 현상이 아니나 엄연한 현실이 되고 있다. 자주역량을 높이자고 말은 하면서도 남북, 특히 북한은 우리 어깨와 머리를 넘어 직접 대미관계를 요리하려 하고 있다.

주체적 능력과 자주적 입지를 강화하고 주변국가의 불안을 줄이며 신뢰를 얻어가는 것은 자존심을 내세우고 큰소리를 친다고 될 일이 아니다. 먼저 아름답고 청정한 대지 위에서 순수하고 맑은 공기와 물을 그 속에 살아가는 모든 생명들에게 충분히 베풀 수 있는 나라이어야 한다. 훌륭한 정신과 사상이 품격 높은 문화를 창조해 내고 포용적이고 우호적인 국민의 심성을 함양하여 한결같이 자유와 평화를 애호하는 역사와 전통을 지닌 국가로서 평가받는 것이 주변국의 신뢰와 존중을 높이는 길이다. 우리의 인문학적 상상력이 동서의 이해와 조화의 가능성을 높이고, 과학기술과 첨단 정보의 축적과 확산에서도 수준 높은 성과를 거두어야 한다. 경제적 문화적으로도 주변 국가와 상호 혜택을 주고받으며 인류문명의 향상에도 기여할 나라로 인식될 때 자주적 길이 열릴 가능성이 높아갈 것이다. 우리처럼 사대 강국 사이에 놓여 있는 중간 정도의 규모와 반도적 성격의 국가, 특히 분단의 딜레마 속에 처한 나라의 경우는 더욱 그럴 필요성과 당위성이 절실하다. 규모가 작은 나라일수록 정신과 생각은 더 높고 더 깊어야 하며, 잠재적 역량과 자기 생각은 있지만 아집과 뽐냄은 자제할 줄 아는, 아상은 적고 발원은 높은 보살을 닮아야 한다. 그것이 삶의 지혜고 요령이다.

세상의 기대와 요구, 내외 사정이 말하고 있고, 수승하다는 불교의 전적典籍과 사상이 넘쳐남에도 불구하고 왜 진척이 잘 안 되고 있으며, '제법무아'를 강조하는데 왜 '유아의 상'은 이다지도 많은가? 봄이 오기 전에 겨울이 깊고, 새벽이 오기 전에 어둠이 더 짙은 이치인가? 자존심 센 사람이 제대로 알아차리면 진정 큰사람이 되겠지 믿고, 그런 점도 있을 것이라고 여기며 희망을 가지자. 그러나 달리 생각할 점도 있지 않을까? 그것은 진짜 마음의 여유가 없기 때문이다. 머물 수도 없고 떠돌 수 없는 갑갑한 현실의 주변 언저리에서 종종 걸음으로 바쁘게 왕래만 할 뿐, 언제 한번 시원스럽게 자유롭고 홀가분한 적이 없기 때문이다. 스스로는 자기의지로 흐름을 탄다고 생각은 하지만 실은 흐름에 떠밀려 가는 일상으로 채워져 있는 생활이 아닌가? 그러니 반짝 하는 아이디어나 단편적인 생각들은 튀어나와도, 선후 아귀가 맞고 조화를 이룬 완성도 높은 작품이나 섬세하고 깊은 아이디어는 나오기 어렵지 않겠는가?

생활 속에서 자유로운 분위기와 생각할 여유를 마련하는 데는 개인도 직장도 인색하다. 더 안 좋은 건 스트레스 푼다고 사람을 만나 술이나 오락으로 시간을 보내는 중에도 신경을 건드리고 짜증날 일들이 생기면서 몸과 마음이 더 피곤해지는 경우다. 복잡다단한 세상사에 바쁜 사람일수록 그런 식으로 살다가 심신에 문제가 생기고 탈이 난다. 이건 사회 지도층 인사에서부터 직장의 실무 사원에 이르기까지 거의 다 해당되는 이야기다. 아무리 돈을 대주고 건물과 장비를 마련해 주어도 이런 분위기에서는 스티브 잡스도 빌게이츠도 나올 수 없을 것이다. 여건이 주어졌다고 해도 모범생처럼 근면성실하는 것만으로는 창의가 생길 수 없다. 지지 않고 꼭 이기려고 경쟁심만 잔뜩 곤두세우면서 무슨 자유고 창의란 말인가? 실수도 실패도 괴짜도 있게 마련인데도 불구하고 관대하게 바라볼 아량이 없다. 물론 몰입의 훈련과 정진도 중요하다. 그러나 초연한 듯 집착을 내려놓는 방하착放下着의 시간도 있어야 하고, 명상과 몰입의 자연스러운 조화와 균형이 필요하다.

이런 조절이 잘 되지 않은 현상은 우리가 훨씬 더하지만 국내에만 해당되는 이야기가 아니다. 상대적으로 사정이 나은 선진국에서도 사회지도층이나 중산층 태반이 일상적 관성에 빠져 있다. 어떤 면에서는 선진 지식인들일수록 제도나 조직에 편입되어 자기중심의 과제나 자기관리에는 매우 열성적이지만 일상에 안주하는 편이며, 고상한 취미와 편안을 주는 즐거움을 위해 자기 시간을 빼앗기지 않으려 하는 경향이 강하다. 그러니 그들 자신의 정치나 사회문제 해결도 지지부진할 수밖에 없다.

우리의 경우에는, 선진국에 비해 더 많은 지식인이 눈앞의 일에 붙들려 있거나 이해관계 있는 진영에 연루되어 깊고 널리 숙고할 여유가 없다. 그들은 집단지성이라는 편리한 구실에 스스로 묻혀서 지성인의 역할을 다하고 있는 양 변명하며 일상을 자기 페이스로 잘 지켜 나아가고 있는 줄로 착각하고 있는지 모른다. 안팎에서 우리 일을 수행하고 도와줄 인재들이 이러한 일상에 놓여 있다면 우리의 중대과제가 실현되고 해결될 길이 대충하는 노력으로 타개되고 열릴 수 있겠는가?

앞에서 말한 그런 중요한 활로 개척의 과제가 한둘만의 일이 아닐진대 마냥 흐름이나 운에 맡기고 있어서야 될 것인가? 그렇게 흐름이나 남의 힘으로 되는 일에서 어떻게 주체적 역량이 생길 것이며 자주적 입지가 열릴 것인가? 해방 전후사와 분단의 역사적 상황에서 뼈아픈 경험을 하지 않았는가?

우리의 경제력이 세계 10위권을 오르내리고 우리의 한류가 그런대로 조금은 대중적 자존감을 높여가는 오늘의 추세라도 잘 살려나가려면 적어도 전략적 사고가 가능하고 아량이 넓은 열 사람의 의인과 최소 각 일만 명의 자발적 우군이 생겨나야 할 것이다. 그러나 그 정도로는 부족하다. 앞서 강조한 대로 기반을 새로 다지는 일도 함께 해야 한다. 정신과 사상이, 국토와 문화가 나날이 새로워지고 아름다워지고 발전해야 하며, 성장잠재력이 더욱 확충되고 사회제도가 활발하게 개혁돼 가야 한다. 그래야 한반도의 미래상을 가늠할 수 있는 잠정적 청사진이라도 만들 수 있고, 관련국과 지역의 신뢰와 우호, 상호 협력을 통해 주변정세의 도움을 받을 수 있을 것이다. 우리의 고민과 사색의 발걸음이 한반도에서 그치거나 머물지 않고, 더 넓은 세계적 조망이 가능한 선진국의 현장으로 발걸음을 옮겨가며 양쪽을 다 보고 비교하여 새 길을 모색할 수밖에 없는 까닭도 여기에 있다.

4. 자아와 허무의 터널에서 한 점의 빛을 향해

1) 선·후진의 관점에 대한 도전

선진은 다 좋고 후진은 다 나쁜가? 인류학자 레비-스트로스는 '미개와 야만을 단정 짓는 것이야말로 야만'이라고 한 적이 있다. 누구는 고결한 야만인이라며 원주민의 생각에 깊은 지혜가 있음을 발견해 낸다. 과거에 단선적 진보사관은 마치 인류가 미개한 단계에서부터 개화의 단계로 발전하는 것을 당연한 이치로 보았다. 창세기에서 시작하여 요한묵시록으로 끝나는 바이블의 관점을 닮았다. 단순한 것에서 복잡한 것으로 나아가는 것, 그것이 진화라고 하면서 아메바나 바이러스는 단순하고 인간은 복잡하며, 하등동물과 고등동물로 나누고 영장류를 두뇌가 제일 발달한 생물종이라고 규정한다. 일리 있어 보이지만 사실은 좀 다르다. 현대의 인간 게놈 프로젝트에 의하면, 인간은 하등생물과 거의 똑같은 수의 유전자를 갖고 있다.

설령 인간이 머리가 좋다고 치자. 머리 좋다고 제일은 아니다. 두뇌를 써서 먹이사슬의 정점에 섰다고 제일이라는 건 어떤 한 면일 뿐이다. 제일이면 또 무슨 의미가 있는가? 정점에 섰다고 뭐가 좋은가? 어떤 종이 최후까지 살아남는가? 가장 많은 숫자로 번지는가? 제일이다, 좋다는 건 무엇을 기준으로 하는가? 황제도 재벌도 바이러스에, 박테리아에 속절없이 당한다. 개미도 메뚜기도 떼를 지어 덤비면 원자탄도 소용이 없다. 최후까지 살아남을 종족은 박테리아나 개미나 두더지일지 모르지만 인간은 아니다.

영장류 중 영장류라는 인간 종을 좀 보자. 지능이 뛰어나다는 인간 종이 천 년 동안 한 짓이 동족을 반쯤은 죽이고 반쯤의 인류를 불안 공포의 틀에 가두어 지배한 것밖에 없었다. 아니 더 나쁜 것은 지구대지 곳곳을 피로 물들인 것도 모자라서 자연의 법칙대로 잘 사는 원주민들의 대지를 초토화하였으며 야생의 동식물들을 수없이 대량학살하고 착취하였다. 그뿐만이 아니라 대지에 순응하며 착하게 살아가는 수많은 인간들을 노예로 끌고 다니며 물건처럼 팔아넘겨 재산을 불리는데 쓰고 노역에 붙여먹는 용도로 이용했다. 지금까지도 필요시엔 하인처럼 취급하다가 조금 귀찮아지면 내치려 하는 걸 다 목격하고 있지 않는가? 이런 짓은 신의 섭리와 은총을 들먹이던 자들끼리도 목적달성에 필요할 때는 가차 없었다.

이후 도토리 키 재기 식으로 조금 잘나고 조금 못난 후손들이

권세를 잡고 백성을 으르고 달래며 지어온 역사 끝에 지금 인류에 무슨 영광과 평화를 남겼느냐? 그게 인생이고 잘난 인간의 모습이라면 너무 시시하고 허무한 짓들이 아닌가? 제 혼자 좀 떵떵거려본 들 그게 무슨 대단한 의미가 있다는 말이냐? 야생의 들판에서 으르렁거리던 맹수들의 싸움판과 다를 게 뭐 있는가? 그런 걸 지금도 '라이언킹'이다 뭐다 하며 감동적인 로망처럼 꾸며서 자랑하는 걸 보면 인간은 점잖은 듯 보여도 참 유치찬란하다.

원래 지구의 대지 위에 자연의 섭리에 따라 생명을 받아 살고 있는 식물과 동물들을 그들의 생태계 질서에 따라 잘 살아가도록 맡기고 존중하면서 인간이 삶을 영위하여 왔다면 결과는 어떻게 되었을까? 이 질문을 금방 잘 알아듣지 못하는 사람을 위해 말을 바꾸어 해보겠다. 인간이든 동식물이든 대자연의 법칙과 생태계 질서에 따라 살도록 태어났다. 그 섭리대로라면 식물은 각기 토양과 기후변화에 따라 식물 나름대로 잘 살도록 하면서 인간의 먹을거리를 충분히 얻었을 것이다. 동물은 동물대로 식물의 생태적 자원배치에 의해 조절되는 자연적인 먹이사슬에 따라 생기는 부수적인 결과를 잘 챙기면 얼마든지 필요한 것들을 마련할 수 있었다. 그래도 충분히 인간은 잘 살 수 있었고 종족 번성을 누릴 수 있었으며 새로운 문화적 창조를 시도하고 자연과 조화를 이룬 문명을 건설할 수도 있었다는 말이다.

그런데 누군가(아마도 신을 들먹이는 제관이나 힘깨나 쓰는 이들) 뭘 좀 알 것 같다고 경솔하게 속단하고 제멋대로 해석하여 욕심을 내고 덤비다가 이 모양 이 꼴이 되었다고 한다면 너무 인류역사를 폄하한다고 보는가? 바이블에 이를 말해 주는 듯한 상징적인 이야기가 있다.

에덴의 동산에 '생명을 영속시키고 치유하는 나무'와 '선악을 알게 하는 지식의 나무'가 있었는데 인간이 금지된 지식의 나무에 열린 열매를 서둘러 따 먹은 죄과를 짊어지게 되었다는 것이다. 대자연의 법칙을 존중하여 겸손하고 삼가야 할 순리가 있는데 때를 기다리지 않고 경거망동한 대가는 엄청날 것이라는 문필가들의 예지가 담긴 우화라고 보지만 상징적 의미는 있다. 어떤 사람은 지금 와서 그런 걸 따져 무얼 하느냐고 할지 모른다. 그렇지 않다. 문화와 문명을 어떻게 평가하느냐, 막다른 골목에 다다랐다면 이젠 어떻게 하는 게 좋은가를 묻기 위해서 필요한 문제의식이다. 이미 만들어진 건 다 좋고 선진은 무조건 우리의 나아갈 방향인 것처럼 생각하는 사고방식 자체에 바람직한 해결책을 찾지 못하게 하는 요인이 도사리고 있는 것이다.

누군가는 이런 말을 한다. 피라미드, 만리장성, 콜로세움, 타지마할, 바티칸 성 같은 건 지금 봐도 웅장하고 대단한 작품인데 파라오나 황제 같은 자와 노예들이 없었다면 그런 걸작들을 만들 수 있었겠는가라고. 그러니 인류역사의 진행과정에서 어쩔 수 없었던 불가피한 일들로서 긍정적으로 봐야 한다고. 물론 일어난 건 일어난 것이다. 그렇다고 다 긍정적으로 봐야 할 건 아니다. 바티칸을 예로 들어보면 종교나 문화란 게 얼마나 모순과 잡답이 섞여 있는 혼합물인지 알 것이다.

바티칸 광장은 17세기 교황이 베르니니란 당대 최고의 건축가에게 명하여 성당이 두 팔 벌여 수많은 성도들을 품에 안을 듯한 모양새를 갖도록 설계했다고 한다. 그런데 광장에는 뾰족하고 높은 오벨리스크가 한 개 우뚝 서 있다. 오벨리스크는 로마의 타락한 폭군황제 칼리굴라가 경기장의 장엄을 위해 이집트에서 빼앗아 온 전리품이었다. 그 오벨리스크는 기단에 두 마리의 사자상과 독수리가 조각되어 있으며, 원래 맨 꼭대기에는 카에자르(Caesar)의 유골이 든 금속의 둥근 공이 올려 있었는데 그걸 십자가로 교체해 놓았다. 이게 사랑의 정신과 생명존중, 만민평등의 사상과 어울리는가? 정복과 파괴, 핍박과 학살의 역사가 똬리를 틀고 있는 곳에 더하여 위압과 지배의 상징이라니? 진정 거룩하고 자비로운 사랑의 종교라면 가장 숭고하고 아름다운 대자연의 모습과 광경 이상으로 그 종교의 정신과 사상에 어울리는 장엄물이 달리 필요할까? 만민과 만물이 싱싱한 모습으로 펄펄 살아서 자유롭고 평화롭게 사는 광경 이상으로 성스러운 경사가 또 있을까 물어보고 싶다.

역사상 선진국 행세를 하던 제국이 오벨리스크와 관련된 또 하나의 상징적 사례가 있다. 현재 남아 있는 10개의 오벨리스크 중 5개는 이집트에 있지만 5개는 런던, 파리, 로마, 이스탄불, 뉴욕에 각각 하나씩 있다는 사실이다. 처음 이집트에서 오벨리스크를 만들 때는 파라오가 태양신을 숭배한다는 구실을 내세워 백성의 신앙과 노역을 이용함으로써 통치술을 발휘하려는 목적이었다. 이걸 전리품으로 약탈해 간 나라의 통치자들도 받드는 신의 이름과 구호만 바꾸었을 뿐 그 내면의 심사는 마찬가지였다는 것은 무얼 말하는가? 겉으로 표방한 고상한 명분과는 달리 문명의 감추어진 이면을 들여다보면 이기적이고 옹졸한 저의가 드러나고 있는 것을 알 수 있다.

사람이 하는 일에 명암이 있고 잘한 점이 한 점이라도 없을 수는 없다. 유한하고 미력한 처지에서 역사와 문명이 다른 방식으로 전개된 것을 보지 못한 상황에서 우선 대중의 눈에 대단하게 보이니 위대한 문명이니 뭐니 하는 식으로 되었다고 치자. 그러나 결코 어쩔 수 없었다거나 불가피했다거나 훌륭하고 바람직한 것이라고는 단정할 수 없다. 핵심적 가치나 중요한 점에서 거짓과 위선이 있었다면 그 국가와 그 문명을 자랑할 수 없고 기릴 수 없다. 우리는 그런 것을 선진이라고 인정할 수 없다.

인류사 초기단계의 사람들이 조금 다른 방향으로 생각을 돌렸더라면 세계와 역사가 크게 달라졌을 것이다. 아니, 말을 바꾸면 대자연의 운행 원리대로 따를 자세만 가졌어도 자연의 섭리가 인류의 삶을 풍요롭고 아름다운 길로 이끌었을 것이다. 무한한 하늘과 광활한 대지가 온갖 다양한 삼라만상을 품고 기르고 살려 나아가면서도 어느 한 군데도 선을 그어 나누거나 차별하지 않았다. 별도로 자기 것이라고 따로 챙기지도 않은, 늘 자연스러운 그대로의 움직임대로 사는 것이 생生이란 걸 알았다면 얼마나 세상이 달라졌을까? 유무有無와 고하高下, 부귀富貴와 빈천貧賤, 주체와 객체로 나누어 분절分節하거나 차별하지 않고, 그렇다고 억지로 뭉뚱그려 하나를 만들지도 않는 '둘 아님'(不二)의 사유, 그것이 대자연의 연기적 법칙이었다.

자유롭고 평등한 관계에서 사물을 보고 생명의 존엄성을 인식하며 생태적 세계 전반의 잠재력을 최대한으로 발휘하는 문명으로 인도하는 참다운 계몽이었다면 근대화나 선진화의 방향이 이토록 왜곡되고 비뚤어지지 않았을 것이다. 배타와 배외를 일삼는 자기중심주의, 남도 자기도 소외시키고 마는 승자독식이 아니라 온전한 자각으로 고양된 계몽사상이었다면 상황이 달랐을지도 모른다. 아마도 훨씬 더 자발적이고 포용적인 분위기와 진취적 기상 속에서 자유와 창의를 발휘하며 인류의 잠재력을 개발하여 참으로 훌륭하고 찬란한 문화와 문명을 융성하게 이룩했을 것이다. 적어도 근대화 단계 이후의 문제와 비극은 없애거나 대폭 줄였을 것이고, 지금의 기후변화와 지구붕괴의 위험, 팬데믹과 핵의 공포와 위협 같은 사태도 미연에 방지할 수 있었을 것이다. 설사 다소의 우여곡절이 있었고 갈등과 마찰이 일어났었다고 해도 기본적으로 주도적 흐름이 그러했다면 능히 위기를 극복하고 문제를 원만하게 해결해 나왔으리라고 믿는다.

나는 이런 관점이 선진과 후진을 바라보는 중요한 시각이 되어야 한다고 본다. 물론 계몽사상의 보급 이후 자유와 평등 의식의 진보 등 근대 선진문명화의 발전을 우리는 인정하지만, 그렇게만 보아서는 반밖에 보지 못한 것에 불과하다. 마치 역사가 모두 필연의 과정을 밟아온 것처럼 말한다면 소수와 비주류는 어리석어 실수하고 실패하였으며, 주류와 다수는 현명하여 성공하게 되었다는 논리가 되고 만다. 사회의 관건을 틀어쥐고 권력을 장악하려고 서로 싸우는 주류와 비주류 또는 다수와 소수의 관계만을 놓고 말한다면 그렇게 말할 수 있을지 모른다. 그러나 여기서는 흔히 말하는 다수와 소수, 주류와 비주류의 대비를 거론하려는 것이 아니다. 지배와 피지배, 나와 남의 분리와 배타를 벗어나려고 한다면 원천적으로 대자연의 순리와 운행을 닮으려는 생각이 존재했었다는 사실에 대한 이해가 모색의 출발점에서 필요하다는 것이다.

자연주의적 사고를 말하려는 것이 아니다. 우리는 사실 대자연을 잘 모른다. 아마도 영원히 극대와 극미를 통틀어 정확히 알 수 없을 것이다. 우주 대자연에 대하여 절대지絶對知를 말할 수 없다. 그러므로 대자연의 연기법적 순리를 따라 산다는 것은 끊임없이 미지의 변경을 개척해 가는 삶을 뜻한다. 마을과 도시에서 습속에 따라 정주하는 것이 아니라, 머무름 없이 마음을 내며 생성의 이치대로 산다는 것은 소수가 되는 것일 수밖에 없다. 어디에 어떤 층層, 대상, 장소에 집착하거나 안주하지 않고 끊임없이 나아가는 것, 깨달음과 자유를 향한 미지와 변경의 개척의 꿈, 보다 자유롭게 잘 살아보려는 '욕망 아닌 욕망'으로 잠재적 역능을 지속적으로 발휘하는 삶이다. 그리하여 늘 다시 떠나는 모험적 노마드 소수의 길, 살아있는 한 계속하여 진일보 전진하는 길을 말하고자 하는 것이다.[6]

이러한 정신과 사유의 결과, 비주류와 소수가 되었다면 그들은 자기중심을 벗어날 줄 알고, 자타의 분리와 지배를 위한 다수 주류 쟁탈전의 문제를 미리 알아차릴 수 있었을 것이다. 권력쟁탈전을 위한 패거리 작당作黨의 전략이 초래할 자가당착과 모순이 결과적으로 인류에게 크나큰 고통과 비극을 안겨 주리라고 예상하였기 때문에

---

6 권력쟁탈전에서 패배한 소수는 '부진정不眞正 소수 또는 다수를 노리는 소수'다. 그런 차원을 떠나 우주 대자연의 연기법적 공空의 원리를 따라 사는 소수를 '진정眞正 소수-되기의 소수'라고 부를 수 있다. 지층, 영역, 조직, 표상 등으로부터 끊임없이 탈피하는 '소수-되기'의 소수다. 들뢰즈(Deleuze)는 이를 탈영토화(탈유기체화, 탈조직화), 탈코드화(탈기표화), 탈(예속적)주체화하는 생성(becoming)의 과정을 통한 소수-되기로 설명했다. 『금강경』에서는 "머무름 없이 마음을 내라", "모든 형상, 관념 등은 실체가 없다", "불법은 불법이 아니다" 등으로 표현하고 있다.

진정한 소수자는 기꺼이 다른 길을 택했다고 볼 수 있다. 그러한 지혜로운 소수자의 선례를 우리는 선사시대부터 볼 수 있었다. 신화 이전의 시대와 신화의 해석을 통한 야생의 사고에서 보듯이 신석기 혁명 전의 인류가 지녔던 심층 무의식의 마음, 즉 유동적 지성에서는 하등과 고등, 짐승과 인간, 인간과 인간의 분리와 지배라는 관념이 없었다. 비록 불안과 두려움을 서로 느끼고 있었다고 해도 그들 모두의 사이에는 불완전하지만 미묘한 대칭적 균형과 조화의 관계가 있었다.

이후 역사시대에 들어온 뒤에도 예언자들이나 성현들의 출현으로 구전이나 전설 속에서 또는 경전을 통하여 전해오는 현명한 지혜의 말씀들을 인류가 접할 기회는 많이 있었다. 때로는 이단이나 비주류란 누명을 덮어 쓰고 역사의 뒤안길에 숨거나 사라진 현자들도 숱하게 있었다. 인류가 기후변화와 지구붕괴의 가능성을 언급하고, 팬데믹과 핵전쟁의 위협을 겪으면서 불안과 절망을 거의 내면화하는 단계에 이른 지금에 와서 보면 진정 소수자였던 그들은 인류의 지도자였고 수승한 스승들이었음을 새삼 깨닫게 된다.

그러므로 현대라는 시점에서 나라와 국민이 나아가야 할 방향을 생각하고 논의할 때 우리는 과거 선진과 후진을 나누고 성공의 모델을 이야기하던 사고방식을 이제는 괄호에 넣어두고 완전히 새로운 관점에서 전면적으로 다시 검토해야 한다. 인류가 직면하고 있는 전 지구적 위기나 선진국이 당면하고 있는 정치사회의 위기와 병적 징후들, 형해화된 민주주의에 의한 민주주의의 붕괴와 사회 병리적 문제들은 이제 남의 문제가 아니다. 이것은 문명의 전환과 직결된 문제임과 동시에 우리의 방향전환의 문제다.

2) 신 불교문화운동의 뉴 프론티어–젊은 생명 지킴이들

불교는 오랜 정신적 자연적 유산을 지니고 있다. 푸르른 자연공원과 산사가 포용하며 베풀고 있는 감화와 혜택은 그 가치를 수량화할 수 없다. 이 점은 앞으로 인류문명의 황폐화와 지구 생태계의 붕괴 위험이 높아질수록 그 가치와 의의가 더욱 높게 조명을 받을 것이다. 불교는 자연 및 사찰환경뿐만 아니라 정신문화면에서도 현대의 분리와 단절을 넘는 데 기여할 수 있는 잠재능력을 지니고 있다. 연결과 통합을 고정된 하나의 틀에 가두지 않고 생성의 순리에 따라 시의적절하게 작동될 수 있도록 하는 유연한 사고의 방식이 있다. 개성의 발휘와 자아실현을 북돋되 아집으로 흐르거나 지리멸렬하지 않을 길도 있다. 다양한 잠재성을 현실화하고, 변화하며 생성하는 모든 움직임 자체를 전체라 한다면 그런 전체로서의 생명세계와 전인적 인간상을 지향하는 정신문화가 불교라고 말하고 싶다.[7] 그러나 『금강경』은 그런 전체를 가르치고 이름을 세우는 것조차도 인정하지 않았다. "불법은 불법이 아니요 이름하여 불법이라고 할 뿐이다." 불교는 어떤 고체형 틀도 고집하지 않는다. 불교의 현대화를 희구하는 사람들은 이러한 정신의 자세로 출발하였다.

외래문물이 홍수처럼 밀려오고 열악한 사회적 문화적 조건 속에서도 1970년대 초반부터 대한불교진흥원은 이러한 불교의 정신적 자연적 유산과 사찰문화의 유지 보존에 힘씀과 더불어 불교의 대중화,

---

7 이를 감각적 요소와 정신적 이성적 요소를 결합한, '작용하는 전체'의 개념으로 설명한다. 한국철학회 편, 『한국철학사』(상권), 17쪽 참조. 불교적으로 '하나도 아니고 둘도 아님'이라고 할 수 있다.

생활화, 현대화 기치를 표방하고 그 계획을 단계적으로 실천에 옮겨 왔다. 시대변화에 맞추어 불교방송국 설립과 불서의 보급을 비롯하여 현대적 불교사상의 전파, 불교문화대학과 평생교육의 아카데미 설치, 다보사 불교수련원의 건립, 동서사상의 비교와 원효사상의 세계화 작업 등을 전개하여 왔다. 불교의 재조명을 통한 현대적 의미와 역할의 재발견은 재단의 설립취지에 비추어 볼 때 가장 역점을 두어야 할 분야로서 특히 인재의 양성과 직결된 과제였다. 국민정신의 함양과 인류문화 창조의 향도로서 불교가 이바지할 수 있도록 기여하고자 한 설립의 취지는 전승된 상징적 의미와 내용을 존숭하고 계승하되, 해석과 표현, 언어와 형상은 현대화하는 것이었다.

여기서 국민과 인류정신의 함양 또는 향도란 국민과 인류를 불교정신과 사상으로 무장시켜 불교도로 이끌라는 의미는 아니었다. 『금강경』이 가르치는 바에 의하면 불교는 불교화를 목표로 하는 것이 아니다. 다른 말로 하면 불교는 어떤 행동양식이나 태도를 옹호하고 이론체계를 세워 주장을 반복하는 주의가 아니다. 그런 의미에서 불교는 부디즘(Buddhism)이 아니다. 불교는 우주 대자연의 움직임이며, 그 미지로의 끝없는 탐색, 탐색과정에서 문득 도래하는, 무지와 무득無得의 깨달음이다. 불교진흥은 불교가 '불교를 위한 불교'가 아니라 '세상을 위한 불교'가 되는 길 닦음이다. '온 지구의 생명을 다 구원해도 불교가 구원한 것은 하나도 없다'라고 할 만큼 무아의 정신을 실천할 때 그러한 의미의 불교가 되는 것을 말한다. 이런 의미에서 불교의 목표는 '불교가 필요하지만 불교가 필요 없는 차원으로 되는 것 자체'이다.[8] 자기중심성을 극복하기 위한 정진의 필요성을 자각하고 인간중심주의를 벗어나 온 생명을 포용하는 정신과 사상을 기르고 실천함이다.

그러므로 이제 불교진흥의 중점을 옮겨야 할 시점에 왔다. 불교가 탄생하고 전파되던 시대와는 사정이 완전히 다르게 변했다. 진흥원이 출발하던 전 세기의 7, 80년대와도 크게 달라졌다. 지금의 지구와 세상은 문명이란 이름하에 생태적으로도, 정신적 사회적으로도 심하게 병들어 있다. 그 병은 중증화에서 위독의 단계로 넘어가고 있다. 자연생태의 위기는 기후온난화, 생물다양성의 급격한 감소, 벌과 조류와 고래 등 대량멸종의 위기, 식물의 대대적 감소 같은 생태적 기반의 붕괴, 그로 인한 식량대란의 위기와 인류의 자가 궤멸의 가능성 등이다. 자연의 질서가 무너지고 미생물을 비롯하여 야생의 생물들이 오랫동안 살아왔던 터전에서 쫓겨나 갈 곳을 몰라 헤매고 다니다 이젠 지구 전체로 번지고 있다.

각국이 제 살길만 좇아 각자도생 난타전식 경제전쟁을 벌이고, 대규모 식량위기로 극심한 혼란에 이른다면 그것이 대규모 테러의 빈발로 이어질 수도 있다. 핵전과 전자전이 결합해 전격적인 속도전적 도발로 이어져 전 지구적 초긴급 비상사태로 이어질지 모를 일이다.

주의 주장을 넘어서 스스로를 극복하는 제법무아의 고등종교가 제대로 인식되어 살아난다면 문명전환의 희망이 싹틀 것이다. 우리는 불교를 석기 시대 원초적 순수야생 사고의 르네상스로 생각한다. 유한한 태양계와 지구 생태계이지만 그래도 수십억 년의 세월 속에서 생태계를 이루어 온 야생의 삶은 삼라만상의 연쇄기반 위에 생물종의

8 김규칠, 『불교가 필요하다』(김영사, 2019)도 '궁극적으로 불교가 필요 없는 차원을 지향한다'를 뜻한다.

다양성을 충분히 유지하며 상호연결 관계 속의 공진화(coevolution, 공생共生symbiosis)[9] 과정을 따르고 있다. 신화의 시대에 그 야생의 사고를 근거 지워주던 인류의 심층 무의식과 우주적 마음이 고등종교로의 재탄생으로, 대자연의 공적空的 연기법으로 다시 나타난 것이 불교라고 믿는다. 불교야말로 '우주 대자연의 법, 즉 연기법'이다. 그러므로 불교인은 대자연의 원리를 제대로 이해하고 실천해야 한다. 다만 그 대자연의 원리란 것이 신화시대의 물활론物活論이나 정령사상(애니미즘) 같은 것이 아니고, 기계론적 물리법칙이나 법학 상의 자연법사상도 아니란 것이다.

불교는 하늘과 대지의 자연스러운 운행과 변화, 생명살림의 연기법이되 불이(둘 아님), 중도, 공사상이다. 동시에 공의 사유와 비움의 지혜를 가르치지만 텅텅 빈 허무에 빠지고 마는 낙공落空이 아니다. '공'은 존재생성의 묘유妙有, 곧 생명의 발랄함과 변화 자재함이고, 뭇 생명의 존재이유를 다양성 가운데서 균형과 조화를 이루어 최고도로 고양시키는 무상의 도리이다. 온갖 분절과 차별, 배타와 중심성을 극복한 무아의 근거 위에 실현되는 새로운 평등과 자유와 박애의 사상이다.

불교를 보다 현대의 철학적 용법으로 표현한다면, 존재하는 것들이 차이생성을 통해 변화하는 움직임을 설명함이다. 생명 존재의 각종 기관화, 층화層化와 조직화를 탈피하고, 그와 동시에 형태와 양식, 표지와 관념, 의식을 속박하는 어떤 예속적 주체화의 형성으로부터도

9 불교적 용어로는 관계 속에서 서로 영향을 주고받으며 업을 짓고 업보를 받는, 연기법적 공업共業의 연쇄연관을 말한다.

벗어나는 자유의 길을 일컬음이다. 환언하면 탈영토화, 탈기표화, 탈주체화를 끊임없이, 끝없이 되풀이하여 생성하는 무한 '되기의 과정'을 의미함이다. 그 과정에서 우리는 알아차림의 자각과 지각불능-되기, 식별함과 식별불능-되기, 인칭확정과 인칭확정 불능-되기, 절대적 탈영토화의 가능성과 불가능성의 사이에서 부침을 겪는다.[10]

이러한 과정을 통과하며 삶의 변화, 문화의 변용, 문명의 전환을 시도하고 이룬다. 우리는 이러한 새로운 인식과 자각으로 새 출발을 해야 한다. 그러므로 다양성 가운데 균형과 조화를 이룰 새 시대의 준비를 추진하고 담당할 인물들은 상관적相關的 통섭과 on/off 교차 변환變換의 적응력, 가로지르기와 융합의 현대조류에 부응하여 첨단적 변경을 개척하는 데 앞장설 줄 아는 젊은이를 필요로 한다. 그것이 바로 '분단에서 하나를 넘어 둘 아님의 세계로' 나아가는 길이다.

이 시대의 젊은이다운 이런 현대적 기운이 지금 한류를 통해 자라고 번지고 있다. 어쩌면 이 한류는 과거 삼국시대의 풍류도가 현대에 부활하고자 꿈틀거리고 있는 움직임의 하나가 아닐까? 민족사학자 신채호 선생은 이 풍류정신이 애석하게도 역사의 뒤안길에 숨겨지게 된 것을 매우 안타깝게 여겼었다. 우리는 이 시대의 풍류도인 한류를 위해 불교적 모색의 한 모퉁이에서나마 새로운 작업을 하고 싶었다.

---

10 이를 『금강경』은 "모든 형상 등은 실체가 없다. 상에서 상 아님을 보고 차이생성을 본다면 사물의 변화하는 이치를 알 것이다", "어디에 머무름 없이 그 마음을 내라", "아상, 인상, 중생상, 수자상 없이 마음을 낸다면 사물의 진면목을 깨달을 것이다" 등으로 표현하고 있다. 또한 이를 들뢰즈(Deleuze)의 『차이와 반복』과 『천개의 고원』의 '차이생성의 존재론'의 표현을 빌려 설명하였다.

그것이 이 시대의 불교진흥의 하나라고 생각하였다. 그 작업을 우리는 '숨도 문화운동'[11]이라고 불렀다. '숨'은 생명의 숨결을 뜻하고, 겉으로 잘 드러나지 않고 숨은 듯하지만 숨결처럼 귀중한 생명의 진실을 상징한다. '도'는 우리가 발견하고 창조해야 할 새 길과 마음과 삶의 양식을 뜻한다. 숨도는 그러한 진실과 길을 찾아 나서는 움직임이다. 우리가 모색해 나아갈 세계는 한韓의 한류 그대로가 아니라, 크고 둥글게 지구 마을을 품어 살리는 '한', 한글의 '한'과 같은 의미를 말하는 '한류의 세계'가 될 것이다.

그러나 이런 숨도 문화운동이 쉬울 리가 없다. 이러한 과업의 전선前線에 텍스트와 교육과정, 추진방식 등 제반여건이 준비되어 있을 리 없고 인적 대상이 기다리고 있는 것도 아니다. 오히려 불충분한 인식과 몰이해, 심지어 기성의 방식과 선점의 이해관계로 인해 지장을 받아 시작도 매우 어렵고 추진은 더욱 난관에 봉착하기 쉬운 것이었다.

요즘의 젊은이들은 이색적 풍조와 재미위주의 이벤트와 유행하는 흐름에는 흥미와 관심을 보이지만 시대에 뒤떨어지거나 고리타분한 인상을 주는 것은 거들떠보지도 않는다. 이상주의적인가 하면 매우 실리적이고 실용주의적인 젊은 세대는 현실의 문제와 모순을 배태한 기득권 세대와 기성의 이념이나 사상 종교들에 대해서 별로 호의적이지 않다. 모순이나 문제점을 제기하고 비판하기는 쉬워도 해결의 실마리나 길을 제시하기는 그 몇 배 더 어려운 것인데도 그들은 이

---

11 '숨도 문화운동'은 역사의 뒤안길에 숨게 된 풍류정신(숨겨진 불교적 진실과 상관됨)을 현대적 문맥에서 되살려 보고자 하는 시도 중의 하나이다. 풍류정신 관련 내용은 『한국철학사』(상권), 17쪽 참조.

점을 감안해 주지 않는다. 어른들이 젊은이들의 성급한 기대에 부응하지 못할 경우에는 현실비판의 과격한 혁신주의로 기울기 십상이다. 그중에 인재감이 혹시 어디에 있다 하더라도 찾기가 어려우며 후진 구석, 낡은 인상을 주는 곳에서 그들과 인연을 맺기란 불가능하다. 우수한 인재일수록 더 넓은 무대로 나아가 더 높은 과제에 도전하려 할 것이고, 실리적인 젊은이는 고수익과 출세가도의 길로 갈 것은 당연하므로 재래식 방편으로 인연을 맺기가 힘든 것이다. 여기에서 어떻게 할 것인가? 지나간 세월에서 불교계가 그랬던 것처럼 또 때를 기다릴 것인가? 그리하여 20년, 30년 뒤에도 똑같은 말로 유사한 사유를 들먹이며 인재양성을 강조할 것인가?

고민과 숙고를 거듭한 끝에 만든 것이 '숨도' 문화원[12]이었다. 준비가 덜 되었으면 덜 된 대로, 불교에 조금이라도 관심을 가지고 있으면 그 점을 긍정적으로 받아들였다. 다양한 구상과 방법으로 인연을 맺어보자, 좀 더 아량을 갖고 포용적 자세로 널리 찾아보자고 생각하여 2011년부터 숨도빌딩을 거점으로 삼아 작지만 의미 있는 '불교문화운동'을 전개하였다. 이 숨도 문화운동은 세계적 영장류생물학자이며 유엔 환경보호 및 평화홍보대사인 '제인 구달(Jane Goodall)' 박사의 내한과 사찰방문, 발우공양체험 참가, 도시양봉과 식생의 강연회, 그리고 환경운동가이며 동물학자인 최재천 교수와 철학자(학술원 회원, 현 진흥원 이사장) 이한구 교수 등 유수의 지성인들이 저술에

12 '숨도'는 앞서 잠깐 설명한 대로 생명을 지속시키는 호흡의 '숨'과, 길과 마음을 뜻하는 '도'의 합성이며 '둘 아님 세계의 생명(존중)의 길'을 뜻한다. 생명의 길은 숨은 진실을 찾는 과정을 의미한다.

참여한 '붓다와 다윈의 만남' 출판을 계기로 본격적인 진전을 보았다. 이와 동시에 최재천 교수가 이끄는 '생명다양성 재단'의 청년들, 그리고 이와 뜻을 함께하던 '희망의 자연' 그룹, 계간지 'n분의 1' 편집진들이 자연스럽게 뜻을 뭉치고 인맥을 네트워크화하며 더욱 활기를 띠어 갔다. 젊은 '희망의 자연' 그룹이 주축이 되어 숨도 문화운동을 주도하며 실제로 프로그램을 기획하고 실행하면서 진흥원은 주로 지원하는 행태로 정착되어 갔다.

'숨도'의 구상과 명명에서부터 성장과 발전에 관여하였던 필자로서 이러한 경위와 과정을 익히 알고 있으므로 남다른 감회가 없을 수 없다. 그 시작과 전개의 의의와 가치가 결코 작다고 볼 수 없다. 숨도가 남긴 기록들이 있고 참여한 인사들이 아직도 사회 각계에서 활약하고 있으므로 참조할 기회와 인연이 있기를 바란다. 현실의 여러 가지 어려운 사정을 감안할 때 그 사이에 숨도에 인연을 맺어주고 부족한 근무조건에도 불구하고 열성과 창의로서 숨도의 문화를 위해 헌신한 젊은이들에게 무한한 감사를 느끼며 참으로 귀중한 사람들이었음을 기록으로 남기고 싶다. 그들의 노력은 여러 미디어와 행사를 통해서 우리 사회에 상당한 호응을 불러 일으켜 가고 있었고, 당시 숨도 책극장과 카페는 대통령의 대학가 젊은이들과의 대화 장소로서 선택될 정도로 주목을 받아가는 중이었다. 외국인들도 '시 낭송의 밤' 등 여러 행사와 코워킹의 '미소서식지'에 참여하기도 하였다. 국제적 연결 작업은 더 본격적으로 나아갔다.

이 숨도 운동이 상당한 진척을 보이던 중에 우리는 남불의 프로방스 지방에 생태적 문화운동과 한국불교의 명상 프로그램을 결합한 거점

활동 기지로서 '에코 명상원'을 세웠다. 현지인들과의 의기투합에 의해 '프로방스-서울 친선문화협회'를 구성하고, 지역의 생태농업 운동가를 비롯한 불교의 생태옹호사상에 호의를 가진 인사들과의 접촉을 통해 숨도의 생태적 문화운동과의 연계 프로그램 추진도 가능하리라고 전망하였다.[13]

이 밖에도 숨도 문화운동 주역들과 동조자들의 창의에서 나온 아이디어와 프로그램은 무궁무진하였다. 그중에서도 특기할 것은 서민의 생활 속에 새로운 불교미학의 아취와 의미를 담고자 하였던 '작고 아름다운 결혼식'이었다. 이것은 숨도의 문화운동 중에 대표적인, 현대적 의미의 '한'류판 풍류도, 작지만 종합적인 큰 의미를 띤 운동이었다. 전통혼례식의 상징적 의미와 유불선 삼교의 미학적 취향을 현대 젊은이들의 기질에 맞추어 재해석, 변용하여 만들어낸 것이었다. 현대판 풍류정신의 부활을 향한 발걸음의 하나라고 할 수 있다. 이 작은 결혼식은 외양은 작지만 그 뜻과 아름다움은 불교의 '연기법, 둘 아님(不二), 중도, 공사상' 등의 종합적 재해석을 거쳐 현대적으로 창조한 것이었다고 평가하고 싶다. '작고 아름다운 결혼식'은 흥미와 관심을 끌어 제법 많은 사람들이 문의하고 상담하러 왔었고 실제 혼례를 치른 사례도 대여섯 이상 있었지만 제대로 알려지기에는 시일이 걸릴 수밖에 없었다. 진취적 기상의 젊은이가 결행하고자 해도 시대적 대세의 세례를 받은 사람들, 특히 어른들의 관성 때문에 실천에 옮기지 못하는 경우가 많았다.

---

13 후술하는 '지구시민의 알아차림과 공감명상' 글에서 '에코 명상원' 설립 관련 내용을 참조.

숨도와 같은 새로운 운동에 대한 몰이해와 소극적 자세, 유행병과 기성인들의 보수적 성향은 우리 사회의 새로운 시도와 변경의 개척을 어렵게 한다. 유행이나 인기, 다수의 인정과 안전을 의식하는 한, 말로 하는 진보는 실제는 거의가 다 보수다. 이런 의미에서 붓다의 가르침처럼 머무르지 않고 끊임없이 새로워지고자 개척하는 소수야말로 진정 진보라고 할 것이다.

이런 와중에 얼마 안 있어 팬데믹 사태까지 겹쳐 훗날을 기약할 수밖에 없게 되었다. 2017년 중반에만 해도 인터넷 회원이 수천 단위로 늘어가는 추세에 있었고, 점차 현대적 의미의 불교적 가치, 특히 생태적 삶과 문화적 삶의 둘 아님을 모색하는 데 기여할 여러 가지 다양한 프로그램들을 수행해 가는 도정에 있었다. 예컨대 다보사 수련원의 프로그램 및 해외 불교성지순례와의 연계도 그중 하나였다. 그러나 불행히도 2017년 후반, 새로 들어선 책임자의 재래식 사고와 완고한 방침이 젊은 세대의 취향과 부딪히고 노선의 차이와 부조화도 커지면서 중심역할을 하던 젊은이들이 하나둘 다 빠져나가고 전반적인 역량은 저하되어 갔다. 이런 변동을 포함하여 여러 사정이 겹침으로 인하여 정체를 보이다가 2019년 팬데믹 사태까지 겹쳐 애석하게도 거의 모든 프로그램은 중단되었다. 이후 소규모 강연과 자발적 명상공간으로서의 기능을 진흥원 본원이 소재하는 다보빌딩 2, 3층으로 옮겨 유지하고 있는 정도다.

언젠가 팬데믹 사태가 사라지고 일상이 회복되면 다시 재건하고 활성화하여 젊은이들의 문화적 잠재력과 비전을 살려서 신문화운동의 뉴 프론티어를 다시 개척하고 확대할 날이 오기를 기원한다.

3) 유럽인의 '모두스 비벤디'[14] – 이중성과 허위의식, 불안과 공허의 혼재

'알프레드 노스 화이트헤드'는 그의 『이성의 기능』에서 인간이 삶의 안정을 도모하는 세 가지 길, 즉 맹목(Blindness), 리듬(Rhythm), 잠정(Transience)의 방법이 있다고 하였다. 그러한 방법에 의하여 일단 안정을 이루면 그 안정을 얻기 위하여 그때까지 더 높은 단계의 복합화와 상향화의 방향으로 이끌던, 새롭게 되려는 충동이나 이성적 노력은 (안정을 취함으로써) 멀어지게 만들고, 결국은 원점으로 퇴보하게 하는 하향화의 경향이 생긴다.

자연은 어떤 물체적 측면에서 보면 피로도(疲勞度: 마이너스 효과, entropy)의 증가 흐름이 있지만, 무한한 우주적 움직임이나 더 잘살기 위한 인간의 욕망('욕망 중의 욕망'인 이성의 기능)의 측면에서 보면 상향의 경향이 있다고 할 수 있다. 그런데 인간 자신이나 주변의 사례를 보면 대부분이 안정을 추구하다가 성쇠를 반복하는 순환의 과정을 밟는다. 식물과 동물들의 경우를 보면 상향을 지향하기는커녕 오로지 생존과 종족보존의 순환을 되풀이한다. '인간이라고 별 수가 있을까'라고 자신을 피조물이라고 믿는 사람들이 이러한 순환의 틀을 넘어서기에는 힘들다고 생각하여 신의 나라, 영혼의 영생 같은 상상의 산물을 만들어내 스스로 위로하고 안심시키려고 한다.

삶의 양식을 비롯하여 다양한 문화의 창조도 대부분이 그러한 상상물이 제공한 구상에 따라 이루어진 '맹목과 리듬과 잠정이라는 방식의 혼합물'이라고 말할 수 있다. 물론 이 흐름과는 다른 방향의

---

14 모두스 비벤디(modus vivendi)는 '삶의 양식'과 '삶의 잠정적 방식'이라는 의미가 다 있는 말이다.

움직임도 있었다. 붓다와 노자·장자를 비롯해 스피노자, 쇼펜하우어, 니체, 베르그송, 하이데거, 들뢰즈, 데리다를 비롯한 선각자들이 다른 사유의 가능성을 외쳐 왔다. 그러나 서양과 중근동, 인도-아리안계 등 많은 사람들을 피라미드형 사고와 수목형樹木型 분류화 사상으로부터 완전히 벗어나게 하지 못했다. 수많은 내전과 두 차례의 세계대전을 겪고, 온갖 병적 징후들이 만연해 가는 가운데 불안과 부조리한 삶의 뒤안길에서 삶은 점점 더 메말라지고 형해화되어가고 있음을 느끼면서도 지나온 흐름을 이어가고 있다.

사람은 두뇌와 이성으로만 살지 않는다. 혈연과 추억으로 얽힌 역사와 관습과 풍속에 이끌려 살아간다. 문제가 아무리 많고 회의와 의문이 가슴을 훑어도 현실감 있는 오늘의 생활이 인간을 지탱한다. 유럽의 펼쳐진 외양을 보라. 세계로부터 눈과 발걸음을 수도 없이 끌어들이는 그 광경을 상상해 보라. 일시 비록 팬데믹으로 인해 어쩔 수 없이 발길이 뜸해질 수 있지만 그동안 알프스로, 파리로, 프로방스와 지중해로, 유럽의 구석구석까지 찾아 들어오는 사람들을 떠올려 보라! 그들의 눈과 귀를 붙잡아 끄는 풍경과 예술과 이야기가 있다고 믿기 때문에 가는 것이다. 과거에 오랫동안 어떠한 우여곡절 끝에 그런 역사와 문화와 환경을 만들어 왔건 현실로 눈앞에 전개된 겉모습은 그들의 이목을 끌기에 충분하기 때문이다. 외지인들이 무리를 지어 몰려다니며 즐거워하는 모습을 직접 보고 겪는 현지의 유럽인들은 어떤 생각과 감상을 지니게 될까? 경제적으로 막대한 수입의 원천을 제공함에 흐뭇함을 느낌과 동시에 자기네 유럽의 문화와 자연과 역사에 긍지와 자부심을 가지게 되지 않을까? 아마도 그럴 것이다.

이러한 유입과 수용, 경제적 통상과 사회적 거래는 유럽의 대중은 물론이고 유럽 바깥의 대중으로 하여금 근대문명에 회의를 품지 않고 현대 유럽의 선진성과 장점을 나름대로 긍정적으로 평가하며 향유하게 하고 있음을 보여준다. 오늘의 관점으로 아무리 그 이전의 식민주의와 제국주의의 극악무도함을 지적하고 비판한다 하더라도 그런 것을 대중은 대충 알고는 있지만, 그것이 잘 사는 나라의 자연과 문화와 풍토에 접해 보고자 하는 마음을 내는 데 장애물이 되지는 않는다. 선진국은 관광과 대중문화만이 아니라 고급문화나 순수예술 분야에서, 자연과학, 인문사회과학 부문에 이르기까지 전 세계로의 전파와 선점을 통해 후진국의 교육, 학술, 문화 각 방면에서 지도적 영향력을 발휘해 오고 있어 그 전후방 확산효과는 매우 크다. 노벨상의 예 하나만을 들어도 금방 이해가 갈 것이다. 이런 현상은 다방면에서 선후진의 서열 하이어라키(계층구조)를 유지하도록 하여 문화와 경제를 비롯하여 각종 시장경쟁에서도 우열을 거의 그대로 이어가게 하는 요인도 된다.

따라서 구미 선진국 사람들의 생활 안전과 안정성 확보에 현재의 기득권 체제가 크게 기여하고 있는 것을 아는 그 지역 사람들로서는 삶의 안정을 보장해 주는 잠정적 방법, 즉 모두스 비벤디(modus vivendi, 삶의 잠정적 모드) 또는 '잠정적 유토피아'의 사고에 집착하게 되는 것이다. 이렇게 되면 구미인은 탈피와 개혁보다는 현상유지와 안주에 기울어지게 된다. 그들이 부득이하거나 불가피하다고 인식하고 판단을 하기 전에는 (일부 지성인을 제외하고는) 변혁의 방향으로는 움직이려 하지 않을 것이다. 이러한 사고와 체질은 19세기 후반부터 더욱 두드러지고 굳어져온 결과로서 지금까지도 그 바탕 성격은 변한 것이 별로 없다.

이러한 성격이 조셉 콘라드의 소설『암흑의 핵심』에 나오는 주요 인물들의 심리와 행태를 통해 아주 잘 나타나 있다. 벨기에령 '콩고'의 식민지 경영 현장에 직접 뛰어든 백인들의 잔학무도한 거악을 이야기 하면서 담담하게 남의 일처럼 대화를 나누는 19세기말 런던 사람들의 의식이 그랬다. 식민지 수탈경영을 변호하기 위해 아프리카 원주민들의 삶을 미개와 야만으로 단정 짓는 조직적 체계적 기만과 위선의 정당화 작업도 묘사돼 있다. 하늘의 계시를 외치며 '국제야만풍습억제 협회' 같은 낯 뜨거운 구실로 사전 정지작업들이 있었음은 물론이다. 유럽인들은 암흑의 진실을 정면으로 마주하지 않으려고 짐짓 멀리 거리를 두면서, 자신들의 안정과 번영을 누리는 동안에 그들은 그런 사전 선전 선교활동과 정당화 작업을 '실질적 사업'이라고 말하고 다녔다.

주인공 화자話者가 아프리카 지도상에 붉게 색칠한 영국의 넓은 식민지 영토를 가리키며 "거기서는 언제 보아도 우리를 흐뭇하게 하는 '실질적 사업'이 진행되고 있다."고 말한다.[15] 열대우림을 파괴하고 대대적으로 코끼리 사냥을 벌이며 상아수탈에 나선다. 금광의 약탈과 노예무역에 혈안이었던 사업은 그들의 실질적 이권창출 사업이었다. 설마 그것을 어두움에 갇힌 야만인들을 암흑에서 구하기 위해 그 핵심으로 뛰어들었던 진짜 '실질적 대업'이라고 우겼을까?

---

15 Joseph Conrad,『암흑의 핵심(Heart of Darkness)』, 이상옥 옮김, 민음사, 2006, 20~1쪽 참조.

작중 인물들을 포함해 모두 다 직감적으로는 진실을 알고 있었으나 끝까지 어느 누구도 실토하지는 않는다. 그것이 유럽인들이었다.

아이러니와 냉소, 폭력충동과 정신적 황폐화, 끊임없는 불안과 공포의 내면화 등 그들 자신의 심층에 깊게 깔린 암흑을 더욱 짙게 만들면서도 끝내 명확히는 드러내지 않으려는 심리적 집요함, 그것이 어쩌면 암흑의 핵심이라는 진실을 말하는 것이 아닐까?

'암흑의 핵심'이란 출판 소설 제목으로는 탁월했으나 어떤 의미에서는 원어명 'Heart of Darkness'를 '어둠의 마음'이라고 하는 게 맞을지 모른다. 영국인 화자는 어두운 '실질적 사업'을 목격한 "체험의 절정"을 말하기 전에 "천구백 년 전에 로마인들이 처음으로 이곳(런던)을 찾아왔던 일"을 이야기한다. "예전에는 이곳에도 암흑이 덮고 있었어." "당대 사람들에게 지구의 끝으로 여겨졌을 곳으로 말이네." "모래톱, 늪, 숲, 야만인들이 있었을 뿐, 문명인들이 먹을 만한 것은 아주 귀했고 마실 것이래야 템즈 강물밖에 없었을 것이 아닌가." "도처에 추위, 안개, 폭풍우, 질병, 유배, 죽음밖에 없는데 죽음은 허공 속에서, 물속에서 그리고 숲속에서 넘보고 있었을 거야. 그래서 이곳에서는 인간의 목숨이 파리 목숨 같았을 것임에 틀림없어." "그러나 이 로마인들은 참으로 변변찮은 사람들이었어. 그들은 식민지 개척자 노릇도 제대로 하지 못했어. 그들의 통치행위는 착취행위에 불과했고 그 이상의 아무것도 아니었을 테니까. 그들은 정복자들이었어. 정복자가 되기 위해서 필요한 것은 포악한 힘뿐인데, 이런 힘을 가지고 있다고 해서 자랑할 것은 못 되지. 왜냐하면 누가 이런 힘을 가지고 있다고 해도 그것은 다른 사람들이 약하다고 하는 사실에서 생기게 된 우연한 결과에 불과하기 때문이야. 그들은 단순히 획득이라는 목적을 위해 획득할 수 있는 모든 것을 움켜잡았을 뿐이야. 그것은 폭력을 쓰는 강도행위요, 대규모로 자행되는 흉측한 살인행위에 불과했는데, 사람들은 맹목적으로 그 행위에 덤벼들었던 거야. 이 세계의 정복이라고 하는 것이 대부분 우리들과는 피부색이 다르고 코가 약간 낮은 사람들을 상대로 자행하는 약탈행위가 아닌가."[16]

이 소설가의 말이 맞다. 암흑의 핵심이 따로 있는 게 아닌 것 같다. 콩고도 런던도 로마도 암흑의 핵심인 것이다. 그들과 유사한 패거리들이 먼 암흑의 현장에서 무자비한 살육과 약탈을 감행하며 끔찍한 일들을 숱하게 범하였음에도 불구하고 후방의 브뤼셀과 런던에서는 그러한 결과로 그들에게 안락을 가져다주는 혜택들을 맛보는 이중의 현실, 그것이 분열되어 가는 인간의 이중성을 만들어냈다. "우리를 구원해 주는 것은 능률, 능률에 대한 헌신"이라고 하면서 로마인들의 폭압적 착취행위와 자기네들의 능률적 식민지 개척자 역할을 비교하며 로마인들을 변변찮은 사람들이라고 평하는 사람들의 이중성, 아집과 자기중심성, 그것이 유럽인 작가가 암시하고자 한 '어둠의 핵심'일지 모른다.

화자는 현지 식민지 경영인이 죽어가며 '무서운 일이라'고 외치는 미친 목소리에 몸서리치며 그들의 배후 지배자와 사업의 실체적 진실을 알고 "절정의 체험이기도 했다."고 말한다. 그리고 "그 체험은 내 주위의 만물에 대해, 그리고 내 사상 속에, 일종의 빛을 던져주는

---

16 위 콘라드의 같은 책, 13~15쪽 참조.

듯했다."고 말함으로써 삶의 본질에 대한 깊은 사색과 성찰을 거치고 있음을 토로하기도 한다. 그러나 그런 성찰을 한 사람도 보통 인간의 어떤 운명이란 걸 말하며 이렇게 말한다. "인생이란 우스운 것, 어떤 부질없는 목적을 위해 무자비한 논리를 불가사의하게 배열해 놓은 게 인생이라구. 우리가 인생에서 희망할 수 있는 최선의 것은 우리 자아에 대한 약간의 앎이지. 그런데 그 앎은 너무 늦게 찾아와서 결국은 지울 수 없는 회한이나 거두어들이게 되는 거야."[17]

그것이 신념의 변경과 직접 행동으로 표현되기에 이르지 못한 것 또한 보통 인간성의 발로가 아닌가. 그들의 보다 진전된 성찰과 자각, 그리고 행동을 위해서는 또 많은 세월의 흐름과 대자연의 저항이 필요할 것이다. 하늘의 대리역을 자임한 위압자들 앞에서 무기력하기만 하였던 원주민들과는 달리 아프리카의 기후와 풍토, 열대우림은 그 자체로 거대하고 장엄한 저항세력이었다.

4) 지구시민의 알아차림과 공감명상

예술가들은 명시적으로 제국주의의 종말을 촉구하고 있지는 않지만, 언젠가는 종식될 것이라는 전망을 상당히 오래전부터 암시하여 왔었다. 진실을 가리고 치열한 쟁탈전을 벌이는 피 튀기는 싸움은 역사의 변곡점을 맞아 제국의 보통 사람들에게 최소한의 감수성을 일깨우기 시작하였다. 우열감과 타산에 민첩한 그들도 시대의 조건과 상황이 크게 변하고 있음을 이제 머리로 알아차리는 지점까지는 다가가고

---

17 위 같은 책, 17쪽 및 159쪽 참조.

있었다. 두 차례의 대전을 겪으며 오천만 이상의 사상자와 측량할 수 없는 파괴를 경험하면서 살아남은 자들도 안팎으로 깊은 상처를 입었고 불안과 공허, 부조리와 허무에 무너지고 있었다.

그러나 살아있는 삶은 질긴 것이었다. 인간으로서 살아감에는 치유와 위로가 필요하였다. 인간 자신에 대한 회의와 성찰이 억압된 무의식과 집단무의식 그리고 원형으로의 탐색을 이끌었다. 몇 가지 의사소통과 정신분석적 치료의 길을 마련해 주었으나 그 정도의 돌봄과 약물치료로서는 깊은 내상을 감당하기에 역부족이었다.

그것조차도 지나치게 두뇌에 의존하는 심리적 분석이었고, 에드문트 후설(Edmund Husserl)이 지적하였듯이 주객의 분리로 인한 단절의 상태에서 그 단절을 극복하지 못한 채 사물을 보는 것이었기 때문이다. 그리고 좀 더 들어가 보면 자타, 주객의 분리는 서양의 존재론적 사고와 그것에 기반을 둔 근대철학의 불완전에 기인한 것이었다.[18] 그것은 한편으로 절대자를 정점으로 만물을 하나로 결합하고 통일시키는 동일자의 상상력에 실제로 권능을 부여하는 것으로 지상의 세력에까지 힘을 뻗쳤다. 지상에서의 세력화는 필연적으로 주의 주장의 분열과 세력 간의 대립과 항쟁을 불러오기 마련이다.

다른 한편으로는 기계론과 분석의 능력과 환원주의에 힘입어 머리와 가슴과 배가 따로 놀고, 몸과 마음, 대지와 생명이 별개로 나뉘어 움직이는 사고로 고착화되어 갔다. 그것은 인간을 다시 부분적이고 지엽말단적인 기관으로 다루고 분열적으로 기능하게 하는 현상으로

---

18 Edmund Husserl, 『ヨーロッパ諸學の危機と超越論的 現象學』, 細谷恒夫 外 日譯, 中央公論社, 1974, 421쪽 참조.

발전함에 따라, 마치 '자가 면역질환'처럼 자기가 자신을 타자他者로 오해하여 서로 공격하게 만드는 것이었다. 하나로의 동일자에의 강요와 자타 분리 단절의 둘로 나눔, 그리고 여기에 각각의 분리 속의 또 다른 분리라는 이중의 분열은 종래의 익숙한 사고와 방법으로는 대처하기에 고민과 부담을 안을 수밖에 없었다.

이런 고민과 부담은 정도의 차이는 있겠지만 현대인 대부분이 안고 있는 것이다. 그들은 점차 분석적 머리로 하는 성찰의 한계를 알아차리면서 분열적 의식을 배양한 서양 존재론의 문제점을 파헤치려 하고, 동서 접경지대의 변경에로 제삼의 마음의 눈을 돌리기 시작하였다. 크나큰 고통을 거치고 파멸의 위험이 다가오는 이 변곡점에서 일어나는 안팎의 변화의 조짐은 처음에는 지식인의 목소리와 저 건너편의 외침으로 들려왔을 때는 외면을 받았다. 그러나 '만권의 책보다 더 큰 가르침을 주는 대지가 직접 저항의 몸짓으로' 세차게 부딪혀오는 사태가 일어나면서 알아차림은 그 강밀도(强密度, intensity)를 높여 갔다.[19] 오랜 기간 어처구니없는 침입과 노략질이 종식되기를 참을성 있게 기다리던 대지는 정복을 일삼는 인류라는 종의 씨를 깡그리 멸종시키기 전에는 결코 정복당할 수 없다는 듯이 핍진한 진실을 현대문명 앞에 보여주고 있다.

이제 머지않아 인류에게 복수보다 더한 아픔의 절정을 맛보게 하는 날도 올 것이다. 그런데 그날이 와서 설사 자아의 진실에 대한

---

19 앙트와느 생텍쥐페리(Antoine Saint-Exupéry)는 그의 『인간의 대지』(동서세계문학전집 25권, 1987) 첫머리에서 "대지는 만권의 책보다 더 큰 가르침을 준다. 왜냐하면 대지는 저항하기 때문이다."라고 한다.

알아차림이 우리의 폐부 깊숙이까지 침투한다고 하여도 그것이 우리의 준비태세와 우리 주변의 상황이 매우 늦음으로 말미암아 아무런 소용이 없게 된다면 너무 허무한 일이 아닌가? 자아에 대한 약간의 앎조차 너무 늦게 찾아온다면 지울 수 없는 회한으로 남게 된다는 목소리가 유럽의 양심들을 불러냈다.

'알베르 까뮈'는 말한다. "영혼이란 것이 존재한다 해도 그것이 통째로 만들어져서 우리에 부여되는 것이라고 생각한다면 오산이다. 영혼은 일생에 걸쳐서 이 세상에서 창조되는 것이다. 그리하여 산다는 것은 그 길고도 고통스럽기 짝이 없는 출산의 과정에 불과하다. 우리 자신과 고통에 의하여 창조된 영혼이 드디어 준비되면 바야흐로 찾아오는 것이 죽음이다." 만일 인류의 죽음이 대지의 경고와 함께 임박한 순간에 와서야 자각과 행동의 마지막 기회를 놓쳤음을 알게 된다면 인간은 너무 무디고 어리석은 것이 아닐까?

다행이도 남유럽에는 일찍부터 평범한 생활의 처지에서도 『인간의 대지』의 작가 생텍쥐페리를 흠모하여 '떼르 데좀므(Terre des Homme, 인간의 대지)'라고 하는 모임에 함께할 정도로 의식이 앞서 있는 보통 사람들도 있었다. 작가가 호소하였듯이 '대지의 저항을 일깨우고 지구라는 한 배를 탄 동료로서 우리 모두가 연결되어 있음'을 자각한 사람들의 잔잔한 물결이 여기저기에서 조용히 일고 있는 것을 발견하였다.[20] 그들이 우연히도 프랑스의 서남부 보르도에서부터 남동부 프로방스에 이르는 일대에 여러 가지 의미 있는 움직임들을 전개하고

20 위 생텍쥐페리, 『인간의 대지』, 269쪽 및 334~5쪽 참조.

있었다. 베트남 출신 틱낫한 승려가 세운 '플럼 빌리지 명상센터', 생태농업과 명상 생활을 결합한 농부철학자 피에르 라비, 동서양 정신문화의 연결점을 찾아 새로운 비전을 제시하고자 저술활동을 하고 있는 사상가 프레데릭 르노와르, 한국불교의 참선수행을 몸소 체험하고 유럽에서 열심히 명상수련을 지도하고 있는 마르띠느 배철러 등이 그들이다.

우리는 사색의 여정에서 이러한 움직임에 관한 이야기들을 듣고 2012년 6월 먼저 '플럼 빌리지'를 방문하였다. 유럽인들의 이중적 분열의 문제의식과 고민을 익히 알고 명상의 터전을 마련하여 운영하고 있었다. 그들은 불교의 이론보다 좌선 명상과 산책에 주력하고 있었다. 심신의 상태에 대한 집중적 관찰명상과 치유 그리고 자비와 공감의 마음을 함께 갖도록 노력하는 공감명상을 모두 포함한 느낌이었다. 그 나름대로의 의미와 보람은 충분히 있다고 보았다. 그러나 우리는 보통 사람들의 '인간의 대지' 그룹, 대지와 인간의 조화를 지향하는 피에르 라비(Pierre Rabhi), 그리고 '불교와 서양의 만남'을 통해 새로운 전망을 해보려는 프레데릭 르노와르(Frédéric Lenoir) 등의 활동에 남다른 개성이 있다고 보았다.

이후 몇 차례 현지인들과 대화를 진행하며 반응을 살피던 중 프로방스 지방의 의사와 학원 운영자, 교수 등 몇 분을 만나게 되었다. 그들은 이미 티베트불교와 일본의 불교에 대해 어느 정도 알고 있었는데 의외로 한국불교에 대한 호기심과 관심을 많이 표현하였다.

엑상 프로방스의 한 대학(시앙스 포리티끄)에는 일본 창가학회가 미는 단체가 있고 그들의 지원으로 불교를 가르치는 프랑스인 교수와 장학금을 받는 학생들도 있다고 하였다. 티베트인 불교단체, 태극권과 쿵푸를 가르치는 한국인이 운영하는 학원도 있었다. 우리가 접촉한 현지인들은 위에서 말한 프랑스 명사들의 움직임들에 대해서도 좋은 반응을 보이며 그들의 활동을 한국 불교인은 어떻게 보느냐고 물어왔다. 우리는 솔직히 두 가지를 겸할 수 있는 활동이 바람직하다고 말했다. 한국불교의 참선명상을 수련함과 동시에 '불교와 서양의 만남'의 저자처럼 '붓다와 다윈의 만남'을 출간했던 진홍원으로서는 현대인의 이중적, 분열적 의식에 대한 나름의 처방을 함께 찾아보고 싶었다.

우리가 만나 대화를 나눈 사람들은 마침 우리의 생각과도 상통할 수 있는 유명한 작가들의 연고지가 바로 이들이 사는 곳에 있음을 알려 주었다. 그 근처에는 알베르 까뮈의 최후의 거처와 무덤이 있는 '루르마렝'이란 곳과, 목동과 소녀의 순수한 사랑과 대지의 아름다움을 함께 읊었던 『별』의 작가 '알퐁스 도데'가 자주 올랐던 '뤼베롱' 산, 그리고 '물랭(풍차) 이야기'의 '알피에 산'이 있었다. 20세기 전원문학을 대표하는 『나무를 심은 사람』의 작가 '장 지오노'가 평생을 떠나지 않았던 고향 아름다운 작은 마을 '마노스크'도 부근에 있다. 그뿐만 아니라 화가 세잔느, 반 고흐, 고갱, 피카소 등 많은 예술가들의 연고지가 널려 있었다. 그러자 까뮈가 그의 『작가수첩』에서 했던 말이 떠올랐다. "불교란 종교로 변한 무신론이다. 허무주의로부터 출발한 거듭나기. 그 유례가 없는 듯하다. 허무주의와 고투하고 있는 우리에게는 깊이 생각해 볼만한 귀중한 예다."

서구의 역사를 '인간의 정신을 전락시키는 반동적인 권력에의 의지가 지배해 왔으며, 결국은 허무주의가 승리한 역사'라고 비판했던 니체의 관점으로 본다면 서양의 분열의식과 허무주의를 치유하기 위해서는 불교가 필요한 것이 아닐까 하는 생각이 들었다. 알제리 거주 이민가족에서 태어나 자랐던 까뮈는 생활이나 신조에서도 변경邊境과 접경지대의 유럽인이었다. 2차대전과 알제리독립전쟁과 관련해서도 전쟁의 찬성파도 반대파도 될 수 없는, 제3지대의 사람처럼 취급을 받을 만큼 복합적인 면을 지니고 있었다. 이런 점은 1차 세계대전 와중의 인간의 삶을 깊이 파헤쳐 '띠보가의 사람들'로 노벨상을 받은 '로제 마르땡 뒤 가르'에 대해 까뮈가 공감과 동지애를 찾아보려 했던 이야기에서도 느낄 수 있다.[21] 까뮈는 노벨문학상을 받고 알제리 독립의 의의를 찬동했어도 프랑스와 알제리 양쪽으로부터 별 환영을 받지 못한 외로운 사람이었다. 어쩌면 이런 성격으로 인해 다른 현대의 일반인에 비해서 상대적으로 불교의 진면목을 조금은 더 알아차릴 수 있었지 않았나 싶다.

알퐁스 도데의 「어느 염소 이야기」을 보면, 비록 늑대에 물려 죽을 위험이 있을지라도 울안에 갇혀 있기보다 울타리를 뛰어넘어 자유로운 천지로의 해방을 향하여 탈주하는 야생의 삶을 실감나게 그려내고 있다. 이와 함께 '인간의 대지' 그룹의 회원인 철도원 '쟈크 물랭'이 매우 좋아하던 포스터 그림 하나가 생각났다. 화폭을 가득히 매운 양떼의 무리 속에 오직 한 마리의 양만이 머리를 다른 모든 양들과는 정반대의 방향으로 향하고 있었다. 평소 불교는 야생의 사고의 르네상

21 로제 마르땡 뒤 가르(Roger Martin du Gard)의 전집 출판 때 알베르 까뮈의 서문 참조.

스라고 생각하였던 나는 가족과 조국과 성벽을 넘어 탈주와 노마드의 삶을 거듭한 끝에 야생과 문명의 구분을 한꺼번에 뛰어넘었던 고타마 싯달타의 젊은 날을 떠올렸다. 그의 탈주와 노마드적 삶은 처음부터 다수와 소수, 대국과 소국, 나와 남이라는 구분의 틀 속에서 수의 과다를 의식하는 차원을 떠난 것이었다. 되풀이하지만 그는 '불교가 필요 없는 불교', '결코 부디즘이라고 할 수 없는, 무음無音의 음音'이라는 사유까지도 가능한 길을 걸었다. 그 길을 우리도 함께 생각하며 찾아보자는 생각이었다.

우리는 '한국(서울)-프로방스 문화교류협회' 결성을 추진하는 한편, 루르마렝(Lourmarin) 부근에 적당한 장소를 골라 명상과 강좌가 가능한 터전을 마련하기로 하였다. 그리하여 탄생한 것이 뤼베롱(Luberon) 산을 등지고 있는 보진뉴와 뀌뀌롱(Cucuron) 마을 사이에 자리잡은 옛 농가식 건물 '라 사브리느(La Sabline)'이다. 그 뒤쪽에 부속으로 한 30여 명이 좌선을 할 수 있는 명상실을 새로 지었다. 2016년 5월(4일)에 '에코 명상원'으로 명명하고 오프닝 행사를 개최하였다. 한국 조계종 출신 승려 현각을 초빙하여 개원식기념 강좌를 개최한 이래 매주 토요일마다 협회 자체 명상모임을 열고, 분기별로 송광사 비구니 출신 '마르띠느' 참선 마스터와 그의 지도를 받은 '소피 보이어' 지도사가 이끄는 실습모임을 가져왔다.

2017년 5월에는 '부처님오신날' 기념행사로 강연회를 개최하였다. 이날 필자는 대한불교진흥원 이사장의 자격으로 그들 문화교류협회 회원들과 현지 주민들 앞에서 '불교가 보는 자유, 평등, 박애의 이념'이란 제목으로 강연을 하였다. 시민계층이나 인간중심의 자유나 평등이 아니라 모든 생명의 살고자 하는 의지의 존중, 생명의 존엄성이라는 의미에 있어서의 차별 없음을 말하는 자유와 평등이 불교가 중생의 세계에 함께하는 자유와 평등이다. 인간, 시민, 백인을 중심이나 우월적 지위에 두려고 하는 반半계몽시대의 인간관이나 세계관으로는 전 지구적 차원의 문제를 해결할 수 없는 시점에 이르렀다.

프랑스 시민혁명의 의의를 현대의 맥락에서 재조명하고 긍정하며 발전적으로 살려 나아가기 위해서라도 불교의 생태적 세계관, 생명존중, 자기중심성의 탈피와 같은 사유의 숲길을 그들과 함께 거닐어 봄이 필요하지 않을까? 프랑스인들도 우리가 그들의 이념에 적극적이고도 깊은 의미를 부여해 주는 것에 대해 좋은 반응을 보여주었다. 협회 측은 나의 강연내용을 토대로 협회 자체적으로 세미나와 토론회를 벌여 더 대화를 진행하기로 하였다.

에코 명상원은 한 걸음 더 나아가 프랑스와 유럽 내 한국아동 입양가정, 현지 한국계 직업인 모임과의 연락, 각지의 명상수련센터들과의 교류와 연계 등을 통하여 명상과 대화모임 등을 계속 추진할 것이다. 생태농부운동 인사들을 비롯, 자연보호 환경운동가들과 더불어 불교와 생태적 세계관의 연결에 관하여 국제적 세미나 또는 연찬회를 추진할 계획도 있다. 이후 팬데믹 사태가 벌어져 현지 방역지침이 허용하는 범위 내에서, 협회 자체적으로 매주 회원 명상모임을 하고 있고, 한 달에 한 번 프로방스 이외 지역민들도 참여하는 활동을 이어가고 있다.

현지인들은 우리 명상원의 존재를 대단히 반기고 아끼고 있으며, 잘 지키고 활용하면서, 언젠가 코로나 사태가 해결되는 날이 오기를 고대하고 있다. 우리가 처음부터 명상과 강좌, 생태 및 인문운동 쪽으로 방향을 잡은 것은 적절한 것이었다고 생각한다. 이렇게 방향을 잡은 것은 그 이전의 연유가 있었기 때문이다.

필자는 대한불교진흥원의 이사장 이전에 2000년 6월부터 불교방송 사장 재직 시 약 4년간 '철학과 현실'이라는 토론 프로그램을 진행하면서 불교적 관점과 관련하여 사회문제를 바라보는 작업을 추진해 왔었다. 그러한 경험을 바탕으로 21세기의 새로운 맥락에서 나름대로는 학제적 노력을 기울여 불교를 현대적으로 재해석하고자 노력하였다. 프랑스 남부 프로방스 지방에 에코 명상원을 만든 것도 불교적 정신과 사상에 관심 있는 유럽인을 만날 수 있다면 그들과 더불어 현대적 관점에서의 자유와 평등과 우애의 재발견을 목표로 삼아 연찬계획들을 추진할 수 있지 않을까 하는 희망이 작용하였다. 협회의 회원들은 우리를 실망시키지 않았다. 그들 유럽인 스스로 알아차림과 공감명상 시간을 가지면서 현대사회와 문명에 대한 문제의식을 느끼고 있었다. 그래서 자체적으로 세미나와 공개토론회 개최의 계획을 세워서 시행하려던 때에 코로나 팬데믹 사태가 일어나 애석하게도 차질을 빚었다.

팬데믹이 일어나지 않았다면 한 가지 꼭 해야 했었는데 부득이하지 못했던 일이 있다. 대한불교진흥원의 평생교육원 출신들과 명상지도사, 불교심리상담사, 수상자, 불교방송(BBS) 직원 등 뜻있는 불교사회인들에게 프로방스의 아름다운 자연환경과 온화한 기후 속에서 수련의 보람을 누리도록 하고, 생태농업 그리고 풍부한 예술문화의 향기를 접할 수 있는 기회를 제공하려던 계획을 이루지 못한 아쉬움이 크다. 다보사 수련원 과정과 프로방스 에코 명상원 프로그램을 상호 연계시켜 수련 겸 해외성지순례에 참가할 기회를 제공하고, 더불어 프랑스 및 국제입양아 모임들과의 연계를 통한 봉사수련 활동 기회도 얼마든지 마련할 수 있었다. 나아가 그런 움직임이 지역과 지구촌의 생태살리기 운동과 연결될 수 있도록 하는 청사진을 실현하는 데까지 진척되었다면 얼마나 좋았을까 생각해 본다. 지금의 우리나라의 위상이나 한류에 대한 해외의 반응도를 감안하면 여건은 충분히 마련되고 있다고 본다.

2장 어제와 내일의 연결고리를 찾아서

1. 대과도기의 시대정신

대지와 공기가 크게 흔들리고 있다. 자연생태와 환경이 균형을 잃기 시작한 지는 이미 오래, 이젠 지구붕괴의 위험을 우려할 정도로 기후변화가 크고 깊게 요동치는 모습으로 드러나고 있다. 그것은 지구 전체의 온난화 위기, 식생의 기반 생태계 붕괴, 생물다양성의 격감 등을 야기하며, 슈퍼 박테리아와 신종 바이러스의 대량발생으로 글로벌 감염확산 사태까지 불러오고 있다. 급기야 당황한 반쪽짜리 문명세계는 전 지구적 차원에서 시급한 대처와 일대 전환을 강요받고 있다.

현대적 사태의 엄중함은 여기에 그치지 않는다. 인간 스스로 초래한 기술발전의 과속도가 복합적인 유사 쓰나미 현상을 일으켜 인간이 감당하기에 버거울 정도의 상황에 이르고 있다. 급가속 첨단화 정보화 기술(IT)과 네트워크 확장세가 전 지구를 덮고 대기권으로 뻗어나가고 있으며, 그 기능과 영향력이 우리 발밑에까지 미치고 있다. 거시적으로도 미시적으로도 끊임없이 크기와 속도, 단위와 척도를 바꾸고 있으며, 강밀도와 효율성을 높여가면서 계속 진화하고 있다. 그 속에서 사물의 배치와 관계가 바뀌고, 자연과 인간, 인간과 인간의 관계도 급격한 변화를 겪고 있는 중이다.

인공지능(AI)의 고도화는 우리 자신의 변화와 더불어 '나'의 관계하는 방식에도 변화를 일으키고 있다. 그리하여 자연과 인공 양쪽 모두의 딜레마로 인하여 인류문명세계의 지층이 흔들리고 지각변동을 일으키면서 사회 전반에 걸쳐 지형지세를 바꾸어 가고 있는 중이다. 자연적 사물이든 인위적 제도든 원래 자라나던 곳에서 뿌리 뽑혀 다변화하고 다양화하는 맥락에서 다른 것들과 계속 나뉘고 재결합하는 과정을 거듭하고 있다. 이를 철학자 질 들뢰즈의 용어를 빌리면 탈영토화와 재영토화의 과정이라고 할 수 있다. 이것은 자본주의식 화폐의 거래와 순환과정에서 무한 경쟁이 반복되는 모습에서 특히 두드러지는 현상이다.

21세기의 기술급변은 이전의 근대화 과정에서 일어났던 것에 비하여 비교할 수 없을 정도로 훨씬 더 현격하게 시공간의 크기와 간격을 압축시켜 가고 있다. 이러한 압축과정에서는 시공간 자체도 앞서 말한 대로 자연적 순환의 질서를 벗어날 뿐만 아니라 연결하고 연속하던 고리들이 풀리어 탈구되고 왜곡되는 현상을 보인다. 단적으로 말하면, "시공간적 밀착과 탈구의 시대다."[1] 이것이 인간과 '인간과

1 페터 슬로터다이크 저, 『세계의 밀착』, 한정선 외 옮김, 철학과현실사, 2007, 2장 참조.

연쇄연관의 생명체' 모두의 정신적 신체적 물질적 기반을 흔들고 불안을 가중시키는 존재론적 불안의 요인이 되고 있다. 한 철학자의 말처럼 "현실의 변화는 탈근대(포스트 모던) 담론에서 예상된 것보다 훨씬 광범위하고 심층적인 것처럼 보인다." "정치적인 면에서도 일상의 현실 속에서 새로운 권력의 관념이 조성되고, 과거의 것과는 전혀 다른 정치적 신경망이 형성되고 있다." 그런데도 "현대인의 권력에 대한 이해가 아직도 군주제 시대의 권력의 표상에 묶여 있다."[2]

진일보한 새로운 권력의 관념이 정치적 주체들이나 공직지망생 또는 유권자들에게 아직 분명하게 인지되지 못하고 있는 실정이다. 지금은 쌓아온 과학·기술의 성과와 경제적 물질적 풍요가 정신적 계발능력과 성장 잠재역량을 일깨워 기존의 제도적 질서를 초과하려 맥진하는 시대다. 진취적이고 역동적인 에너지가 새로운 것을 형성하려고 갈등과 마찰을 일으키는 것을 불사하며 임계점을 향하여 고비길을 넘어가려 하는 대과도기다. 그러므로 이러한 시대의 정신을 한마디로 요약하여 정리하기가 어렵다. 크게 변화하는 과정에 들어서고 있는 것은 틀림없다.

위에서 말한 대로 너무나 많은 요소와 관계와 국면에서 동요와 복합, 차이와 갈등과 대립, 모순과 비대칭이 일어나고 있기 때문이다. 그러나 이런 현상은 분명히 변화와 진화의 조건이고 창조적 생성의 기회이다. 이 때문에 실망하거나 좌절할 것이 아니다. 오히려 심기일전하여 도전할 적절한 타이밍이 될 수도 있다. 틈새를 보아가며 실낱같

---

2 김상환 지음, 『철학과 인문적 상상력』, 문학과지성사, 2013, 179, 181쪽 참조.

은 희망이라도 붙잡아 사물의 사이에 연결의 끈을 만들어 새로운 배치의 아이디어와 관계의 구상을 고안해 내는 능동적 인간의 시대이기도 하다. 다른 말로 하면 묻혀 있던 잠재력을 발굴하고 개발하는 한편, 새싹을 틔우기 위해 열심히 준비를 할 수 있는 시기이다. 아무리 아프고 어려워도 잃을 것이 별로 없는 건강과 패기에 넘치는 사람이라면 나이를 묻지 말고 새로운 아이디어와 기획의 계기를 만나야 한다. 그래서 당대의 제도가 담아내지 못하는 잠재역량을 새로운 제도가 활력으로 살려내어 현실에서 충분히 발휘하는 성공모델을 만들어내야 한다.

대과도기에서 새로운 성공모델을 만들어내기 위하여 어떤 준비가 필요하며 어떻게 모색해야 가능할까? 열심히만 한다고 되지 않는다. 지혜롭게 해야 한다. 여기에는 어른과 젊은이의 합심이 필수적이다. 과거의 고전이나 전통 속에서 미래의 과업으로 연결할 수 있는 자산은 없는지 살피는 작업에서 공동의 노력이 필요하다. 새로운 에너지는 사회제도의 개혁을 요구하게 마련이므로 당대의 필요성만을 충족시키는 개선 정도로는 부족하다.

이 시대의 지도자는 현재의 사회질서와 제도의 바깥 또는 수면하에서 생성되고 축적된 작은 잠재력이라도 소홀히 하지 말아야 한다. 상대적인 이야기지만 이런 역동적 잠재력은 아무래도 젊은 층에서 생성되고 있을 것이다. 그러므로 기존의 질서와 제도 속에 편입되지 않고 비록 아픔은 있지만 아직도 싱싱한 상태로 무한한 가능성을 안고 있는 젊은 청춘들에게 옛것과 새것을 경험하고 발굴할 기회가 많은 것에 주목해야 한다. 이를 주목하고 기회를 더욱 키우고 북돋우며 살려나갈 역할이 바로 교육자 학자 언론인들에게 주어져 있다. 그중에서도 세분화의 칸막이에 갇혀 있지 않고 편향적 확증의 위험을 알고 통섭과 화쟁의 역량을 갖춘 자율적 지성의 역할이 무엇보다도 중요하다.

이런 인문적 교양을 함양한 자율적 지성공동체가 있을 수 있다면 그 또한 바람직한 일일지도 모르나, 자유롭고 창의적인 역량은 집단과 개체의 차원 모두를 넘어서는 정도의 연찬을 통하여 이루어진다. 분야마다 전위적인 인재들과 네트워크들이 구축되고 있는 현대 세계에서는 과거와는 차원이 다른 인문교양 교육이 많이 이루어져야 한다. 고전강독과 강좌중심의 인문운동에서 진일보해야 하고, 사회과학적 틀에 갇혀 사회발전을 논하는 데서 탈피하여야 한다.

이러한 자세와 관점을 가능하게 하는 사유와 정신은 불교의 '연기법, 공, 무아, 불이, 중도, 화쟁정신'의 재발견과 현대적 조명을 통하여 시사점을 얻을 수 있을 것이다. 어떻게 그런 생각에 이를 수 있었는가? 먼저 우리는 불교 등 종교가 탄생하기 전, 신석기 시대 이전의 신화시대, 그리고 그 신화시대보다 더 훨씬 이전 야생의 사고에 눈을 돌릴 필요가 있다.

2. 야생과 신화와 문명화의 사이

1) 야생과 원천의 진실

신석기 시대의 농업 혁명과 도시정주혁명이 이루어지기 이전까지는 원초적 야생의 생각의 시대 그리고 신화의 시대였다고 말할 수 있다.

그런데 학자들은 주로 신화의 시대와 그 이후를 대상으로 고찰하고, 그 이전에 대해서는 고고학적 자료가 없어서 그런지 별로 말이 없다. 원초적 야생의 사고에 관해서도 신화란 상징이 나타난 시대까지를 포함하여 야생의 사고라고 하는 사람이 있는가 하면, 신화 이전의 시대를 순수한 야생의 사고, 즉 야생인간의 생각의 시대라고 보는 사람도 있다. 나는 야생의 생각이란 표현을 선호한다. 자연과 초자연, 인간과 신, 동물과 인간 등의 개념 또는 분류개념이 없던 시기, 즉 개념분석 이전의 미분화적 직관으로 보고 판단하던 시대를 더 중시하고 이 시대가 그 이후의 시대와 어떻게 다른가를 말하고 싶어서다.

우선 미분화 상태의 직관과 상징형식과 관련한 견해를 들어보자. 상징형식에 관한 연구에 탁월한 철학적 업적을 남긴 에른스트 카시러의 『상징형식의 철학』에 관한 해설에 의하면 신화적 사유의 구조는 아직 개념의 분석이나 사물의 분류를 위한 사고가 충분히 진행되지 않았던 미분화未分化 상태의 직관에 의하여 정신생활을 영위한 시기로서 다음과 같이 이해할 수 있다.[3]

- 다양한 분화를 알지 못하는 상태에서 직관이 신화의 근본을 이룸
- 인간이 만든 형상과 실제로 있는 사물 간에 굳이 구별을 두려고 하지 않음
- 따라서 인간과 세계 사이의 구분이나 분화에 대해서도 의식하지

3 에른스트 카시러 저, 『상징형식의 철학』 제2권, 박찬국 옮김, 아카넷, 2014, 555쪽 참조.

않음

- 신, 영혼, 인격 등에 대한 분명한 개념도 알지 못함
- 여러 가지가 뒤섞인 미분화 상태의 주술적인 힘에 대한 직관적 느낌을 표현

그러나 신화에도 여러 가지 다양한 내용이 있을 수 있겠고, 막연하든 어떻든 어떤 종류의 초자연적 존재나 신神을 상정한 신화와 주술적 힘을 언급하였다면 이미 분화가 어느 정도 진행되고 있었다고 볼 수 있다. 그러므로 미분화 상태의 직관이 신화적 사고의 근본을 이루고 있다는 설명이 전적으로 틀린 말은 아니지만, 딱 맞는 설명이라고 할 수도 없다. 미분화의 막연한 상태 그리고 그 경우의 직관적 느낌이란 어떤 것인가? 이에 관한 개념을 설명하기가 어려울 것이다. 신화의 시대라고 할 수 있으려면 최소한 정령신앙 정도의 단계는 되었다고 봐야 하지 않을까? 어떤 주술적 표현도 나타나지 않고 신화적 사고나 상징물 형성도 없었던 상태, 어떤 종류의 초자연적 존재의 상정이 없던 시기가 엄밀한 의미에서 미분화 상태의 직관의 시대라고 할 수 있을 것이다. 물론 약간의 걸치거나 겹치는 시기는 있을 수 있을 것이다.

나는 신화 이전의 상태가 '야생의 직관적 느낌의 시대', 즉 줄여서 원초적 '야생의 생각' 시대라고 본다. 이때 인류는 순전한 미분화 상태의 직관으로 자연과 인간의 구분을 모르고 자연의 동식물 속에서 살다가 때가 오면 동식물처럼 흙으로 돌아간다고 여겼을 것이다. 단지 인간은 인간의 특이성에 따라 동식물과는 다르게 살았겠지만

말이다. 나는 신화의 시대 이전을 가장 중요하게 보고 있으나, 그 시대를 추측해 볼 수 있는 자료나 방법이 별로 없는 것이 안타깝다. 아무튼 토템이든 정령이든 또한 신이든 주술이든 상징에 대한 해석을 붙여서 얻은 인식은 후일의 인류, 특히 서구 학계의 존재론, 선형적 역사관, 과학적 세계관 등이 섞여 투사한 결과로서 그 한계와 문제점을 안고 있다. 이런 한계와 문제를 의식하고 신화의 시대를 들여다보자. 상징형식으로서의 신화에 대한 생각과는 별도로, 불교를 가장 잘 이해하고 공감한 사상가로 알려진 에리히 프롬의 견해를 잠깐 살펴보고, 신화가 품고 있었던 함의含意에 대한 일본의 '나카자와 신이치' 등 인류학·종교학자의 생각도 들어보자.

1) 프롬은 "인류에게 삶의 의미와 방향을 제시하는 데 중추적 역할을 해온 종교의 발달과정에서 인류의 성숙과정을 볼 수 있다."고 말하고 있다. 프롬도 종교의 발생 이전에는 인류가 자연과의 합일상태에 있었다고 보았다. 『에리히 프롬과 불교』에 의하면 "인류 역사의 시초에 인류는 자연과의 합일된 상태에서 벗어나 있기는 하지만, 여전히 이러한 원초적 합일에 집착한다. 인간은 자신을 여전히 자연의 일부라고 생각함으로써, 자신을 위협하는 낯선 자연에 대해서 느끼는 불안과 두려움에서 벗어나려고 하는 것이다. 프롬은 모든 종류의 토테미즘은 이러한 욕망의 표현이라고 본다. 인간의 정신이 성숙하면서 자연과 자신 사이의 거리를 좀 더 의식하게 되면 인간은 자신들이 만들어낸 것을 신으로 숭배한다. 금, 은으로 만든 우상을 숭배하는 단계이다. 더욱 발달된 단계에서는 인간은 신에게 인간의 형태를 부여한다."[4]

프롬은 인간이 자연과의 분리를 통해 거리를 두게 되면서 종교를 만든 것을 인류의 정신적 성숙과정에서 발달된 현상이라고 보는 것 같다. 그런데 레비-스트로스는 자연과 인간의 사이에 분리와 단절이 없던 야생의 사고를 매우 의미 깊은 것으로 보았다. 만들어진 신, 특히 전제군주나 가부장 같은 이미지의 조물주의 신앙보다 원초적 야생의 사고가 결코 미개하거나 야만적이라고 단정할 수 없다는 것이다. 레비-스트로스는 불교와 신의 종교를 구분해서 보고 있으며, 기독교 문명이 이슬람 문명보다 먼저 불교를 만났더라면 더욱 성숙하고 발전하게 되었을 것이라고 말하였다.

레비-스트로스는 토테미즘에 대해서도 프롬과는 견해를 달리 하였다. 그는 『오늘날의 토테미즘』에서 토템의 해석들이 서양 사유의 투사물이며, 기독교적인 우주관은 자연에 대한 억압에 관해 책임이 있다고 비판하였다. 그에 의하면, 자연과 문화 사이에 근본적인 분리와 단절을 인정하지 않은 '야생의 사유'와 달리, 신관의 종교적 사고는 인류와 자연의 관계를 손상시키고, 신과 맺고 있다고 주장하는 관계들에 특권을 부여하였다고 하면서 자연과 인류간의 불연속적 단절을 일으킨 도구주의적 사고를 초래하였다고 비판하였다.[5]

나도 이 레비-스트로스의 견해에 공감하며 신의 종교와 관련된 발상 이전에 있었던 '야생 인간의 생각의 시대'를 새롭게 볼 것을

---

4 박찬국, 『에리히 프롬과 불교』, 대한불교진흥원 대원학술총서, 운주사, 2022, 154~5쪽 참조.

5 클로드 레비-스트로스, 『오늘날의 토테미즘』, 류재화 옮김, 문학과지성사, 서문과 12쪽 등 참조.

촉구하고 싶다. 보통 생각하기에는 천둥 번개라든지 칠흑 같은 밤이나 깊고 어두운 야생의 숲으로부터 느끼는 불안과 공포 때문에 거기서 벗어나기 위해 자연스럽게 초자연적 존재를 상상하고 희구하게 되었다고 추정하기 쉬우나, 일시적으로 좀 무섭고 불안하다고 해서 다 그렇게 되는 것은 아니라고 본다.

자연현상이 되풀이되는 과정에서 직관적으로 피난과 모면의 방도를 강구하여 재난에 대처할 수 있었고, 그러다 보면 안도를 기할 수 있는 지혜도 생겨났으리라고 본다. 또한 불의 발명을 통해 암흑에서도 생활할 수 있을 정도의 유동적 지능과 용기도 있었다고 믿는다. 오히려 불안과 공포는 다른 외부의 낯선 인간들과 맹수들로부터 왔을 것이라고 추측된다. 그것은 인류학과 진화 관련 연구결과가 어느 정도 밝혀주고 있는 점이다. 이와 관련해서는 앞에서도 언급한 바 있는데 '야생 인간의 시대'가 인류에게 어떤 의미가 있는지 그리고 왜 중요한지를 알 필요가 있다.

2) 나카자와 신이치를 비롯하여 몇몇 종교·예술인류학자 및 불교학자에 의하면, 신석기 시대 전후에 대한 인류학적 연구의 결과, 신화가 내포하고 있는 함의를 철학적으로 해석을 하면 우리는 석기 시대 인류의 깊은 마음속에 심층 의식이 흐르고 있었다는 것을 발견한다. 그것은 의식의 표면에 떠오르지 않은 깊은 횡단적 무의식으로서 '과거 현재 미래'식의 순서대로 인식하는 시간계열을 따르지 않은 무의식이며, 고정적이거나 정체된 것이 아닌, 유동적 흐름의 성격을 지닌 마음이라는 것이다.

3) 이 유동적 무의식은 불교적으로 말하면 고정불변의 실체가

아니라 변화무쌍한 성질을 띤, 공적空的인 기층적 우주적 마음에 관한 사유와 유사하다. 이러한 심층적 유동적 무의식의 요소로서 불교는 잠재적 자아의식과 그보다 더 깊은 심연에 있는 심층 무의식으로서 저장식(貯藏識: 종자식, 아뢰야식) 등을 이야기하고 있으나 불교 유식학에 관심을 가지고 연구하려는 사람이 아니라면 여기서 더 이상의 설명은 필요로 할 것 같지 않다.[6]

4) 위의 유동적 무의식은 의식의 심층에 있는 무의식이지만 지그문트 프로이트가 말한 '억압된 무의식' 같은 것을 말하는 건 아니다. 마음의 끝 모를 심연에서 늘 거기에 어떤 상태로 머무르는 것도 아니고, 개별적 인간 마음의 경계선을 무시하고 다른 인간의 심층 무의식과도 연결된 통로를 거쳐 서로 넘나드는 것으로 간주되는 무의식이다. 물리적 좌표에서 위치를 가지는 존재자는 아니다. 모든 존재자의 심층 무의식과 on/off식으로 연결과 단절의 관계에 있고, 오온적 존재의 기반을 함께하고 있다고 본다. 그러나 엄밀한 의미에서는 오온의 성격이 모두 공空하여 정해진 본질이나 실체가 없으므로, 결국 물질과 정신의 구분조차 떠나 있기에 무오온無五蘊이라고 할 수 있으므로 어디에 있는지를 규정할 수 없다. 즉 다시 말하면 존재하는 사물들처럼 점하는 위치와 소재가 정해지는 것이 아니다.

5) 살아 움직이는 동태적 유동적 존재자들의 입장에서 보면 의식과

---

6 불교의 유식학은 제6식인 의식의 아래에 말나스식(제7식: 잠재적 자기중심적 자아의식), 아뢰야식(제8식: 저장식·종자식種子識·진망화합식眞妄和合識), 아말라식(제9식: 순수무구식純粹無垢識)이 존재함을 말하나, 그런 것들도 불변의 고정된 실체로 존재한다고 인식해서는 안 될 것이다.

무의식, 인간과 인간, 인간과 자연 사이에 견제와 길항, 균형과 편향, on/off식 개차開遮, 상생과 상극, 조화와 부조화 등의 온갖 작용과 양상으로 나타나는 대칭적(때로는 변이의, 비대칭적) 성격을 가진 무의식이라고 편의상 말할 수 있으나 그 구체적 작용과 양상을 제대로 알기 어렵다. 이와 관련하여, 종교가 탄생하기까지의 배경과 불교 탄생의 의미를 잠깐 짚어보기로 한다.

2) 장벽을 넘어, 문명과 야생을 넘어

신석기 시대의 이전, 주로 수렵과 채집 생활을 하던 시절에는 인간과 자연 사이에는 비교적 균형이 유지되었다. 인류학자들에 의하면 인간은 생존을 위해 꼭 필요한 상황이 아니면 동물을 함부로 사냥하지 않았고 주로 방어적으로만 대했다. 사냥하고 난 뒤에는 짐승들의 잔해를 모아 묻어주는 풍습도 있었다. 상당한 기간 자연과 인간 사이에 서로 견제와 균형을 이룬 대칭적 관계에 있었다고 볼 수 있다. 그때까지는 숲의 대규모 남벌이나 동물의 대량 학살은 없었다. 자연과 인간 자신의 분류개념조차 없었던 시절에 자연과 초자연의 구분이 있었을 리 없다. 자연 또는 사물에 대해 본질과 비본질을 나누어 보는 것도 없었다. 그저 기후 풍토와 계절의 변화, 나고 자라고 움직이며 살고 있는 것들(동식물)과 존재하는 사물들과의 접촉과 경험을 통해 알고 느끼며 살았다. 그리고 육친과 이웃, 초목과 짐승들의 삶과 죽음을 통해 대지로 돌아가는 것을 자연스러운 것으로 여겼다.

이것이 원초적 '야생의 생각'이었다. 이것은 지금의 우리가 규정하는 그런 자연주의는 아니다. 자연과 초자연의 구분도 모르던 시대,

이른바 초자연적인 것에 대한 관념이 있었다고 하기 어려운 시대에 이해할 수 없는 미지의 현상에 대한 막연한 불안과 두려움 같은 것을 느꼈을지 모른다. 그러나 아직 신화적 사고나 초자연적 존재에 대한 숭배에까지 이르지 않았던 때, 즉 그 이전 시기의 원시 인류의 마음과 생각, 순수한 원초적 야생의 사고가 어떠했을까, 나는 그것이 매우 궁금하다.

고고학적 유물 또는 원시부족에 관한 민족지적 자료의 해석을 통해 인류학자와 철학자들이 추정하는 견해는 이른바 '정령신앙과 신화시대'의 것으로, 그보다 더 앞선 시기의 시원적 상황에 대한 지식과 이해를 기초로 한 것은 아니다. 원초적 '야생의 생각'이 인류의 마음을 자리잡고 있을 동안은 토템신앙도 그 어떤 신화도 아직은 큰 영향을 발휘하지 못하였다고 나는 생각한다. 하물며 샤먼이나 제사관에 의한 조직적 집단의 종교와 지배복종 관계 같은 현상은 아직 나타나기 이전이었다고 본다. 주로 사람들은 가족의 일원으로 생활하였고, 나중에 인원수가 늘어나고 가족이 불어난다고 해도 씨족의 무리 가운데 살고 있었다. 무리 가운데 늙은이나 지도자급 인물도 구성원들을 장악하고 지배하기보다 경험자로서 보살피는 관계였다. 주로 수렵과 채집의 지도와 안내를 한다든가 다른 집단의 침노에 대한 방어와 보호에 앞장선다든지, 천재지변과 질병 발생 시에 대처방법을 일러주고 도와주는 역할 등을 수행하는 정도였다.

그때까지는 자연과 인간의 분리와 단절이 인류 주류의 흐름을 크게 흔들지 못했다. 레비-스트로스도 그와 같은 견해를 피력한 바 있다. 부족국가나 군장국가의 발생, 전투에서 전쟁양상으로의 변화,

신神의 발명 같은 것은 신석기 시대를 지나면서 농업 혁명과 정주定住 도시화 과정에서 일어난 일들이라고 볼 수 있다.

이집트 고왕국 시기에는 다신교의 시대였다. 그것도 초기에는 초자연적 존재를 상상한 것이 아니라 자연 속에 깃들고 있다고 상정되는 정령 또는 스피릿(spirit)들을 대상으로 하는 것이었다. 그러다가 스피릿이 그레이트 스피릿으로, 인간적 면모와 초자연적 능력을 겸비한 신들의 시대로, 초자연적 여러 신의 다신교로, 다신교 중의 최고신을 믿는 일신교, 유일신교로 발전해 갔다. 이른바 4대 성인이 태어나 활동하던 '축軸의 시대'에서는 다신교와 일신교, 유일신교가 함께 공존하고 있었다.

그러나 모세의 십계명 전설을 거치고 '질투하는 야훼'의 유일신 외에는 모든 신을 우상으로 취급하고 우상숭배를 금지하면서 유일신의 인격 신화는 본격화되어 갔다. 그 후에 예수와 베드로와 바울의 활약과 기독교의 로마 종교화를 통해 유일 인격신 숭배의 기독교가 세상을 지배하였다. 메소포타미아 문명의 수메르나 시리아 지역, 인도의 힌두 문명에서도 유사한 종교의 진화와 발전이 전개되어 왔었다. 그런데 그 모든 것은 결국 한 줄로 요약하면 '하늘로부터의 구원의 동아줄'과 '만물에 대한 감시 감독 심판 처벌'을 관장하는 절대지배자의 사상이었다. 쉽게 말하면 '당근과 채찍으로 다스리는 방식'의 사고였다.

여기에 몇몇 예외가 있었으니 고타마 싯달타, 노자, 공자 등 주로 아시아의 성인들이었다. 지금으로부터 약 이천육백 년 전의 '석가모니(고타마 싯달타)'의 탄생과 가르침을 내용으로 하는 불교도 지금까지

고등종교의 하나로서 인정을 받아왔지만, 불교는 보는 각도에 따라 종교라기보다 '정신과 사상'이었다고 말할 수 있다. 종교인류학자 나카자와 신이치는 불교를 석기 시대 야생의 사고가 축의 시대에 고차원적 형태로 부활한 새로운 종교라고 하였다. 동물과 인간을 차별하지 않고, 인간의 심층 의식과 다른 모든 생명체의 '살고자 하는' 본원적 의식이 서로 통하며, 과거 현재 미래의 시간적 순서와 계열을 넘어 유동하는 움직임을 고등한 정신과 사상으로 표현한 것이 불교라는 것이었다.

그 창시자라고 하는 고타마 싯달타는 사실 스스로는 붓다(Buddha, 깨달은 覺者)라거나 새로운 종교의 교단을 언급한 적이 없다. 붓다와 석가모니는 남들이 불렀던 명칭이고, 교단이라는 상가(Sangha)도 '수행인들의 모임'이라는 뜻이었다. 붓다는 세상을 하직하기 직전에 늘 '상가'에 함께하던 수행자들이 자기 사후에 상가의 지속을 걱정하며 다음 지도자를 누구로 할 것인가 묻는 말에 다음과 같이 대답하였다고 경전은 전한다. "상가의 지속이나 지도할 사람에 관하여 필요성과 그 결정에 대해서는 자기로서는 해줄 말이 없다. 그것이 필요하다고 생각하는 사람들이 있다면 그것은 그들에 물을 일이고 그들이 알아서 할 문제다."

경전의 다른 곳에서는 "연기법을 비롯하여 중도, 불이, 공사상 등 모두가 자기가 지어낸 것이 아니라 세계와 세상의 있던 이치를 들어 설명한 것일 뿐이다"라고 하였다. 고타마 싯달타는 '나'는 나만의 '나'가 아니고 그도 그들도 어떤 사물도 늘 그대로가 아니고 고정불변의 것이 아니며, 그들의 사이 그리고 그 모든 것이 연결과 단절, 연속과 불연속을 바꾸어 가며 변화하고 있음을 말했다. 그리하여 존재하고 있다고 보이는 그 어떤 것도 근원적 원인이 아니고 본질도 아니며 변함없는 실체도 아니라는 것, 그 모든 것이 기한이 있는 생성, 변이, 소멸의 과정을 겪는다고 하였다.

우주 대자연이건 가없는 허공계건 그 모든 존재하는 것의 변화과정에서 나와 우리와 그 모든 생명들이 타고난 대로, 그 안에서 가능한 방식대로 겪고 움직이고 살아왔을 뿐이었다. 그것은 문명도 아니었고 야생도 아니었다. 아니 그 사이 사이에 문명이기도 야생이기도 한 변화의 과정이었다. 그 어느 것도 중심이라거나 '하등이다, 고등이다'라거나 할 아무런 이유도 없었다. 일체의 낱개(on)도 그 어떤 전체의 '온 것(hol)'도 그 어떤 정체正體를 고유불변의 것으로 할 수 없는데, 어떻게 '나'라느니 우리라느니 민족이라느니 인류라느니 하며 정체성을 고집하고 주장하며 다툴 수 있단 말인가? 모두가 정체불명의 정체성을 만들고 거기에 집착하며 형성한 자연과 인간의 '잠정적 소산과 조작물'에 불과하지 않은가?

인간은 이성적 존재고 생각할 줄 알며 언어를 사용하는 놀라운 생명체이므로 영혼이 있으나, 동물은 인간과 달리 영혼이 없다는 생각도 다 인간의 독단적 인식에 불과하다. 인간은 이성적이고 합리적인 존재라고만 단정할 수 없다. 문명의 열차가 달려가고 있는 선로가 보다 나은 진보 방향으로 놓여 있다는 보장은 어디에도 없다.

어떤 사람은 이렇게 말한다. "진보는 신화다. 자아는 환상이다. 자유의지는 착각이다. 인간은 다른 동물보다 우월하지 않다. 굳이 인간이 다른 동물과 다른 점을 들자면, 이성의 능력이나 도덕 원칙을 지키는 능력이 아니라, 유독 파괴적이고 약탈적인 종이라는 점일 것이다."[7] 사람이라고 다 같지도 않으며 천차만별이다. 어쩌면 짐승보다 못한 존재일지도 모른다. 인간과 동물을 절대적으로 구분할 아무런 이유도 없다. 영혼이 있다면 식물도 동물도 다 있다고 할 수 있다. 좀 복잡하고 미묘 섬세한 감각과 의식을 가졌다고 그런 존재만 영혼이 있다고 할 수 있는가? 우리가 모르는 동식물의 감각과 느낌이나 의사전달능력을 어떻게 그렇게 다 안다고 속단할 수 있는가? 영혼이 있다면 다 있고 없다면 다 없다. 어떤 점이나 어떤 면에서 차이가 있고 다양하기 그지없으나, 그렇다고 어떤 인간이나 어떤 족속이 중심이라고 잘난 척하거나 다른 생명체를 차별할 이유는 아무것도 없다.

그렇다면 살아있는 생명체 모두는 생긴 대로 살 수밖에 없다. 동물이든지 식물이든지 인간이든지 그 누구든지 살아있는 생명은 다 살고 싶은 대로 자유롭게 살 수밖에 없고, 살도록 해야 한다. 다만 그들 사이에 상대방이나 다른 존재의 자유를 침해함이 없기를 바라고, 그렇게 되도록 노력해야 한다. 그러나 현실은 그렇지 않다. 먹이사슬의 관계에 놓여 있기도 하고, 어긋남, 갈등, 충돌, 마찰, 모순 등 온갖 부조리한 현상이 벌어진다. 그래서 이런 이치를 알고 사리분별을 할 줄 알며, 스스로 자제하고 관계와 배치에 따라 조절하고 제어制御할 수 있는 능력을 지닌 사람들이 많기를 바라는 것이다. 그러나 인간이 오히려 사리분별을 못하고 스스로를 통제하지 못하는 경우가 허다하

---

7 존 그레이(John Gray), 『호모 라피엔스』, 김승진 옮김, 이후출판사, 2011, 273쪽 및 8~13, 15~23, 195~241쪽 등 참조.

다. 동물은 거의 예측 가능한 생리적 법칙에 따라 움직인다. 인간의 집단적 조직적 폭력과 변덕스럽기 짝이 없는 일탈과 비열한 기만적 행위는 동물의 경우에 비교할 수 없을 정도이다.

그러므로 어느 쪽이 더 낫다고 단정할 수 없다. 인간이 더 문명한 생물종이라고, 또는 원시인보다 근대인이, 아프리카인보다 서구인이 더 문명화된 인종이라고 단정하기 어렵다. 문명을 어떤 특정한 조건이나 기준을 전제로 한다면 그런 전제조건 하에서만 말할 수 있을 뿐이다. 정직하지 못하고 거짓과 위선이 넘쳐나며 폭력적 파괴적 행태를 일삼는 것을 기준으로 한다면 소위 문명 쪽이 야만보다 더 야만적이다.[8] 세상을 허심탄회한 마음으로 볼 때는 그렇다.

고타마 싯달타는 야생도 문명도 '있는 그대로'의 현실을 보고 야생도 문명도 변화의 운명을 거치게 되어 있으며, 영원불변의 세상 자체는 그 어디에도 없다는 진실에 이르게 되었던 것이다. 불교는 낙관주의도 비관주의도 아니다. 다만 야생이건 문명이건 거기에 있는 비록 아무리 하찮은 존재일지라도 살아있는 이상 살아야 하며, 가능한 한 최선의 삶을 살 수 있다고 말하고 안내하려는 것뿐이다. 이러한 안내와 관련된 사유의 재발견과 현대적 해석을 앞으로 함께 더 생각하며 모색해 보도록 하자.

---

8 『야생의 사고』의 인류학자 클로드 레비-스트로스(Claude Levi-Strauss)는 "야만성이 존재한다고 믿는 사람이야말로 야만인이다."라고 하였다. 『Race and History』(1987, Paris; UNESCO), p.12.

3장 '연기적 현실세계'에 '문제와 원인과 이상과 길'이 있었다

1. 세계는 하나도 아니고 둘도 아니다

1) 존재·자연 개념의 누수와 새로운 이해

(1) 존재의 의미는 무엇인가? 본질은 있는가?

한동안 많은 사람들이 '있는 것', 즉 존재하는 하나하나의 사물은 어떤 본질을 지니고 있거나 정체성을 갖고 있다고 보았다. 각 개인은 고유한 영혼을 지닌 것으로 믿는 식이다. 이를 철학적으로 실체론 또는 본체론적 존재론이라고 한다. 서양의 이런 주류 존재론에서는 본질적 형상이 질료에 앞서 있다. 그러나 이와는 달리 적지 않은 사람들이 각 개체 존재자가 지니는 것으로 보이는 정체성이나 본질 같은 것은 없다고 한다. 고유성 또는 정체성 같은 것을 엄밀히 들여다보면 실은 특정한 본질이나 불변하는 어떤 것으로 고정되어 있지 않고 모든 사물의 모든 연결 관계 속에서 끊임없이 변화하는 것이라고 생각한다.

후자에 의하면, 사물의 바탕인 질료는 아직 어떤 사물(것)로 정해지기 전이므로 형상이 없고 비형식적이다. 또한 어떤 배치와 관계에 놓이기 전이므로 비유기적이다. 변이하는 운동으로서 형상은 어떤 기간 또는 잠정적으로 정해졌다가 얼마든지 바뀔 수 있다. 경험하기 이전에 선험적으로 정해진 형상, 형식, 이미지 같은 것은 없다. 이를 다른 말로 하면, 실체는 없고 '있는 것'으로 보이는 것, 지각되는 것은 오로지 차이 나는 양태樣態와 양태들의 변화뿐이며, 차이생성의 유동적 흐름을 강조한다. 양태는 끊임없는 생성, 이행, 변멸의 변화과정 자체 흐름의 모습이다.[1]

실체적 사고가 아니라 연기적 흐름이라는 점에서는 후자와 불교는 공통적이다. 불교의 연기법적 사유, 공의 이치와 무아의 사상 등과 소통 가능한 점도 있다. 문제에 부딪치며 딜레마적 상황에서 난관을 뚫고 나아가는 실제 변화과정에서 볼 때 후자의 비실체적 사고로부터 많은 시사점과 격려를 받는다. 그러나 불교적 관점에서 조금 더 냉정히 바라볼 측면도 있다.

불교에서는 바탕인 질료 따로 있고 나타난 형상 따로 있다는 식으로 언명하지 않는다. 불교적으로 말하면 불변의 본질이란 없다. 불교는 질료주의가 아니다. 형상도 질료도 본질이라고 할 것은 없다. 무나 공이 존재자의 근거라고 단정할 수도 없고 무가 본질이고 유는 비본질이라든지, 존재와 존재자를 구분하여 존재가 본질이고 존재자는 비본

---

1 서동욱 지음, 『들뢰즈의 철학』, 민음사, 2002, 239~240쪽 참조.

질이라고 말할 수도 없다. 존재가 본질적인 것이라고 한다면, 그렇게 규정하고 언급함과 동시에 존재는 이미 존재자가 되어 버려 존재자도 본질적이라고 할 수 있다. 공은 본질적인 것이고, 형태를 가진 물질이나 정신작용 등의 존재자는 비본질적인 요소라고 해서도 안 된다.

『반야심경』 첫머리에 나오는 "오온(형태, 물질, 신체적 심적 정신작용 등)이 개공(皆空: 모두 다 공)이다."라고 함을 들어 흔히 '공'이 본질적이라고 해석하기도 한다. 그러나 '오온개공'을 언급한 것은 감각을 통해 존재자에 이끌리고 집착하는 습성이 있어서 무엇보다 그러한 집착의 습성을 벗어나는 것이 긴요하기 때문이다. 오온을 버리고 그 대신에 공에 집착하라고 하는 의미는 아니다. 색과 공이라는 용어를 가지고 '다르지 않다'느니, '곧 그것이라'느니 하는 표현을 사용하고 있는 점을 잘 살펴야 한다. "색은 공과 다르지 않고, 공은 색과 다르지 않다. 색이 곧 공이요, 공이 곧 색이다. 수상행식도 역시 이와 같다(색불이공 공불이색 색즉시공 공즉시색 수상행식 역부여시色不異空 空不異色 色卽是空 空卽是色 受想行識 亦復如是)."[2]라고 한 이유가 있다. '다르지 않다'면 같은 것인가? 똑같은 것이라면 굳이 다른 개념과 용어를 사용하여 '다르지 않다'느니 '공은 곧 색이라'느니 할 필요가 없을 것이다.

이 구절의 의미는 '우리가 신체적 심적 물질적 정신적 대상을 대할 때는 그것이 공이라는 것을 깨닫고, 공을 말할 때는 공은 오온과 다르지 않다는 것을 깨닫도록 하라'는 뜻이다. 공과 오온이 '둘도

---

2 오온五蘊은 색수상행식色受想行識을 말하는데, 물체적 신체적 형태와 연장 등 물질적 감각적 요소 및 지각, 관념, 의지, 인식 등 정신적 심리적 요소들을 모두 일컫는 용어다.

아니고 하나도 아닌' 존재 세계에서 '공도 색수상행식도 다 의식하거나 집착할 것이 아니란 것을 깨닫고 마음을 비우고 살라'는 뜻이다. 그렇게만 되면 무아와 다르지 않아 자유와 해방을 누릴 수 있다는 이치를 말한 것이다. 다시 말하면 '온갖 신체적 심적 물질적 정신적 조건과 작용과 상태는 곧 공이요 공과 다르지 않으며, 공 또한 곧 온갖 물질적 정신적 조건과 작용과 상태요 그와 다르지 않다'는 것이다.

그렇게 양쪽과의 관계 고착을 떠나고 주객조차 비웠으니 도리어 모든 것을 있는 그대로, 변하면 변하는 대로 비추고 받아들인다. 자연스럽게 인연을 따라 삶을 물 흐르듯이 살아갈 수 있으리라는 것이다. 이 구절의 깨달음이 배가 되고 다리가 되어 우리를 건네주어서 마침내 무유공포無有恐怖, 원리전도몽상遠離顚倒夢想, 도일체고액度一切苦厄의 경지에 이른다는 것이 『반야심경』의 내용이다.[3]

(2) 자연과 세계는 어떤 의미가 있는가?

그러나 생물과 인간 존재자 쪽 사정이 있고 입장이 있어서 거기에서 갈라지고 달라진다. 그 사정이 생리와 욕구든, 불안과 공포든, 희망과 이념이든 어떤 이유이든 인간의 간택(揀擇: 분간과 선택)[4]이 있기 때문이다. 즉 오온적 존재자의 조건적 성격과 관계와 여건 등에 변화와

---

3 '공포도 없고, 전도된 망상도 멀리 여의고, 일체의 고액을 건너서 자유와 행복에 이르다'는 의미이다.

4 선가계보禪家系譜의 삼조 승찬僧璨의 『신심명信心銘』(584字 사언절구의 시문)의 첫머리에서, "지도至道는 어렵지 않은데 사람 마음이 간택揀擇을 해서 혼돈과 무명을 일으키므로, 오직 간택과 분별을 벗어나 증애憎愛와 순역順逆을 하지 않는다면 통연명백洞然明白한 것이다."라고 한다.

발전, 변이와 변질이 생긴다. 생명의 관점에서의 필요성과 중요도에 따라 본질적인 요소와 그렇지 않은 요소로 나누고 정립하며, 스스로 구애받고 의존하지 않을 수 없게 조건과 상황을 초래하기도 한다. 그런데 인간이 만든 이차적 도구적 세계와 사회적 산물과 관련해서는 알겠는데 자연을 어떻게 볼 것인가? 우리는 이를 깊이 생각할 겨를도 없이 대지에 붙어 살아왔다. 내가 생각할 때 자연이란 말은 정확히 개념 규정이 불가능하다. 편의상의 이름에 불과한 것이 아닐까? 어디까지가 자연인가? 나는 글머리에서 '자연은 한정할 수 없다'고 말한 바 있다.

들뢰즈에 의하면, "피지스(Physis, 대지)는 일자一者, 존재, 또는 전체의 한 규정이 아니다." 그런데 "『사물의 본성에 대하여』를 쓴 그리스의 철학자 루크레티우스 이전의 철학자들은 존재, 일자, 전체를 믿었다. 루크레티우스에 의하면, 이 개념들은 정신의 강박관념들이자, 운명에 대한 믿음의 사변적 형태들이자, 또한 그릇된 철학의 신학적 형태들이다."[5] 루크레티우스를 따라 들뢰즈는 자연을 그 속성인 다양성으로부터 분리될 수 없는 것으로 보았다. "우리가 사는 세계에서 자연적 다양성은 서로 교차하는 세 가지 측면, 즉 종들의 다양성, 한 종의 성원들인 개체들의 다양성, 한 개체를 구성하는 부분들의 다양성 아래에서 드러난다."

이 사실로부터 "헤아릴 수 없이 많은 세계들, 상이한 종들, 이질적인 원소들"이라는 세 관점에서 세계들 자체의 다양성을 추론해 내었다.

---

5 질 들뢰즈, 『의미의 논리』, 이정우 옮김, 한길사, 1999, 425쪽 참조.

중요한 것은 "다양한 것들의 생산이라는 원리는 그것이 그의 고유한 요소들을 하나의 전체 속에 통합하지 않아야만 성립한다."는 것이다. "에피쿠로스와 루크레티우스에 따르면, 다양함의 생산으로서의 자연은 하나의 무한한 합슴, 즉 그 고유한 요소들을 총체화하지 않는 합일 수밖에 없다. 자연의 모든 요소들을 한 번에 담을 수 있는 조합은 없으며 유일한 세계나 총체적인 우주도 없다." "자연은 '…이다'가 아닌 '그리고'를 통해 드러난다. 이것 그리고 저것, 번갈음과 얽힘, 비슷함과 다름, 당김과 느슨함, 부드러움과 거칠음, 이들 각자는 타자를 제한함으로써 무제한적인 존재로 제시된다. 어떨 때는 비슷하고 어떨 때는 다른 원자들의 합인 자연은 일종의 합이기는 하지만 하나의 전체는 아니다."[6] 이런 의미에서 종래의 자연이라는 개념 규정 자체도 문제라는 걸 알게 된다.

들뢰즈의 언명은 나중으로 갈수록 노자와 불교의 말에 점점 닮아감을 느낀다. '한정 없는 자연의 이치를 일컬음이 불교'라는 언급을 상기해 주기 바란다. 무한한 자연에 전체란 말이 붙을 수 없다. 그런데도 서양은 전체론적 사고를 이어 왔다. 양심적인 유태인 철학자 레비나스(Emmanuel Levinas)가 이를 작심하고 비판하였다. "서양 존재론은 타자를 동일자로 환원하는 전체성의 철학이다. 타자의 환원불능의 고유성을 무시하고 타자를 전체성 속에서 파악하는 데 서양 철학의 지배적인 방식을 발견한다."라고 하였다.[7] 레비나스는 다른 생명체의

---

6 위 같은 책, 424쪽 참조.

7 에마뉘엘 레비나스, 『존재에서 존재자로』, 서동욱 옮김, 민음사, 2003, 193쪽 참조.

'고통받는 얼굴'과의 만남을 통해서 인간의 현실적 제약을 넘어 스스로 구원의 길에 가까이 다가갈 수 있다고 말한 바 있다. 내 생각에 자연의 다양함과 생산의 원리가 있기에 생명과 생명의 만남과 연결이 가능하고, '양태와 양태'의 만남을 통해 '기쁨의 정서'를 창조할 수 있으며 현실의 질곡을 탈출하는 경로를 발견할 수 있다고 본다. 이런 비실체적인 자연의 다양함과 생산의 원리는 우리가 앞으로 사회제도를 다양한 복합적 성격에 부합하는 방식으로 바꾸어 나가는 데 기반이 되는 전략적 역할을 할 것이다.

그리스의 질료주의적 자연철학과 들뢰즈의 견해에 일응 공감을 하면서, 불교적인 관점에서 어떻게 볼 것인가 조금 더 살펴보고자 한다. 앞에서 존재의 생성 또는 양태의 변화를 여러 차례 언급한 바 있거니와 존재하는 어떤 것, 자연이든 무엇이든 나타난 어떤 양태도 엄밀히 보면 찰나도 그대로 변함없이 머무는 바 없으니 엄밀히 말하면 어떤 것이 있다고, 어떤 것'이다'(또는 '…임')라고 말하는 것도 정확하지 않다. 모든 것이 생성 변멸하고 있는 '되기' 중일 뿐이다. 불교적 연기의 이치는 이를 말하고 있다. 양태로서의 존재자인 오온 때문에 어떤 현상이 있다고 생각할 수밖에 없으나 모든 있는 것은 다 양태일 뿐 존재란 것이 별도로 따로 있는 것은 아니다. 그런데도 존재란 말을 쓰는 것은 모든 양태, 존재자 현상들 자체를 어떻게 볼 것인가 스스로 묻고 사유할 수밖에 없기 때문이다.

앞에서도 언급했지만 존재자는 양태의 변화상이다. 존재자는 사물들과 사실들을 모두 포함하는 양상 또는 양태라고 말할 수도 있다. 물론 우리는 총체라는 어떤 한정적 전체가 있다고 믿지 않는다. 불교적으로 엄밀히 말하면 어떤 존재나 존재자를 말하는 순간 이미 연기법적 도리를 어기고 있는 셈이다. 어떤 것이라고 말할 수 있는 것은 처음부터 없었던 것이다. 그러나 현상을 말할 때는 불가피하게 어떤 존재에 관한 관념과 표현을 가지고 할 수밖에 없다. 우리는 어디까지나 양태적 존재자들을 통하여 존재를 사유할 수 있다는 말이다.

존재의 근거에 대한 설명도 존재자와 관련된 개념과 언어로 표현할 수 있을 뿐이다. 크든 작든 어떤 형태를 띠고 있든 존재자 없이는 존재를 생각하거나 상상할 수 없다. 존재 근거는 스스로 자체를 드러내거나 어떤 형태를 갖고 있다는 식의 소유(所有: '있는바'의 뜻)가 없다. 이를 한 철학자는 존재 자체는 매체가 필요 없지만, 소유권이 없기 때문에 존재 근거의 표현과 전달에는 매체(존재자)가 필요하다고 하였다.[8] 그런 점에서 존재와 존재자의 혼동을 피하기 위하여 존재는 어떤 구체적 사물(존재자)로 인식되지 않아 감각적으로는 '없음(무無)'과 마찬가지다. 그러나 잠정적 동태적으로 유한하지만 모든 존재자의 '있음' 자체는 있는 것을 보이다가 변하므로 그러한 존재함의 근거적 이치를 뜻하는 것으로 이해하자.

이와 관련, 김형효는 『하이데거와 화엄의 사유』에서 존재와 존재자 둘은 차연적差延的 동거성과 비동시성의 동시성을 띠고 하나도 아니고 둘도 아닌 관계에 있다고 하였다.[9] 예를 들어 엄밀히 보면, 있음은 있으면서 순간순간 조금이라도 없음을 실현하고 있다고 할 수 있다.

---

8 김상일, 『수운과 화이트헤드』, 지식산업사, 2001, 112, 147, 153쪽 참조.

9 김형효, 『하이데거와 화엄의 사유』, 청계, 2002, 42, 43, 58, 76, 93~96, 108쪽 참조.

이는 존재가 존재자 곁에서, 아니 생성과 변화의 바로 그 자리와 변화의 그 순간 그때그때에 함께 동거하고 움직이지만, 또한 존재는 존재자에 의해 잊혀 은적 속으로 까마득히 사라져 버릴 수 있음을 의미한다. 그럴 때 존재자가 존재의 깊은 의미를 망각한다면 그 존재자는 스스로 자기를 소외시키는 결과가 된다. 어떤 연유로든 생성과 변화의 맥락에 관련을 맺고 조건과 상황, 즉 반연攀緣에 얽히고설켜 물들고 집착한 나머지 결국 카르마(karma: 업장, 장애)에 걸려든다.

존재자와 존재의 관계와 관련하여, 원효대사가 『금강삼매경론金剛三昧經論』에서 유有·무無를 '하나도 아니고 둘도 아님(불일이불이不一而不二)'의 동同·이異의 관계로 설명한 것을 들어보자.[10] "동일화할 수 없음은 같음에 다름이 붙어 있고, 이타화異他化할 수 없음은 다름에 같음이 붙어 있기 때문이다. 같음은 다름에 의거해서 같음을 변별한 것이고, 다름은 같음에 의거해서 다름을 명시한 것이다. 같음에 의거해서 다름을 명시함은 같음을 쪼개서 다름을 만든 것이 아님을 말하고, 다름에 의거해서 같음을 변별함은 다름을 녹여서 같음을 만든 것이 아님을 말한다. 진실로 같음은 다름을 녹인 것이 아니므로 이것이 같다고만 말할 수 없고, 다름은 같은 것을 쪼갠 것이 아니므로 이것이 다르다고만 말할 수 없다. 다만 다르다고만 말할 수 없기 때문에 이것이 같다고 말할 수 있고, 같다고만 말할 수 없기 때문에 이것이 다르다고 말할 수 있다."

이는 결국 이것은 이것이라고 규정할 수 없고 저것은 저것이라고

10 원효대사, 『금강삼매경론』(원효전서국역간행회, 『원효성사전서』 권二, 1987), 478 및 479쪽 참조.

규정할 수 없다는 것이다. 진여문과 생멸문의 관계에서도 그렇다.[11] 이런 생각은 존재의 사유에서 대단히 중요하다. 이것을 이것이라고, 나를 나라고 규정하는 순간 이미 삶의 진면목, 존재의 의미를 잃어버리기 때문이다.

기지보다 미지가 많고 불확실하고 불확정적인 것이 너무나 많다. 산정의 정적이나 텅 빈 가을밤의 고요 속에서처럼 신비로움을 느끼며 미지, 아니 무지를 인정하지 않을 수 없다. 이 밤하늘과 이 광대무변한 허공계나 극미·극대의 세계가 과연 어떠한지 정확히 알 수 없지만 이것만은 분명하다. 존재의 실상과 의미가 비록 신비한 은적 속에 묻혀 있고 극대와 극미의 세계를 제대로 모를지라도 이런 현상과 이런 양태가 없다면 일체의 존재자와 우리 자신도 생각하거나 인식할 수 없을 것이라는 사실이다. 다른 말로 하면, 오온이 없다면, 아니 우리가 오온적 존재자가 아니라면 우리가 인식하는 일체의 양태와 존재자, 우리 자신이 존재하지 않을 것이라는 사실이다. 무엇이 양태와 존재자의 근거인지 알 수 없다고 해도 이것 없이는 있을 수 없으니 이 자체가 존재론적 바탕의 성격이라고 간주할 수밖에 없다. 우리의 감각과 의식 등을 부정하지 않는 한(이 경우에는 더 이상 논의를 진행할 필요가 없다) 말이다.

사람에 따라서는 이런 미지(또는 무지) 속에서 드러나지 않은 신비나 은적성을 들어 존재의 근원적 성격이라고 하고 탈근거적 근거, 바닥 없는 심연(무저심연)이라고도 하며, 불교 화엄사상가들은 법성이라고

---

11 김형효의 위 같은 책, 42, 43쪽 참조.

하였다. 그러나 굳이 그런 용어에 집착할 필요는 없다. 그리고 되풀이 말함이 되겠지만 이것 또한 분명하다.

존재자 또는 양태가 생성의 어떤 계기로 존재하게 되지만, 생성 즉시 그 양태 존재자가 그대로 변하지 않은 채로 있지는 않다는 사실이다. 변화를 겪는다는 것이다. 존재자의 세계는 생성과 동시에 한순간도 놓치지 않고 끊임없이 변멸을 함께하는 세계다. 즉 존재 세계는 존재자가 존재하게 되는 순간과 동시에 변화하고 소멸되며, 공화空化·무화無化되는 세계로서, 있음(유: 존재한다는 것)과 없음(무: 없어진다, 없다)은 함께한다. 다시 말하면 있음과 없음은 늘 같이 함께하면서 달리한다. 앞에서 언급하였듯이 이런 점을 들어 차연적이라고 표현할 수 있다.[12] 이런 차연적 현상은 '있음도 있음을 그대로 두지 않고 없음도 없음을 그대로 두지 않는 것'이라는 공화의 원리가 모든 사물과 사건에 관통하고 있기 때문이다. 승려 휴암은 이를 '연기는 필연적으로 비연기를 낳는다'라고 하면서 동시에 '진공眞空은 묘유妙有함으로 공도 그대로 두지 않는다'는 의미로 표현한 바 있다.[13] 그래서 선각자들이 있음도 공이요 없음도 공이라고 한 모양이다.

우리의 표상과 의지는 느낌, 감각, 지각, 상념, 상상, 의욕 등에 의존한다. 그런데 이런 역능들은 우리의 의지로 만들었거나 원하여 지니게 된 것들이 아니다. 우리는 존재자들에 대한 그러한 인식과 판단의 과정과 결과를 반추하며 살필 수는 있다. 그러나 위에서 언급한 바와 같이 무한히 존재하는 존재자들의 세계, 즉 존재 자체 전체를

---

12 위 같은 책, 634, 710, 736쪽 참조.

13 휴암休庵, 『장군죽비』(상권), 명상출판사, 1996, 258~9쪽 참조.

생각하거나 상상하기 어렵다. 그 근원이나 근거를 어떠하다고 규정하고 단언할 수 없다. 일체 있음의 배후의 무, 그러한 없음(무)을 우리는 상상할 수도 없고 생각할 수도 없기 때문이다. 그렇게 시도하는 의식적 노력의 순간 우리는 도로 존재자들의 세계로 떨어져 나와 버리고 만다. 그러한 세계를 상정하여 굳이 표현한 것이 앞에서 말한 은적과 무저심연, 익명과 신비의 세계다. 결국은 의식하지 않는 부지불식, 불의식의 '세계 아닌 세계', 무심인지 무지인지 모를 일이다.

그러므로 선지식들은 '언어를 떠난 진여'(이언진여離言眞如)의 세계, 붓다는 일체의 형이상학적 질문에 묵묵부답의 무기無記로 응대하였다.[14] 따라서 우리들로서는 존재에 대해 존재자의 세계를 통해 의언진여(依言眞如: 언어와 개념에 의해 진실을 논함)의 방식대로 논할 수밖에 없지만 그것으로 세계를 파악할 수 있는 듯이 규정을 지어서는 안 된다. 이런 전제하에서 우리는 존재 세계를 차연적이며 또한 잠정적으로 복합적임과 동시에 둘 아님(불이)의 세계라고 말할 수 있다. 이를 『심경』의 표현으로 옮기면 "색즉시공 공즉시색, 색불이공 공불이색, 색수상행식 역부여시, 무수상행식"이라는 것이다. 존재 세계가 원래 그러하므로 존재자, 예컨대 "색(수상행식도 마찬가지)은 곧 공이요 공은 곧 색이며, 둘 다 무"라고 하면서, 어느 쪽으로든지 집착하면 전도몽상으로 자유를 잃고 고를 겪는다는 뜻으로 말하고 있다. 그렇다고 둘

14 '무기'는 상반된 견해에 대해 결코 결정적이고 단정적인 답을 내리지 않는 것이다. 대표적 무기설의 예는 초기경전 『디가 니카야』에 나온다. 이 내용은 최봉수의 논문 「원시불교 수행법의 미래지향적 가치」, 미래불교학회, 『미래불교학』 창간호, 2004, 155~156쪽에서 참조할 수 있다.

사이의 어느 지점을 말하는 것도 아니고 고정되는 것도 아니어서 어디에 머물 수도 없고, 머물고 싶다고 될 일도 아니다.

실제의 존재자는 어쨌든 흔들리고 움직이며, 끊임없이 번민하며 노력하는 과정의 존재자다. 있는 존재자에 집착해도 존재의 길을 잃게 되고, 공에 집착해도 존재의 길을 잃게 된다. 사람에 따라서는 해석하기를, 존재자에 기울면 소유로 전락하고, 공이나 무에 기울면 허무로 전락하기 마련이라고 한다. 그러나 경우에 따라서는 존재자에 기울어 허무로 전락하고 공과 무에 기울어 적멸에 집착하기도 한다. 왜냐하면 공불이색이요 색즉시공이기 때문이다. 이는 존재의 이치가 존재자의 성격상 공에도 머물지 않고 변화하기 마련이라는 것을 의미하는 것이다. 이를 『금강경』에서 '모든 상의 실체 없음'으로 표현하기도 하였다.[15]

2) 이중나선형 전개

위에서 보았듯이 존재와 존재자, 존재자와 존재자는 서로 분리될 수 있는 듯 분리될 수 없는, 하나도 아니고 둘도 아닌 관계에 있다. 즉 은적과 탈은적, 이것 속의 저것, 저것 속의 이것, 아我 속의 비아(타자), 타자(비아) 속의 아, 둘인 듯 둘이 아니고 하나같이 움직이며, 하나인 듯 하나도 아니고 두 줄이 함께하는 모양, 교직적으로 또는

---

15 『금강경』의 다음 구절 참고. "무릇 있는바 모든 상 또는 양태는 실체가 없다(즉 허상이다). 만일 모든 상 또는 양태를 상 아님 또는 양태 아님이라고 본다면 곧 존재의 의미와 진리를 제대로 보리라."(범소유상 개시허망 약견제상비상 즉견여래凡所有相 皆是虛妄 若見諸相非相 卽見如來).

교차적으로 작동하는 복합관계에 있다. 이는 원리와 전개하는 모양이 유전자의 염색체의 겹침과 꼬임의 이중나선형이 움직이는 모양과 흡사하여 키아스마(chiasma: 이중나선형 교차적 교직체)에 비견하여 부를 수도 있다. 존재함 자체가 교차적 키아스마의 성격을 띠고 있으므로 존재의 현전現前으로 나타난 존재자와 존재, 존재자와 존재자의 관계도 키아스마적 성격을 지닐 수밖에 없다.

그래서인지 많은 사람들이 옛날부터 어떤 장엄한 존재자를 절대자적 존재로 착각하고 근원적인 어떤 존재자를 상정하는 사고에 젖어 왔다. 원래 완전히 무연한 다른 별개의 것이 아니기 때문에 혼동하고 착각하기도 쉽고 망각하기도 쉽다. 보고 듣고 느껴지고 생각되는 존재자 양태의 세계뿐이니까 존재자들에 연루되고 집착하기 쉬운 것이다. 다만 그것들의 무상함, 허망함을 잊거나 존재자들 간의 '둘 아님' 관계를 외면하는 짓을 하다 보니 스스로 불행해지고 허무해진 것이다. 그런 상태를 벗어나려고 자기의 불안, 공포, 허무감을 해소하기 위한 기대와 희망을 어떤 존재자에게 투사한다. 그래서 특히 숭고하거나 거대하며 신비스러운 존재자나 일상적 상식을 초월한 위대한 존재자를 만나면 그것이 우리들 존재자의 시원적 요소를 가장 최고도로 현시한 존재로서, 아니 마치 존재 자체의 현현인 것처럼 여기고 믿어 버리는 경향이 생겼는지 모른다.

그러나 존재 자체의 의미나 '둘 아님'의 원리는 오온적 존재자의 안이한 표상과 인식에는 잡히지 않는 익명성과 은적성을 지니고 있어서인지 우리에게는 자체를 잘 드러내지 않는다. 그러므로 우리 입장에서 미지와 무지의 세계에 자신을 감추고 있다고 말할 수 있다. 존재에 관해서는 존재의 은적과 탈은적을 비동시성의 동시성으로 이해해야 한다고 말한 바 있다.[16] 그런데 이런 은·현의 이중성, 차연적 동거성, 비동시성의 동시성의 사유를 존재자의 입장에서 파악하기 손쉬운 존재자와 존재자의 동거성의 성격으로 오해하여 그만 실체적인 존재자적인 사고를 하게 되어 버린 것이다. 이렇게 되면 존재자는 존재자에게만 눈이 팔려 존재의 의미와 '둘 아님의 관계'를 버린 것이 되어, 그렇지 않아도 자신을 드러내지 않고 감추는 은적의 존재가 함께 동거하다가 가장 멀리 사라져버린 듯 망각 속에 묻히고 만다. 그 결과가 인류의 역사요 주류 문명의 흐름이다.

이제 존재자 현상의 하나인 우리의 현실로 돌아와 보자. 오온적 존재자인 인간 생명체는 태어난 이상 살기 위해 우선 몸의 존재론적 본능과 생리적 욕구를 따른다. 그 과정에서 안정을 추구하면서도 유동적이 될 수밖에 없다. 이러한 동태적 과정 속에서 갖가지 생리적 심리적 사변적 노력과 실천적 경험을 되풀이하다가 결국은 권태, 피로, 쇠약, 소멸의 길을 걷는다.[17] 요컨대 존재자의 변화와 무상, 즉 생성과 변이도 존재의 연기적 공의 양상이고 양태이지만, 고통의 회피와 욕망의 충족, 안정과 소유의 추구, 권태와 허무와의 싸움도 타고난 공의 생성과 변이란 점에서 비본래적 삶의 모습이라고 치부할 수만은 없다. 본래적이라면 둘 다가 본래적이고, 비본래적이라면 둘 다가 비본래적이라고 할 수 있다. 모든 존재자가 허무로 귀착함을

16 위 김형효의 같은 책, 27쪽.

17 알프레드 화이트헤드(Alfred North Whitehead), 『이성의 기능』, 김용옥 역 , 통나무, 1998, 79~86쪽.

본래적인 존재의 길이라고 한다면 그것은 착오다. 태어난 생명인 이상 '살 수밖에 없고 살아야 한다는 것'을 외면할 수 없다. 외면하거나 살아갈 필요성이 없다고 한다면 생명 자체의 부정, 자기부정이 되기 때문이다.

연기적 공이고 차이생성의 복합적 존재이므로 인간 존재자의 삶이 어떤 고정된 운명에 의하여 정해진 바도 없지만, 전적으로 어떤 자유로운 의지의 선택에 의한 것도 아니다. 존재자의 모든 요소가 존재의 현현이고 존재를 완전히 떠난 것은 없다. 생산과 창조의 역능을 가진 자연이 생성과 변멸을 거듭하는 과정에서 태어난 생명은 삶의 의지와 욕망을 타고 났고 그 욕망과 의지는 자연과 같이 생산하고 창조하며 변화한다. 그러는 실제의 경험 속에서 수많은 만남과 접속을 통하여 본本과 말末의 상대적 구별, 종국적 목적적 요소와 종속적 지말적 요소의 편의상 구분이 일어난다.

그런데 현대의 인간에게 중요한 문제점들이 여기에 가로 놓여 있다. 하나는 오직 감각과 의식에 쉽게 잡히는 쪽 존재자의 세계 경험에만 빠져 그 방향으로만 극대화하여 왔다는 점이다. 존재의 은적과 익명으로 통하는 공과 무, 즉 무한히 소통하고 생성하는 역능과 잠재력은 외면하고 방기한 채 선점과 소유, 한정과 배제로 고착화된 존재자의 양태에 너무나 오래 몰두하여 왔다. 그렇게 기울어 지낸 세월 때문에 망각한 것인지, 아니면 아예 그런 것조차 전혀 몰랐던 것인지 가물가물할 지경이리라. 불안과 고통의 회피, 안정과 쾌락의 추구, 그리하여 소유와 장악에 집착한 나머지, 막다른 데까지 다다른 듯 위기에 직면한 현대의 주류 문명적 상황이 이를 웅변하고 있다.

또 다른 하나의 문제는 문명을 이끌어 왔던 경직된 분절화 사고와 편향적 체계 수립의 확집에 있다. 하나(같음)도 아니고 둘(다름)도 아닌 양태와 양태의 만남과 그 변화상인 존재의 세계를 필요와 편의대로 분리하고 단절하여, 존재와 존재자를 완전히 무연 무관한 것으로 단절시켜 버렸다. 그리하여 상관적 의존과 접속 관계에 있는 존재자들의 사이도 분리하고 왜곡하며 굴절시켰고, 마침내 역량과 의욕을 극소화의 방향으로 내몰아 갔다. 예컨대 어떤 종교의 신(신도 존재자의 하나다) 또는 어떤 지배적 위치의 존재자(통치자 무리 또는 교환가치 일변도의 상품성이나 특정 이념)를 구심적 정점으로 받들어 지배와 피지배로 나누는 조직과 체계를 구축한다. 그리고 그때부터 그것을 고정하고 경직화하며 가속화한다. 한번 만든 주종 본말관계를 조직화의 강화과정에서 하이어라키(서열, 계층제)로 영속화하려고 갖가지 줄서기를 강요한다. 그리하여 한때의 필요와 편의에서 시작한 것이 어느새 삶과 생명의 기운을 옥죄는 카르마(Karma, 업장)로 변하고 만다. 그런대 거기에 대응하는 반체제적 구성과 반권력적 조직화도 유사한 착각과 오류를 범하기 때문에 결과는 마찬가지였다. 이것이 역사적 과정이었다.

2. 불교=종합적 현실교육=소수-되기의 윤리학

1) 함께 있어도 없는 존재

존재자란 변화하는 무상한 존재자다. 그러므로 우리가 어떤 이름을 갖다 붙이고 개념을 짓든 어떤 것으로 머무는 것이 될 수가 없다.

이런 의미에서 존재도 존재가 아니고, 자연도 자연이라고 규정할 어떤 것이 아니다. 이를 『반야심경』은 오온개공이라고 하였다. 지금까지 이 오온개공의 이치에 의하여 존재자를 통하여 존재의 의미를 찾아볼 수 있을까 생각하였다. 역시 오온적 존재자인 인간은 불교적으로 제행무상 일체개고의 현실 속에 있다. 그 현실을 원어로는 dukkha(두카)라고 한다. 이 '두카'란 말 속에는 고통(suffering)이라는 뜻 외에도 일체의 상대적이고 불완전하며 조건적인 현실과 고통의 원인이 되는 현실을 포함하고 있다.

그런데 불교에 의하면 고통의 해소와 그 방법도 현실인 두카 속에서 찾을 수밖에 없다. 그 이외 초월적 차원이나 다른 세계에서는 찾을 수 없고 다른 현실이나 다른 세계가 존재하는 것도 아니라고 가르치고 있다. 이 점에서 차이생성 존재론의 '내재면의 사유'와 같은 원리이다. 내재면은 초월자가 없을 뿐만 아니라 "사물들을 조직하거나 전개하는 선험적 면이 존재하지 않은 면, 즉 어떤 형태로든 '일자(一者: 이데아) 같은 개념이 성립할 수 없는 면이다." 또한 "그것은 심층적 구조를 통한 관계들의 고착화가 유지될 수 없는 면이기도 하다."[18] 요컨대 실제 현실에서의 생성의 면이다. 그러므로 불교적으로 말하자면 세계는 연기적 현실의 세계이다. 그래서 나는 불교는 '모든 연관의 현실'을 가르치는 것이라고 말한다. 비근한 현실이든 거리가 먼 현실이든, 잠재태로 영향을 미치든 현실태로 당면해 있든 존재자는 여러 현실 가운데 있다.

---

18 이정우, 『천하나의 고원』, 돌베개, 2020, 195~6쪽 참조.

있는 모든 것의 현실은 변하고 다양하다. 즉 규정할 수 있는 실체로 고정되어 있지 않다. 그것은 있는 현실 자체의 이면에 늘 '없음의 현실화'가 함께하기 때문이다. 없음의 현실화로 인해 있는 것은 변화하고 유동적인 현실이 된다. 그러므로 엄밀히 말하면 있는 그대로는 있는 그대로가 아니다. 말하자면 있음을 달리 보면 없음을 실행하고 있다고 말할 수 있다.

존재는 까마득하게 멀리, 아니 존재의 흔적조차 찾을 길 없는 '무'와 같지만, 어떠한 존재자의 어떤 경우에도 어김없이 '없음의 현실화'를 통해 변화에 참여하여 변화를 실현하고 있다. 이 '없음의 현실화'를 통해 존재자 너머의 존재의 의미를 짐작할 수 있다. 있음과 없음은 함께하면서도 늘 다시 떠나는 운명적 관계라고 말할 수 있다. 이를 『반야심경』에서는 이렇게 말하고 있다. "있는 것에는 어떤 종류의 형태(色) 그리고 수상행식受想行識의 현상이 있다. 그런데 있는 것은 다 공空하다. 공하다는 것과 색수상행식은 다르지 않다." 그러므로 "공한 가운데 색수상행식이 없다(是故 空中 無受想行識)."라고 한 것이다.

현실은 변화하고 유동적이며 다양하기 때문에 또한 현실은 다층적이고 다차원적일 수 있다. 표층적 현실, 잠재적 현실, 심층적 현실, 극대와 극미의 현실, 잠재의식과 무의식, 부지불식의 식, 의식의 현실 등 모두가 현실이다. 그러나 이를 정해진 다층적 구조를 가진 현실이라고 이해하지 않기를 바란다. 어떠한 고정된 층도 없고 구조도 없다. 끊임없이 층화와 탈층화가 일어나며 배치와 관계의 변화, 그리하여 관계망과 구조의 변화가 일어나고 있다. 어디까지나 생성 변화과정에서의 양태로서 표현이라는 것을 잊지 말기 바란다.

플라톤을 비롯한 서구의 형이상학과 기독교신학은 존재의 근원을 들어 이데아, 부동의 동자, 신 중심의 '동일성 존재론'을 주장하였다. 형상 중심의 동일성 존재론은 본질 또는 원본과의 유비의 테제에 의해 사물을 규정하고 판단한다. 이와는 달리, 들뢰즈의 '차이생성의 존재론'은 원본의 전제 없는 차이, 형상 이전의 규정할 수 없는 질료 일의성의 테제에 의하여 무한생성 자체에서 차이와 변이를 보는 관점이다. 내가 불교를 보는 입장은 이 점에 있어서는 차이생성의 존재론과 같다. 우연의 일치인지, 들뢰즈가 불교를 접하고 터득한 바가 있어 자기 식으로 용어를 만들어냈는지 몰라도 『금강경』과 『반야심경』의 들뢰즈식 주석이라고 해도 과언이 아닐 정도다.

이를 세 가지 성분의 존재론적 선으로 구성된 복합존재론으로 설명하면 이렇다. 폐쇄계 내 존재의 집합체적 몰(mole)적 현실, 미세한 분자적 유연성분의 움직임, 폐쇄계로부터의 단절과 돌파와 탈주의 선 등 세 가지 성격의 현실을 말하고 있다. 들뢰즈에 의하면 세 가지 삶의 선 각각과 그 사이는 끊임없이 생성하고 변멸하며, 중첩되기도 하고 얽히고설키며 변화한다. 이와 같이 현실과 현실들 간의 관계를 다르게 봄으로써 그에 따라 이차적으로 다양한 현실을 만들어내기도 한다. 그러므로 존재하는 것들은 처음부터 다 다른 것이라는 차이생성에 주목할 것을 강조하였다.

우리는 현실의 생성과 변화과정 속에서 자유롭고 다양한 창조적 행동을 하는 가운데에서 잘 살아낼 궁리에 노력할 필요성을 느낀다. 이것이 붓다의 안내와 권고사항이고 불교의 입장이기도 하다. 그러므로 모든 생명체와 자연을 포함한 세계를 모든 연관된 현실인식의 관점에서 '차연적 복합적 현실, 즉 유동적 양태의 세계'라고 부르며 논의를 진행시켜 보는 것도 가능하지 않을까? 그리고 그 현실의 양태는 '하나도 아니고 둘도 아닌 현실'이며, 이를 줄여서 편의상 '둘 아님의 잠정적 역동적 복합적 현실'(또는 줄여서 '둘 아님')이라고 부르는 것이다.

2) 공=자유·변화·차이생성

(1) 연기緣起는 연기를 넘어, 공空은 공을 넘어

불교에서 모든 존재자는 연기법적 존재라고 한다. 연기를 이른바 초기경전에서는 "이것(또는 저것)이 있으므로 저것(또는 이것)이 있고, 이것(저것)이 없으므로 저것(이것)이 없다."고 하였다. 이 말을 이렇게 바꿔도 된다. '이것이라고 해도 꼭 이것이라고 할 수 없고, 저것이라고 해도 꼭 저것이라고 할 수 없다. 무엇이라고 하는 순간 이미 그것은 아니다. 이것 속에도 저것이 있고 저것 속에도 이것이 있다.' 이를 유무의 이중나선형 교직체에 비유할 수도 있다. 휴암은 이렇게 말했다. "연기를 상관관계 성격으로 이해하는 시각들이 있는데 이는 불교에만 있는 게 아니다." 서양의 범신론, 힌두적 세계관에서도 어떤 측면의 유사점을 엿볼 수 있다.

근대에 들어와서는 게오르그 짐멜(Georg Simmel)의 '상호작용의 개념'에서 더욱 분명하게 드러나 있다. 짐멜은 그의 『사회분화론』에서 이 상호작용을 사회적 영역은 물론이고 그것을 넘어서는 광범위한 형이상학적 원리로 다음과 같이 언급하고 있다. "우리는 모든 것이 모든 것과 어떤 식으로든 상호작용을 한다는 사실을, 그리고 세계의 모든 지점과 다른 모든 지점 사이에는 힘들이 작용하고 오가는 관계가 존재한다는 사실을 규제적 세계 원리로 받아들여야 한다."[19] "이러한 것들과 불교의 연기적 성찰과의 중요한 차이는 존재의 상호의존 성격의 현상에 대한 통찰 자체에 있는 것이 아니라, 그것의 통찰을 통한 공의空義의 자각에 그 결정적 차이의 요점이 있는 것이다."[20]

엄밀히 말해 불교에서는 이것 또는 저것이라고 규정할 것은 없다. 무엇이든지 그 무엇을 말하는 순간 그것은 이미 어떤 것과 어떤 것의 상호 연기적 결과물일 터이므로 자기언급의 순간에 이미 공, 즉 생성변멸을 실현하고 있다고 할 수밖에 없다. 그러므로 앞에서 말한 대로 공도 공을 그대로 두지 않고, 연기도 연기를 그대로 두지 않는다. 이를 휴암은 "연기는 필연적으로 비연기를 낳는다."고 표현하였다. 그는 이어서 "이것저것이란 생멸법이고 유위법이다. 연기의 '이것' '저것'은 바로 연기 그것의 성찰에 의해 그 실체성이 부정된다. 실체성이 없는 '이것' '저것'의 연기현상은 공현상일 수밖에 없다"고 엄밀하게 밝히고 있다. 다시 말하면 "연기적 성찰은 연기를 스스로 부정하고 지양시키는 것이다."[21] 그런 의미에서 연기법은 연기법이 아니다. 『금강경』의 구절처럼 "불법이란 것도 불법 아님이다. 굳이 말하자면

---

19 게오르그 짐멜(Georg Simmel), 『돈의 철학』, 김덕영 옮김, 길, 2013, 961쪽.

20 휴암, 『장군죽비』(상권), 명상, 1996, 259쪽 참조. 그리고 자연계(physis)의 연기, 온 생명과 낱 생명에 대해서는 월간지 『불교문화』 2020, 2월호, 19, 20쪽; 3월호, 30, 31쪽 참조.

21 위 휴암의 같은 책, 257, 258쪽 및 김형효의 같은 책, 770쪽.

불법이라고 부른다."

그러나 다른 한편으로 휴암은 "연기의 성찰은 '모든 있음들은 진공이 묘유하는 있음들의 세계임'을 깨우쳐 준다"고 하였다.[22] 보통 사람들의 관점으로 이해하면, 보고 말하는 우리들 오온적 존재자의 입장에서 느끼고 있기 때문에, 살아가는 동안의 동태적 과정에서 오온의 현상(모든 있음들)을 연기법이니 '공즉시색'이니 하고 있다는 것을 잊어서는 안 된다. 즉 연기법이나 『심경』이 의미한 것은 색수상행식 자체도 실체로서 존재하는 것은 아니라는 것이다. 그러한 것들 자체도 어떤 '것', '어떤 상태'라고 할 수 없고 어떠한 것도 단독으로 또는 어떤 것들 간의 인과로서 고정된 실체로 성립할 수 없다는 의미가 연기법적 연생이며, 달리 보면 공과 같다는 뜻이 된다.

유와 무라는 것도 실체적 개념이 아니다. 유무 모두 공이다. 그러므로 유와 무는 둘도 아니고 하나도 아니라는 것이다. 따라서 여기서 복합적이란 것도 어떤 고정된 것들이 둘 또는 둘 이상 있어서 그것이 합쳐진 것이라는 뜻으로 해석하면 안 된다. 차이도 유사성도 정태적 고정적인 상태나 사물이 아니고 동태적 유동적 변화를 타고 났으며, 그것은 제삼의 다른 차원의 종합이나 동일성으로 나아가는 변증법적 발전이 아닌 변화, 어디로 튈지 모르는 차이의 다양체적 변화라는 것이다.

---

22 위 휴암의 같은 책, 258쪽; 김형효, 770쪽.

(2) 공의 공적 동학으로서의 차이의 생성

가) 공空을 바라보는 인간의 입장

인간 존재는 존재 일반이 지니고 있는 존재자의 성격을 가지고 있다. 인간은 유·무의 키아스마적 교직체 같은 존재자 중의 하나다. 조금 더 구체적으로 들어가면 생명 존재자 하나하나는 그를 둘러싼 다른 모든 생명과 자연환경과의 관계 속에서 서로 영향을 주고받으며 살아가는 존재자다. 이를 생명체 개체 또는 사물들의 사이에 일어나는 접속, 즉 양태와 양태의 만남으로 설명할 수도 있고 낱 생명과 낱 생명, 온 생명 상호 간의 관계로 설명하기도 한다.[23] 이 낱 생명과 온 생명, 생명체와 자연환경이 각기 독립적인 것 같아도 서로 밀접히 연결되어 있다는 인식이 있을 때 생명의 잠재력 발휘가 최고도로 가능해진다.

그렇다고 이런 연결이 고정되어 있거나 어떠어떠한 식으로만 연결되는 것도 아니다. 현실의 인간들의 경우 각자의 처한 조건과 상황에 따라 심신이 반응하고 적응하며 살아간다. 인간의 경우는 결코 공이 아니라 양상에 머물려고 한다. 그러나 생성 변화의 흐름은 흐름대로 공을 실현하고 있다. 거기서 인간은 어떤 순간은 고뇌와 슬픔을 느끼기도 하고 어떤 순간은 기쁨과 즐거움을 맛보기도 한다. 그런데 『심경』의 말씀처럼 "오온이 모두 공함을 깨달아 모든 고통과 불행의 바다를

---

23 장회익 교수의 「'온 생명과 낱 생명' 또는 '전체 촉매적 국소 질서체계와 개별자체 촉매적 국소질서'」, 『불교문화』 2020. 2월호, 19~24쪽 참조. 또한 브뤼노 라투르와 존 로 등의 '행위자-네트워크 이론'에서는 사물, 환경 등 비인간도 행위자에 포함시키고 있음을 유의 바란다.

건너서 벗어나기"가 어렵다.

인간 존재의 모순과 자가당착, 다중적 복합적 인격성, 딜레마적 상황 등에 원인이 있을 수도 있다. 특히 인간 존재의 모순과 이율배반적 성격, 존재론적 윤리적 이중구조성을 살펴야 한다. 그것은 생성과 진화, 세계와 타자와의 관계에서부터 몸과 마음, 즉 오온 자체의 체질과 성격에 깊이 각인되고 고질화한 것으로 인간이 존재하는 한 벗어날 수 없다고 말하기도 한다. 그러므로 "인간은 감동시킬 수는 있으나 변경시킬 수는 없다. 스스로 피를 볼 만큼 뼈저리게 느끼지 않고는 인간은 잘 고치려 하지 않는 동물이다."라는 말까지 나오는 것이다.[24] 수많은 전란과 고난을 겪고도 그 전말이 영웅들의 대서사적 모험과 영광의 이야기로 각색된 것이 로망으로 변질되어 어린 시절부터 뇌 벌레처럼 깊숙이 자리잡고 있기 때문일까? 역사 자체가 승자나 지배층의 자산이요 기록이기 때문일까? 아니면 '경험하는 자아'와 '이야기하는 자아'가 다르고 후자가 자기합리화의 고수이기 때문일까?[25]

이와 관련해서 우리의 전략은 인간을 고치고 변경하는 방식으로 세상을 바꾸는 식이 아니다. 그보다는 인간의 중복적인 복합성 속의 제반 한계점과 모순이 동태적 과정 속에서의 유동적 성격을 지니고 있다는 점을 감안하여 제도의 개선과 혁신의 과정에서 적응과 발전의 과제로 대처해야 한다는 생각이다. 이런 사회제도화와 관련하여 성리

---

24 휴암의 같은 책, 64쪽 참조.

25 유발 하라리(Yuval Noah Harari), 『호모 데우스』, 김명주 옮김, 김영사, 2017, 405쪽 참조.

학적 윤리도덕주의, 이기적 경쟁 일변도의 자본주의, 사회정의 표방의 전위정당 중심의 사회주의 등 모두가 다 인간 존재의 연기적인 유동성과 복합성을 제대로 반영하지 못하고 있다는 것만을 우선 밝혀둔다. 그런데 여기서 집중하여 생각하고자 하는 것은 어떻게 공의 이치를 현대적 맥락에서 이해할 수 있을까 하는 것과, 공의 이치와 색수상행식 사이에서 모순적 상황을 만들고 거기서 헤매다가 쇠멸의 운명을 자초하게 되는 인간 존재의 근본 성격에 관한 문제들이다.

나) 공의 적극적 의의 — 소수-되기의 윤리학을 위하여

한 인문학자는 자연과학의 객관적 연구태도를 대상을 향해 '직선적으로 접근하는 방식'(직지향)으로, 인문학적 성찰적 자세를 '비스듬히 옆에 가까이 다가서는 방식'(사지향)으로 묘사하였다.[26] 사지향은 존재자에 대한 염려와 염원의 표현으로, 인문학처럼 비스듬히 곁에서 함께 바라보며 관심과 친절을 베푸는 것이 바람직하다는 의미다. 생명을 위해 봉사하고 사랑한다는 것은 이렇게 섬세한 배려의 자세와 심성이 요청된다는 함의가 깃들여 있다. 이 글을 시작한 초장에서부터 연기법적 원리와 공의 이치에 대하여 어느 정도 설명을 하였다. 그런데 연기법과 공만 서로 상통하고 함께 보아야 하는 게 아니다. '모든 현상의 존재자에는 그것(또는 아我)이라고 할 것(실체)이 없다'는 뜻의 제법무아도 같이 살펴보아야 한다. 이 제법무아도 다음과 같이 적극적인 해석이 필요하다. 나와 남과 우리도 없고, 주체·주관과 객체·객관

---

26 이태수, 『인문과학의 이념과 방법론』, 성균관대출판부, 1995. 90쪽 전후 참조.

도 없다. 모두가 정한 아무 것도 없는 '자유'다. 일체의 분절과 칸막이도, 혼돈과 질서조차 넘는 '자유'다. 자유란 말 그대로 자기로 말미암으므로 어떤 누구도 구속하지 않고 어떤 사물에도 구애받지 않기에 자유다. 자기에도 구애받지 않는, 자기도 없는 자유, 스스로 그러함의 자연적 대자유다. 스스로 그러함으로 함이 없는 무위의 불연不然이지만 또 그러하기 때문에 대자연적 자유의 대연大然이다.[27]

제법무아와 연기법과 공은 서로 다르지 않다. 경에 "연기를 보는 자는 법을 보고, 법을 보는 자는 연기를 본다."는 내용도 있다.[28] 흔히 공을 '텅 비어 있다', '있는 아무 것도 없이 비어 있다', '고정된 실체가 없다'라는 식으로 이해하는데 그런 뜻도 분명히 있다. 그러나 그보다 공의 의미에는 '변화·발전한다', '정한 방향이 없다', '자유롭다', '무한한 잠재적 역량을 품고 사물과 사물, 개체와 개체를 관통하고 생성하며 변화한다', '그 가능성은 미치지 않은 데가 없다'와 같은 적극적인 함의가 있다고 이해하여야 한다. 연기법도 조건성, 상호의존성, 관계성을 의미한다고만 할 게 아니라, 보다 적극적이고 능동적인 관점으로 이해해야 한다. 연기법은 연기법을 넘어선다. 유동적인 동태적 과정에서 상관적 복합적 연결과 매개, 상호 창발과 생성의

27 원효의 『금강삼매경론』의 구절, "정립함이 없으나 정립하지 않음도 없다. 그러므로 무리無理이며 지리至理이고 불연不然이며 대연大然이라고 말할 수 있다." 서문 및 239, 241쪽 참조.

28 『중아함경』 제30권 「상적유경」 참조. 법은 사물의 이치, 진리 등을 말하므로 연기를 제대로 알면 이치, 진리를 안다고 할 수 있고 사물의 이치 등을 제대로 알면 연기도 안다고 할 수 있다는 뜻이다.

작용 내지 상호 견제와 균형, 상극과 길항을 통해 결과적으로 끊임없이 생명성을 북돋는 동역학적 과정을 의미한다고 본다.

붓다는 생명의 생명다움, 생명의 존엄성을 북돋는 행위를 적극적으로 권장하고 당부하였다.[29] 그런데 현대문명은 겉으로 얼른 보기에는 생명성을 북돋고 편익을 도모해 주는 것 같지만, 사실은 과학기술의 표상들의 과잉성, 목적가치보다 기능적 수단에 편중된 결과, 거꾸로 불편을 주고 시달리게 만들어 과로, 고갈, 혼란, 분열증, 황폐화에 이르게 하고 있다.

우리가 공과 연기법의 적극적 의미를 위와 같이 이해할 때 이것이 존재자, 특히 살아 움직이는 생명체들의 입장에서 얼마나 그 의의가 크고 깊은지 알 수 있다. 앞에서 '공을 외면하고 색에 기울면 소유로 전락하고, 색을 무시하고 공에 기울면 허무로 전락한다'고 한 적이 있다. 또 '색에 기울어 소유에 집착하다가 결국 허무에 빠지고, 공을 통하여 색의 무상을 깨닫고 적멸의 세계에 집착하기도 한다'고 해석할 수도 있다.

에리히 프롬은 『소유냐 존재냐』에서 소유가 아닌 본래적 존재의 삶을 강조한 바 있다. 하이데거도 비본래적 삶과 본래적 삶을 말하며 존재의 회복을 통하여 본래적 삶으로 돌아갈 것을 종용하였다.[30] 이들

---

29 위 김형효의 같은 책, 634쪽. 보시와 같은 순수증여는 사물들 간에도 이미 이루어지고 있음을 하이데거는 '대지, 하늘, 죽을 운명의 생명, 이를 감도는 미지의 신비 등' 사역四域(Geviert)을 통해서 말한 바 있다. 이를 같은 책, 617, 631, 654~661쪽에서 사중물 간의 유출의 보시로 설명하고 있다.

30 박찬국, 『원효와 하이데거 연구』, 서강대학교출판부, 2010, 72, 73쪽 참조.

의 말처럼 소유에의 집착과 같은 세간적 가치에 빠져 있는 비본래적 삶에 경각심을 불러일으키려고 하는 점을 수긍은 하지만, 그럼에도 불구하고 몸을 타고난 이상 물질이 필요하다는 사실을 완전히 부정할 수는 없을 것이다. 그렇다면 색이든 공이든 그 자체만으로는 부정도 긍정도 아니란 점을 짚고 넘어가야 하겠다. 그런데 불교는 공을 강조하고 있다. 인간은 눈앞에 있는 존재자가 전부라고 여겨 스스로 분간分揀을 내고 각종 칸막이를 치면서 살아온 이력이 있기 때문에 그런 관성대로 살아 왔다. 그것이 신석기 혁명 이후 현대까지의 역사와 문명이다. 그런 역사와 문명에 문제가 산적하고 심화되어 이제는 심각단계를 넘어 위기에 들어선 지 오래다.

역사적 인물 붓다는 이천오백 년도 더 전에 이런 조짐을 당시의 세계상에서 읽은 것이다. 그리하여 분간과 칸막이를 치워야 생명이 제대로 살 수 있다는 것을 밝히고자 하였다. 생명세계의 무진장한 잠재역량을 자유롭게 발휘하도록 하여 진정한 평화공존을 이루는 길을 발견하려면 '연기법적 존재는 공하다'는 진실을 말하지 않을 수 없었다. 그것이 '축의 시대'의 위대함 속에서도 개성적 특징을 발하는 불교의 탄생이었다. 그러나 역사와 문명의 흐름은 몇 차례의 큰 변곡점을 거치면서도 전환을 이루지 못했다. 그만큼 세차게 흐르는 분류와 소용돌이는 멈추기가 어렵고 물줄기를 바꾸기도 어려웠던 것이다. 색(수상행식)에의 집착이 강화된 고체성 질서와 끈질긴 관성은 다중이 일시에 호연지기를 기르고 전진하도록 쉽게 허용하지 않았다. 기존의 굳은 체제와 질서를 견지하려는 고체형 문명에 활로를 열기 위해서는 맑고 부드러운 공기를 실은 바람이 불어와야 한다.

하이데거의 표현을 빌리면 '대지와 하늘과 죽을 자들과 신비로운 분위기', '저 시원적인 세계의 사역(四域, Geviert)'에 대한 환기가 필요할지 모른다.

니체와 하이데거의 말처럼 주류 서양사상사에서 형이상학의 기반을 형성한 존재자 중심의 사고방식이 서양 문명을 이끌어 왔기 때문에 문명의 전환에는 아직 큰 영향을 미치지 못하고 있다. 그들의 형이상학의 근간을 이루는 서양 존재론은 존재와 존재자의 관계를 무시하고 오해하여 일체를 존재자로만 받아들인 기반 위에 서 있었다.[31] 존재에 대한 사유를 소홀히 하고 존재의 의의에 대해서는 외면한 채 존재자에만 몰두하였기 때문이다. 이걸 다른 말로 하면, 끊임없이 차이와 다양성을 생산하고 배치와 관계를 변화해 가는 자연과 생명의 역동적 모습을 제대로 보지 못하였기 때문이다.

다양하고 이질적이며 변하는 존재의 세계를 고착된 형상과 체계 또는 구심점이나 중심을 삼아 통합하고 종합하는 관계망으로만 이해하였다고 볼 수 있다. 그러므로 연기법과 공의 의의를 제대로 알아들을 수 없는 것이다. 그들의 대부분은 아직도 존재자에만 눈이 팔려 있다고 해도 과언이 아니다. 다시 말하거니와 자연과 생명체의 존재방식은 불교적으로는 연기법적 공의 원리이고, 생성존재론으로는 다양함의

---

31 "니체는 서구의 역사를 반동적인 힘과 부정적인 권력에의 의지가 승리해 온 역사로 간주하고 있으며, 이를 허무주의의 승리라는 말로 표현하고 있다." 로날드 보그(Ronald Bogue), 『들뢰즈와 가타리』, 이정우 역, 새길, 1996, 44~48쪽 참조. 또한 위 김형효의 같은 책, 45~49쪽에서 "하이데거는 서구 형이상학의 역사를 존재의 망각 또는 존재의 방기의 역사라고 부르기도 한다."라고 한다.

생산원리와 차이생성 변화의 원리이다. 그럼에도 불구하고 일시적 응결형태인 유한양태로서의 자기동일성 같은데 집착하면 어떤 배치와 어떤 관계가 만든 고착화의 운명에 처할 수밖에 없다.

동일성 세계의 집착에서 비롯한 고착화의 인간적 운명을 극복하고 고체화된 도시문명'을 전환하기 위해서는 물(水), 물성이 필요하다. 이 물성은 인간 자신과 문명 속에 소수의 물성과 물길로 늘 잠재하고 있을 것이고, 때로는 습지의 모습으로 기다리고 있을지 모른다. 그 소수의 물성을 흐르게 하여 만나는 생명체들에 능동적으로 물길을 대어 주고 힘을 북돋는 움직임(이것이 소수-되기이다)이야말로 인간의 예의가 아닐까? 그러한 친절과 예의가 때로는 굳어진 관계와 부적합한 배치에 저항하고, 때로는 새로운 기쁨의 물길을 창조해 내는 소수-되기의 윤리로 나타날 수 있다면 그것이 사회적으로도 개인적으로도 바람직한 일이 아니겠는가? 이를 철학자들이 소수-되기(진정 소수자) 윤리학이라고 보았다.

이러한 관점에서 물성을 다분히 지닌 노자와 불교적 정신문화가 기여할 수 있도록 충분히 재조명되어야 할 것이다. 아무리 굳고 단단해도 물과 흙이 섞이고 대지의 곳곳에 습지가 흐름을 만들며, 인간의 몸과 마음에도 교류와 융화의 흐름이 생겨서 생명의 숨결을 도울 수 있다면 변화는 반드시 올 것이다. 그리하여 대지의 동반자, 자연의 정동情動들이 공존하는 방향으로 길이 열린다면 도시문명의 존재자들도 새로운 감각에 눈을 뜰 것이다.

(3) 흔들리는 복합본성 — 인간 존재의 의미

가) 철학과 과학에서의 인간 존재

하이데거는 『휴머니즘에 대하여』에서 "인간은 유의 목자이다", "인간은 무의 빈 좌석을 지키는 자이다."라고 한 적이 있다. 이는 인간이 망각된 존재의 기억을 회복하는 한에서, 즉 근원적 존재의 부름에 귀를 기울이고 있는 한에서 진정 인간이 될 수 있다는 의미다. 그때 비로소 존재자를 지키고 보살피는 목자로, 가을밤의 텅 빈 고요 속에서 침묵의 소리를 들을 수 있는 인간으로 돌아갈 수 있다. 무의 빈 터전에 존재의 원천과 연결돼 흐르는 물길이 있음을 깨닫는 것, 거기서 솟는 샘물이 수많은 유를 살리고 키우는 대지를 지탱하고 있음을 소중히 알고 지키는 사람, 그것이 바람직한 인간의 모습이라는 뜻이다.

그런데 하이데거의 말처럼 문명은 갈수록 이런 존재의 의미가 사라지고 존재의 부재가 현실이 되어 버리는 방향으로 달려 왔다. 그리하여 정신의 전락과 정신적인 것의 평가절하 현상이 수많은 사람들에게서 발견되는 모습이다. 이 모습과 바람직한 상 사이는 너무나 거리가 멀다. 신화와 전설, 신앙이 지배하던 곳에서는 원죄설을 비롯하여 인간의 도덕적 한계와 자기중심주의적 제약적 심성이 인간본성이라고 보았다.[32] 인간성의 재발견과 종교의 세속화의 상호작용, 신항로의 발견과 중상주의, 그리고 산업사회화 과정에서 인간의 탐욕과 개성의 발휘가 극대화로 치달았다.

그 절정을 전후한 시기를 미화한 사람들은 '아름다운 시절(belle

---

32 토마스 소웰(Thomas Sowell), 『비전의 충돌』, 채계병 옮김, 이카루스미디어, 2006, 23쪽 '인간의 본성' 편 참조.

époque)'이라고 불렀으나, 어느 시인은 '악의 꽃'에 빗대기도 하였다. 아담 스미스와 에드먼드 버-크는 이기적이고 유한한 제약적 성격을 사회발전을 위한 긍정적 요소로 보았다. 장 자크 루소는 '인간은 선하게 태어났으나 사회가 그를 악하게 만들었다'고 하였으며, 윌리엄 고드윈은 인간 내면의 깊은 본성에서 무제약적 가능성과 비전을 보았다. 스미스 쪽은 균형을 중시한 반면, 고드윈 쪽은 해결을 사회의 목표로 삼을 수 있다고 하였다.[33] 그러나 그 어느 쪽도 지내보면 문제를 쌓고 천연하는 결과로 나타났다.

숙고를 거듭한 하이데거는 인간들로 하여금 존재에로의 사유로 회귀하도록 하기 위하여 근원에 대한 사유를 강조하였다. 그가 인간의 무제약적 가능성을 인정하는 것 같지만, 세인의 현실적 삶과 인간의 비본래적 전락상을 심각하게 바라본 것을 감안하면 복합적 견해를 가졌다고 볼 수 있다. 존재의 근원에 대한 사유를 강조하며 현실문제에 대처하기에 급급한 이해타산적 사고로서는 인간의 고뇌와 인류의 비극을 해결할 수 없다는 생각도 있었음은 분명하다. 역시 흔들리는 인간본성의 복합적 유동적 성격을 부정하기는 어렵다고 여겨진다.

프랑스 작가 장 브뤼예르(Jean Brueller)는 "인간의 모든 문제는 우리가, 자신이 누구인지 알지 못하고 우리가 어떤 존재가 되고 싶은지 의견이 갈린다는 사실로부터 비롯된다."고 하였다. 그런 점에 유의하면서도, 사실을 중시하는 과학의 소리에 경청할 필요는 있지 않겠는가? 과학에도 다양한 분야의 여러 과학자들이 있겠지만 대표적 생물학

---

33 상기 같은 책, 30쪽 '균형 대 해결' 편 및 85쪽 '사회 문제는 조절하는 것이 최선인가? 해결책까지 추구해야 하는가?' 편 참조.

자의 말을 들어보자. 그들은 '행성형 천체들의 시공간적 연속체에서 한 자리를 차지하고 있는 지구 생물권의 생명의 다양성 속에서 기나긴 진화과정 끝에 나타난 인류라는 종의 본성은 무엇일까, 과연 본성이라고 할 수 있는 그 무엇이 있는가?' 묻고 있다.

진화와 사회생물학의 석학인 에드워드 윌슨(Edward Wilson)은 다음과 같이 말했다. "인간의 마음은 순수 이성이나 감정 충족이라는 어느 한쪽으로 향하도록 진화하지 않았다. 늘 그래 왔듯이, 여전히 이성과 감정 양쪽을 이용하는 생존기구로 남아 있다." "지금은 인간의 행동이 강한 유전적 요소를 지닌다는 생각이 널리 받아들여져 있다. 본능과 인간 본성은 실재한다. 비록 얼마나 뿌리 깊고 강한지는 아직 논란거리이긴 하지만 말이다." "인간 본능의 현대적 개념으로 기본적으로는 동물의 본능과 동일하다. 하지만 (대다수 동물처럼) 유전적으로 고정된 틀에 박힌 행동은 아니다." "인간과 큰 뇌를 지닌 다른 포유동물들도 타고난 주요 자극과 본능의 인도를 받지만, 그것들이 하등 동물의 것처럼 거의 경직되고 외골수적으로 작용하지는 않는다. 대신에 유달리 인간은 (심리학자들이 말하는) 준비된 학습에 지배를 받는다." "우리가 인간 본성이라고 말하는 것은 우리의 감정과 그 감정이 관장하는 학습의 준비성으로 이루어진 전체다. …(중략)… 뇌 구조 속에 존재하는 하나의 과정이다."[34]

에드워드 윌슨은 이렇게 말하면서 자아의 실체성에 관해서 냉정하게 바라본다. "의식적 정신생활은 전적으로 작화(confabulation)로부

---

34 에드워드 윌슨, 『인간 존재의 의미』, 이한음 옮김, 사이언스 북스, 2016, 151~155, 160쪽 참조.

터 구축된다." "자아는 지어낸 시나리오들의 주인공이다. 의식적 마음을 구성하는 이야기들은 마음의 물질적 신경생물학적 체계로부터 떼어낼 수 없다. 그 체계는 극작가, 감독, 배우를 결합한 역할을 한다. 시나리오에서 독립된 존재로 착각하도록 만들어졌어도, 자아는 몸의 해부학과 생리학의 일부다." 윌슨에 의하면, 이성과 감정의 결합, 내면 갈등, 감정의 불안정성, 자아와 자유의지의 착각 등은 개인의 예외적인 사례가 아니라 항구적인 인간의 속성에 가깝다.[35] 하이데거도 이러한 인간의 속성을 완전히 무시하고 존재의 근원에 대한 깊은 사유와 앎을 말하지는 않았을 것이다. 오히려 그러한 걸 알기 때문에 근원에의 앎을 강조한 것이라고 본다.

철학자와는 달리 과학자는 중점을 유전적 진화의 결과라는 현실의 실태에 두었다. 윌슨은 자연선택과 돌연변이의 결과로 나타난 인간의 속성을 창진적 진화과정에서 유리하게 작용할 긍정적 요소라고 중시하였다. 자연의 진화과정에서 시간에 따른 자연 생물들의 생성을 긍정하는 점에서는 들뢰즈의 질료주의적 차이생성 존재론과 궤를 같이한다고 본다. 그러나 그들이 자연의 실체성이나 본질주의를 부정하고 급진적이고 횡단적인 생성을 사유하며, "혈통이나 혈연을 통해서가 아니라 결연을 통해서, 이질적인 개체군들 사이에서의 횡단적 소통을 통해서 성립하는 절화折化를 중시한다"는 점에서는 차이가 있다.[36]

양태와 양태의 결연과 소통은 불교의 연기법적인 의미에서도 생물

35 위 같은 책, 188~191쪽 참조.

36 이정우, 『천하나의 고원』, 돌베개, 2020, 180~1쪽 참조.

체의 생성과 변화에 확실히 중요한 요인이다. 특히 시간적 계열의 의미가 강한 진화보다 시공간적 맥락에서 가로지르기를 통해 다양하고 이질적인 것들 사이에서의 생성이 가능하다고 하는 점에서 의미가 깊다. 아무튼 윌슨은 초자연적 존재나 선악을 종교적 윤리적으로 규정하는 것에는 명백히 부정적이다. 인간의 내면 갈등은 우리의 마음속에서 서로 싸우는 선과 악 때문이 아니라는 것이다.

자연선택에 있어서 개체선택과 집단선택, 집단 내의 개별적 이기적 선택과 협력적 이타적 선택의 결과(인구의 1~4%인 사이코 패스를 제외한) 모든 이들은 내면의 양심에 갈등을 겪는다. 자연선택의 상반된 백터가 만든 산물은 우리의 감성과 이성에 아로 새겨져 있으며, 지울 수 없다.(윌슨의 같은 책, 201, 202쪽) 진화생물학자들은 인류의 문제를 종교적 세속적(정치적?) 부족주의에서 원인을 찾았다. 그러면서 생명 다양성의 체계가 위기에 처한 현실을 우려하며, 다음과 같이 살짝 희망을 내비치기도 하였다. "모든 종 가운데 우리만이 생물 세계의 실상을 이해하고, 자연의 아름다움을 보고, 개체에게 가치를 부여해 왔다. 우리만이 동족에게 향한 자비심의 질을 측정해 왔다. 이제 같은 자비심을 우리를 낳은 생명 세계로 확장해야 하지 않을까?"(같은 책, 148쪽) 이런 길이 과연 가능할까, 불교 쪽 이야기도 들어보며 생각을 진전시켜 보자.

나) 불교에서의 인간 존재

불교는 절대자 신앙의 종교가 아니라 모든 연관된 현실을 가르치고 안내하는 교육이다. 그런 의미의 불교를 진실한 불교라고 보았던 승려 휴암의 견해를 들어볼 차례다. 휴암은 평소 진화생물학의 견해를 비롯해 과학을 일단은 존중하였고, 불교 유식학에서 말하는 훈습의 결과를 부정하지 않았지만 내생이나 윤회와 관련지어 말하지 않았다. 그는 『장군죽비』에서 이런 요지의 말을 하고 있다. '인간이 의식을 갖고 있는 한 집착과 소유를 벗어날 수 없고, 의식이 있는 한 거의 구원은 불가능하다. 사회의 현실적 필요성에 의해서 어느 정도의 개량이나 개선은 가능할지 몰라도 근본적 변화나 혁명은 불가능하다.'

그에 의하면 "본질적인 자기 직시 없는 근원적인 자기변화 역시 탁상공론이다." 그러면서 의식의 적나라한 민낯을 보라고 촉구한다. "의식이라는 것의 구조상 끊임없이 대상을 필요로 하고, 아상으로 인해 긍지가 채워져야 하는 것이 인간 존재일 것이다. 그래서 끊임없이 그럴만한 일을 찾고 대상을 끌어들인다. 삶의 본능, 즉 생의지와 스스로 안정할 줄 모르는 의식의 불안성, 부유성과 그의 이중적인 존재구조는 그 스스로를 결코 가만히 있지 못하도록 만들고 끝없이 유위를 추구케 하고 일이든 사람이든 대상을 찾게 한다. 의식의 자의식적 성격과 대상 의식적 성격이라는 존재론적 이중구조성에 의해 거기로부터 필연적으로 도덕적 불순과 윤리적 이율배반성이 파생되어 나온다. 그러므로 인간은 순수하게 자기를 위한 존재도 되지 못하고 순수하게 남을 위한 존재도 되지 못한다."[37] 동시에 이렇게 말할 수 있다. 인간은 불보살이나 도덕군자 또는 초인 같은 사람과 악마 같은 살인마나 전쟁광도 될 수 있는 존재자다. 사회생물학자 에드워드

37 휴암, 『장군죽비』(상권), 64~77, 88쪽 참조.

윌슨은 인간 본성에 대하여 『인간 존재의 의미』란 저서에서 이렇게 말했다. "우리는 모두 성인이자 죄인인, 진리의 수호자이자 위선자인 유전적 키메라(chimera: 인수혼합괴물)다."

휴암도 일찍이 인간은 존재론적으로 이중적 존재요, 윤리학적으로도 이율배반적 모순적 존재라고 하였다. 비고정적 과정의 존재자이므로 인간본성을 너무 단정하는 것을 삼가는 게 바람직하다. 하이데거도 물론 세인의 관심과 흥미, 그리고 사건 속에서 비본래적인 삶을 살고 있는 현실을 잘 지적하고 있다. 그러면서도 존재의 근원에 대한 깊은 사유를 통해 존재의 본질적인 부름에 귀를 기울이라고 역설하고 있다.[38] 휴암은 이런 견해를 배척하는 것은 아니지만, 무상하고 유한한 존재자의 존재론적 한계와 자기모순의 이중성, 윤리적 도덕적으로 이율배반적인 현실을 엄밀하고도 철저하게 지적하고 있는 것이다.

그는 먼저 부정을 말한다. 철저한 자기부정 없이 어설픈 긍정으로 나아감 또는 절충이나 타협은 자기기만이라는 것이다. 어떠한 개혁이나 혁명도 불가능하며 그것은 자기기만일 뿐만 아니라 남도 속이고 실패하는 결과가 되기 마련이라는 엄중한 진실을 말하였다. 그는 오직 진실만이 불교가 끝까지 견지해야 할 유일한 길이라고 하면서 "절망의 깊이가 희망을 환원시키는 높이가 되어야 할 것이다."라고 강조하였다.[39] 휴암은 하이데거의 외침과 붓다의 가르침을 향한 진정한 긍정과 정진의 의지를 존중하였다고 믿는다. 휴암은 결국 희망의 끈을 완전히 놓아 버리지는 않았고 치열한 삶을 살다 갔지만, 인간완성

38 박찬국, 『원효와 하이데거 비교연구』, 91~105쪽 참조.

39 휴암의 같은 책, 64쪽 참조.

의 길이 대단히 어려운 것임을 고백하고 있었던 것이다.

휴암과 하이데거 둘 다 자연과 타자가 겪고 있는 신고辛苦의 실태를 소홀히 하거나 외면하라는 것은 결코 아니었다. 오히려 인류의 위기와 지상의 운명에 대한 인간 존재자의 비감悲感에 누구보다도 더 깊은 동감을 느끼고 절실한 염원을 지니게 되었기에 그렇게 말하고 있는 것이리라. 지구의 생명다양성 문제와 생태계의 위기를 염려하는 생물학자들을 포함하여 그들 모두 에마뉘엘 레비나스가 『윤리와 무한』에서 '타자의 고통받고 있는 얼굴을 외면하지 않는 무한윤리'를 강조한 취지에 공감대를 가졌으리라고 생각한다.

필자가 젊은 날부터 수십 년 동안 담화를 나눴던 휴암은 출가 후 더욱 인간 존재에 대하여 비관적으로 말한 적이 많았다. 그러나 그는 결코 염세주의자도 비관주의자도 아니었다. 대지도, 우주조차도 사라지는 폐허의 순간에서도 붓다의 진실을 믿을 수 있는가 물었다. 그는 오직 '진실인 현실과 현실인 진실 사이의 움직임'을 있는 그대로 보았을 뿐이라고 믿는다.

3. 터미네이터의 시대, 현대 불교와의 대화

반半계몽으로서의 계몽주의는 인간중심의 인본주의를 보급하여 그것을 추동력으로 삼아 서양의 근대화를 이루어 왔다. 그 사이에 산업혁명과 정보화를 거쳐 기술인본주의 시대를 만개하면서 인간과 사물의 혼종화와 연합의 양상을 빚어내는 '인간 사물 병존병립 시대'를 맞이하였다. 이제 머지않아 인공지능과 빅데이터 네트워크가 우위를 점할지 모르는 '기술인본주의 종결자(터미네이터)'의 시대로 접어들고 있다. 쇼펜하우어, 니체, 후설, 하이데거 그리고 들뢰즈 등 서양의 유수한 지성들이 서양 존재론과 형이상학의 한계를 논하고 서양 문명사의 문제적 성격과 미래의 우울한 전망을 피력함과 동시에 새로운 형이상학적 혁명의 시대가 도래하기를 기대하며 현대문명을 비판하였다. 우리는 이와 관련하여 과연 그들의 서양 존재론적 형이상학의 발상으로 새로운 시대를 열 수 있을 것인지 의문이다.

우리의 철학계와 일본과 서양의 동양학자 일부에서는 동양적 사고, 특히 불교적 사유방식에 주목하여 불교의 공사상을 비롯해 『금강경』과 『반야심경』의 핵심사상을 현대적 맥락 속에서 재발견하여 조명할 필요성이 있다고 말하고 있다. 나름대로 찾고 생각한 바를 여기에 정리하여 둔다.

1) '바닥 없는 심연'에 관한 오늘의 소식

(1) 기층 무의식과 조건화된 무의식들 — 유동적, 역동적, 횡단적 사고의 발견

인류학과 종교·신화 연구가들에 의하면, 신화의 시대를 전후하여 인류가 지녔던 심층의 마음은 인간과 우주 대자연, 물질과 정신, 과거와 현재와 미래의 구분을 모른 채 가로지르고 흐르며 유동하는 무의식을 기반으로 하고 있다고 가정한다. 불교의 화엄사상가들은 이를 바닥 없는 심연이라고 표현하였으며, 현대에 불교적으로 보면 공적空的 유동적인 깊은 무의식이라고 해석할 수 있겠다. 심층 무의식은 지그문트 프로이트가 말한 억압된 무의식이 아니라 불교의 유식학에서 말하는 종자식 또는 저장식과 유사한 무의식이라 할 수 있다. 어떤 불교학자는 이를 '공적영지'라고 하며 영적인 의미를 붙이기도 한다.[40]

이 심층 무의식은 우리의 성격과 정서의 기저를 형성하고 유전적 진화과정, 나아가 온 생명의 연쇄적 존재연관 내지 생태적 기반형성에도 원천이 되어 왔고 지금까지도 지속적으로 기능하고 있다고 볼 수 있지 않을까? 이에 관해 이해가 깊은 사상가 에리히 프롬도 같은 견해를 밝힌 바 있다.[41] 불교의 연기법적 세계관은 '온 생명과 낱 생명'의 연결과 생명의 창발성을 말한 홀론(Holon: 전체의 hol과 개체의 on)적 세계관 등 일부 과학사상가들의 주장과도 상통하는 관점이라고 볼 수 있다.[42] 동양학이나 불교에서 수양을 말하고 훈습을 강조하는 이유도 이런 기저적 의식에 영향을 미칠 수 있는 정진에 의한 긍정적 적극적 변화와 발전의 가능성 때문이 아닐까 한다.

그러나 이런 생각들과는 조금 각도를 달리하여 신과학적 첨단생물학의 견지에서 바라보는 이들도 있다. 긍정심리학 연구에 공감대를 갖고 있는 '자발적 진화론자'들은 뇌의 이원성인 의식과 무의식이 어떻게 우리의 인식을 지배하고 있는지 설명하면서, 인간 마음속

---

40 한자경, 『공적영지空寂靈智』, 김영사, 2018 참조.

41 종자식 즉 아뢰야식 등에 관해서, 박찬국의 『에리히 프롬과 불교』, 운주사, 2022, 76~7, 105~111, 132~141쪽 등에서 현대인들이 이해하기 좋게 잘 설명되어 있다. 이를 참고 바란다.

42 장회익의 논문 「온 생명과 낱 생명」(『불교문화』 2020년 2월호, 19~24쪽) 및 아서 쾨슬러(Arthur Koestler)의 『Holon革命』(日本書籍, 工作舍, 1983), 28, 32~34쪽 참조.

저변에 박혀 있는 '자기 제한적(또는 자기 파괴적)인 프로그램'을 알아차리는 노력이 필요하다고 말하고 있다. 그들에 의하면, "우리 자신의 일부인 장단점의 많은 부분은 여섯 살 이전에 가족이나 문화권의 인식으로부터 우리의 마음속으로 다운로드된 것이다." 이처럼 "발달기에 획득된 조건화된 인식"의 한계 때문에 우리 자신뿐만 아니라 환경과 세상을 변화시켜 보고자 할 때 우리가 방해를 받는다는 점을 알아야 한다는 것이다. 이 통찰을 통해 우리의 인식에 변화를 가져오고 잠재역량을 향상시킬 수 있는 계기를 마련할 수 있다고 그들은 주장한다.[43]

이 모든 주장들은 일부는 과학적으로 입증되고 있으나 일부는 아직 미확인된 가정에 지나지 않는다. 그러나 이런 것이 과거에 주입된 임의적 또는 독단적 지식이나 고정관념에서 벗어날 수 있는 계기를 만들어 주기도 한다. 우리는 조심스럽게 과잉 주장을 하지 않도록 삼가되, 각자의 책임 하에 자기계발에 어느 정도 도움을 받을 수 있다면 좋은 일이다. 인식능력의 향상이나 잠재역량의 개발 또는 정신의 고양을 목표로 하는 의식과 무의식의 통찰로 잠깐 눈을 돌려보자. 자아탐구와 자기완성을 향해 나아가는 노력들 가운데 우리가 할 수 있는 방법에 관해 함께 생각해 보는 것도 의미 있을 것이다. 그중에 몰입과 명상에 대해 잠시 살펴보고자 한다.

---

43 브루스 립튼(Bruce H. Lipton)·스티브 베어맨(Steve Bhearman) 공저, 『자발적 진화』, 이균형 옮김, 정신세계사, 2020, 83, 66~82 및 85~95쪽 참조. 이들은 첨단생물학과 후성유전학의 성과 일부를 내세우며 자기들 주장을 뒷받침하려 한다. 그러나 이들의 생각에 이의를 다는 견해도 있다.

(2) 의식의 심화를 위한 대응으로서 몰입과 명상에 관하여

몰입과 명상은 둘 다 인간의 성장과 성숙과정에서 복합적인 자아로 변화하며 발전하는 과정에서 기울이는 노력이라는 면에서는 닮았다. 인간은 다음 두 가지 심리과정을 거치며 심리적 에너지를 균등하게 배분하고 조화를 향해 나아간다고 말할 수 있다.

첫째는 분화의 과정이다. 자기 자신을 타자로부터 분리 독립한 고유한 자아로 인식하며 자존감과 자신감을 강화하는 방향으로 나아가려 한다. 이 과정에 있어서 발생할 수 있는 문제점은 자기중심주의 또는 이기주의로 흐를 수 있다는 점이다.

둘째는 통합의 과정이다. 자기를 타자에 관계 맺으려 하고 자기 생각을 다른 아이디어에로 합하려는 경향을 말한다. 이는 순응주의, 안전주의, 자율성 부족으로 흐를 수도 있다.

바람직한 것은 위 두 가지를 균형을 맞추어 양립하는 과정을 거치면서 점차 복합적 자아로 성장하는 것이다.[44] 그 과정에서 자족감과 사회공헌의 심리적 보람을 함께 경험하는 자아로 발전할 수도 있고, 마침내 자타 구분을 넘은 단계로 접근하는 것도 가능하다.

이러한 두 과정에서 실천하고 있는 노력의 대표적인 것으로 몰입과 명상이 있다. 이를 비교해 보면 피상적인 차이는 몰입이 자아의 강화 방향이라면 명상은 자아의 무화(자아의 해방, 해탈) 방향이라고 말할 수 있다. 실질적으로는 다음과 같이 요약해 설명할 수 있겠다.

---

44 몰입을 통한 복합적 자아의 성장은 미하이 칙센트미하이(Mihaly Csikszentmihalyi), 『몰입』, 최인수 옮김, 한울림, 2004 참조.

가) 긍정적 성과 면에서의 실질적 유사성

둘 다 어느 정도 단계까지 집중의 노력이 필요하다는 점에서는 유사하다. 그러나 억지로 의식을 통제하려고 애를 쓴다고 되는 일은 아니다. 부자연스러운 통제의 노력은 병통을 가져올 수 있다. 저절로 집중이 되려면, 공자의 말처럼 '오늘 저녁에 죽을 정도로 도를 향한 탐구심이 강할 필요'까지는 아닐지라도 만사 제치고 마니아에 버금갈 정도는 되어야지 않겠나? 아무튼 둘 다 비슷한 면이 있기는 하다. 대상(사물과 일)에의 집중인 몰입은 그 집중하는 동안 대상 덕분에 몰아를 경험하는 것이지만, 명상은 끝까지 집중할 대상을 향한 것이 아니다. 참선의 경우는 번뇌와 분별심을 줄여가는 노력 속에 자기침잠과 자타망각의 깊은 사유를 경험하는 것이다. 사유라고 하지만 어떤 것을 생각하거나 사색하는 것은 아니다. 생각과 마음을 비우는 노력이 우선 되어야 한다. 그러한 방향의 삶 속에서 훈련과 정진을 통해 점차 외부적 조건으로부터 해방되어 가는 감을 느끼며 마음이 자유로울 수 있다면 참선명상은 되고 있다고 할 수 있다.

몰입의 성과로 얻은 자신감과 자아의 강화는 타자 등과의 유대와 상호관계의 강화를 가져오고, 다양성의 증대와 포용 능력 향상에 기여하게 되는 결과가 된다. 참선명상은 무아의 이해와 정진(방하착 등)을 통해 친절, 희생과 봉사 등 보살정신을 강화하며 대자연의 에너지와의 연결과 교류, 나아가 계합契合을 증대하고 심화시키는 것을 가능하게 한다.

나) 부작용이나 부정적 결과에 있어서의 차이

위에서 잠깐 언급한 바와 같이 몰입의 부작용으로 자강과 자신감 증대가 오히려 자기중심주의, 아집의 강화, 이기주의의 샛길로 흐를 수 있다는 점이다. 명상도 무사안일, 편안함, 순응주의, 무기력, 허탈, 공허함 등으로 흐를 위험도 있다. 논리적 추구의 한계와 장벽을 인식하지 못하면 화두를 붙들고 있어도 분별만 일어난다. 경쟁심이나 명예욕을 극복할 출리심出離心 없이, 깨닫고 싶은 욕심으로 참선에 몰두한다면 모래로 밥을 짓는 결과가 된다. 아무리 조용한 곳에 앉아 공空을 읊조리고 있어도 마음은 쓸데없는 망상으로 들끓고, 오히려 허무로 전락하고 심하면 황폐화로 향할 수 있다.

다) 논리 추구의 극한에서의 탈논리 — 활선活禪의 입구

화두는 논리적으로 따지지 말라고 한다. 그러나 '물음'이나 '화제'들 가운데는 논리적으로 엄밀하고 철저하게 따져보고 추구하지 않은 채로 집중해 보려 하거나 그런 걸 화두로 들고 참선을 하면 오히려 따지게 되고 잡념과 번뇌만 생기는 경우가 빈번할 수 있다. 심지어 자기를 속이고 있으며, 속이고 있는 줄을 짐짓 외면하고 있는지도 모른다. 이런 병통들은 논리적 추구의 극한까지 가서 막혀보지 못한 단계에서는 강한 의단심이 생길 수 없기 때문에 생기는 것이다. 특히 논리적 생각이 따라 붙을 가능성이 많은 것들을 화두로 삼는 경우 난관에 봉착하거나 진척이 되지 않는다. 그런 화두보다는 논리적 추구가 전연 불가능한 화두로 바꾸어 버리는 과감한 자세가 필요할지 모른다. 화두를 들어 제대로 잘 소화하면 사람을 살리는 활구가 되지만, 문구에 걸려 논리적으로 따지게 되면 사구가 되는 우려가 있으므로 자신을 잘 되돌아보도록 하자.

2) 대지와 흙의 사유 — 불교는 나무도 뿌리도 아니다

서구의 철학과 형이상학의 문제점을 말하며 그들의 형이상학은 대지가 아니라 가공의 흙을 조성하여 거기에서 자라는 나무의 뿌리라고 비유한 적이 있다. 그들의 주류 형이상학적 존재론은 그 사유의 이미지에 대한 공리가 임의적인 전제 하에 있다는 것이다. 즉 진리추구, 선의지, 공통감각 등을 근거로 하여 나온 것이 이데아나 신 같은 관념이다. 불교의 연기법은 존재하는 세계와 사물의 근원과 본질을 설명한 것이 아니다. 상호 의존하고 연관돼 있는 사물의 생성하고 변멸하는 사실만을 말하고 있다. 제법무아설도 고정된 동일한 실체가 없다는 사실만을 말한다. 그러므로 불교는 서구식 형이상학이 아니라는 것이다. 철학을 나무에 비유한다면 형이상학은 그 나무의 뿌리라고 할 수 있다. 그런데 불교는 뿌리도 아니고 나무도 아니다. 비유하자면 불교는 나무와 그 뿌리가 내린 흙과 대지의 사유다.

현대적 사유의 계기로서 불교를 생각해 보자. 먼저 존재하는 사물 즉 존재자와 존재함 자체의 관계를 불교는 어떻게 생각하는가를 보자. 사실 존재자니 존재함 자체니 말을 하지만 어떠어떠한 것이 정말 있다고 할 수 있는지 의문이다. 순간순간 변하고 있으므로 어떤 것을 있다고 하는 순간 이미 변한 것이다.

1) 불교를 형이상학의 하나로 보는 견해가 있다. '모든 것이 하나로 돌아가다'는 만법귀일, 법성, 우주적 마음이라는 일심, 일심의 또

다른 표현인 법신法身 관념의 예를 거론하며 그렇게 말하기도 한다. 그러나 나는 그러한 말들을 모두 비유나 전의법轉義法 같은 것이라고 본다. 근원적 존재나 하부 또는 기반 구조 같은 것이 세계의 어디에 존재하는 것처럼 인식한다면 동의할 수 없다. '있다 없다'를 규정하지 않음 또는 모름이라고 하는 게 바람직할 것이다.

경전에도 형이상학적 질문에 붓다가 답을 하지 않고 삶의 당면한 문제를 해결하라는 식의 해답을 내놓았다는 내용이 있다.[45] 내 생각으로는 불교는 존재의 근거나 실체적 본질을 말하는 것이 아니다. 깊고 깊은 어떤 곳이나 지극히 높은 차원에 근원이 숨어 있고 그것은 참으로 미묘하고 불가사의한 것이니 열심히 찾아보라고 말하는 것이 아니다.

불교는 '있는 그대로' 보자는 것이다. 그런데 '있는 그대로' 보는 것이 말처럼 쉽지 않다. '있는 그대로' 보기 어려운 것은 주입된 지식이나 앞선 이해, 선입견 또는 이해관계와 관심사의 차이로 인해서다. 또 그 위에 상상과 상징, 가상까지 계속 덧붙여지고 쌓이고 쌓여 '있는 그대로'는 멀어져 갔다. 무엇보다도 사물의 변화양상 자체가 한순간도 그대로 머무는 경우가 없으므로 '있는 그대로' 있을 리 없다. '있는 그대로'는 '있는 그대로'가 아니다'란 말도 그래서 나온 말이다. 사람들의 편견과 오류가 하도 많고 뿌리 깊다 보니 그걸 지적하고 설명하다가 이쪽도 그만 말이 길어지고 복잡해진 게 아닐까?

45 초기경전 『디가 니까야』의 내용; '세계는 영원한가? 영혼은 있는가?' 등 말룽카풋타의 질문에 대한 붓다의 묵묵부답과 '화살 맞은 사람의 응급치료' 비유를 참고할 것. 상세한 것은 김규칠의 『불교가 필요하다』(김영사, 2019), 97~8쪽 '불교는 형이상학이 아니다' 참조.

아무튼 사물, 형상, 언어, 관념 등 존재자에 집착하고 구애받고 연루되어 존재자 세계 안에서 몰두하다가 정신이 번쩍 들어 존재자의 망각된 바탕의 의미 즉 존재를 찾는 방식으로 이해할 수 있기 바란다. 그러나 정말 모든 존재자의 근거적 근원이 따로 높고 광활하며 깊은 어떤 차원에 있을 것이므로 천착하고 해결을 찾아가자는 그런 방식의 사고는 아니라는 말이다.

2) 철학적 뿌리 형이상학은 세상과 하늘로 뻗어나가는 지상의 나무, 그중에서도 자기 자신에 몰두하다가 마침내 흙을 망각한 자다. 더욱 심각한 것은 대지의 흙을 버리고 가공의 인공토를 만들어 거기에 심어 키운 분재의 뿌리같이 되어 버렸다는 것이다. 철학이 자신의 뿌리를 포함해 지식의 나무들 전부와 그 전체를 파악하고 천착하려 하지만 잊어버린 흙을 떠난 채 수목형 나무의 직립형, 도립형 또는 뿌리-줄기 구분불능의 리좀(rhizome)형 사이에서 맴돌고 있다면 그처럼 불행한 일도 없다. 즉 바탕으로서의 대지(흙)의 존재를 망각한 채 부질없이 나무의 뿌리를 붙들고 그 근처에서 맴돌며 찾고 있는 이성의 철학이 서구의 형이상학이다. 불교는 그런 망각과 무지를 먼저 알아차리게 하는 계기를 마련하자고 하는 사유방식을 말한다.

3) 바닥 모를 익명적 심연에 비유할 수 있는 바탕을 배제한 채 의식의 차원에서 행하는 존재사물(존재자)의 이해는 집착과 억압의 기제로서 기능한다. 한편 그 바탕에 대한 망각과 무지와 공허한 인식으로 인하여 허무감과 불안과 관념적 사고로의 전락을 초래하기도 한다. 이를 '색, 즉 존재하는 사물들에 기울어 공을 잊으면 현존(현실적 존재의 조건과 상황)에 집착하고, 공, 즉 고유의 본질이나 실체는 없다는

사실에 기울어 색을 잊으면 허무로 전락 한다'고 표현하기도 한다. 그러나 스스로 무지와 착각과 오류를 알아차리고 집착을 털어 버려 거기서 벗어나기만 하면 자유롭고 행복한 삶으로 돌아갈 수 있다. 원효식으로 말하면 분별식의 생멸심이 스스로 생멸심임을 깨닫는 순간 진여심에 이미 들어선 것이다. 이 경우 분별하는 의식은 해방의 기제로서 기능함은 물론이다. 원래 생멸심 따로 있고 진여심 따로 있는 것이 아니다. 에리히 프롬식으로 말하면 소유지향적 삶에서 존재지향적 삶으로 전환된다.[46]

다음으로 '차이생성의 존재론' 철학자 질 들뢰즈의 용법 등 복합적 존재론의 시각을 통해 불교를 현대적으로 말해 보고자 한다.

1) 과거부터 서양 철학의 지배적 흐름은 이데아나 신과의 유비의 테제에 의거한 '동일성 존재론'이었다. 그런데 이와는 달리, 들뢰즈는 그의 『차이와 반복』, 『천개의 고원』 등에서 일의성의 테제에 의거한 '차이생성의 존재론'을 피력하였다.[47] 그는 분절적 고체적 현실성의

---

46 박찬국, 『에리히 프롬과 불교』, 운주사, 2022, 105, 110~1, 118, 132~3, 141~4쪽 등 참조.

47 일의성은 일자一者의 의미와는 다르다. 일자는 원본의 동일성을 유지하는 이데아 같은 존재를 의미한다. 거기에서는 일자를 기준으로 그것과의 유비에 따라 나타나는 차이를 구분하고 차별하며 종국에는 그 일자와의 합일을 목표로 한다. 일의성의 테제에서는 이데아 같은 원본의 전제가 없다. 형상은 늘 변하는 것이고 형상 이전의 것을 질료라고 한다면 일의성은 그 질료적 성질을 의미한다. 불교는 질료를 존재하는 어떤 것으로 보는 견해는 아니다. 존재라고 하는 순간 착오가 된다.

선, 유동적 습지적 잠재성의 선, 탈영토화 탈코드화로 미지를 향한 탈주의 선 등 세 가지 선線의 복합적 존재론을 제시했다. 세 가지 선을 ①강제하는 경직된 몰(mole)적 선분성의 선, ②유연한 분자적 선분성의 선, ③기존의 선 또는 관성에서 벗어나는 탈주의 선이라고도 할 수 있다.[48]

①은 규범, 관습, 틀, 통념과 상식에 따른 경직된 또는 안주하는 삶이다. 문화생활을 해도 주변으로부터 권유받고 때로는 강요받는 '몰적' 문화의 삶이다.

②는 어떤 틀과 한계 안에서 꿈틀거리고 흔들리기도 하며 보다 나은 삶을 향한 욕망으로 나아가려는, 번뇌 속의 노력하는 삶이다. 그래서 몰적 틀 안의 유연한 분자적 움직임이라고 한다. 선분 안에서 가능성과 위험성 사이를 왕래하고 방황하기도 한다.

③은 분자적 움직임으로 틀의 한계 내에서 자주 임계점에 도달한 생활전선의 끝에 마침내 기존의 것에 대한 전복적 용기를 발휘하여 틀을 부수고 새로운 세계를 개척하는 삶이다. 결과는 미리 예단할 수 없지만 결코 주저앉을 수 없는 절박함으로 사생결단의 각오로 백척간두에서 진일보함이다.

2) 위 복합적 생성존재론의 세 가지 삶 모두를 모든 생명체가 다 똑같이 그런 과정의 삶을 살아간다는 의미는 아니다. 정확히 상응하

---

48 '몰적'이란 평균적 보통의 경우를 말한다. '몰'은 개별적 분자적 움직임과 대비되는 것으로, 평균에 의해 표시되는 것과 동일하게 움직인다고 가정되는 분자들의 집합체를 뜻한다. 들뢰즈(Gilles Deleuze)와 가타리(Félix Guattari)의 공저, 『천개의 고원』, 김재인 옮김, 새물결, 2001, 8장 참조.

거나 부합하지 않을 지라도 어디선가 연결되고 얽히고설키는 과정에서 그러한 점과 선들을 현실로 인정할 수밖에 없을 것이다. 장벽을 넘고 야생과 문명을 넘어 끝없는 길을 갔던 고타마 싯달타의 이야기를 머리에 그리며 이렇게 표현할 수도 있으리라. 일체의 유기체화, 기관화, 조직화의 틀과 기능들을 탈피하고, 모든 기호와 관념과 문화적 양식, 그리고 일체의 예속적인 주체화(예를 들어 씨족, 부족, 국가 등)의 관계와 배치와 구조를 벗어나 '길 없는 길'로 '늘 다시 떠나는' 노마드 같은 삶을 떠올려보라.

싯달타는 탈영토화, 탈코드화, 탈주체화를 통해 카필라 성의 장벽을 넘어 탈주를 감행하였다. 그리고 상대적 탈영토화의 고난과 부침을 수없이 겪었다. 그러나 구원은 없었고 이미 오래전에 삶의 지도도 목적도 잃었다. 광막한 사막에 홀로 불시착한 인간처럼 탈주에 탈주를 거듭하는 삶 아닌 삶, 지금 이 순간의 한 발자국, 방향 없는 진일보만 있을 뿐이었다. 이 황량한 폐허의 세계에서 과연 탈출이 가능할 것인가? 절대적 탈영토화란 구원 말이다. 설사 탈출이 불가능해 절망으로 끝난다고 하더라도 탈주 이전의 무의미한 삶으로 '죽음에 이르렀던 병'의 그 절망과 무엇이 다르단 말인가?

여기 이렇게 어떤 연유에서건 불시착한 이상 탈출의 여부와 상관없이 이 세계에 던져 있다. 이 절망과 그 절망의 사이에는 오직 별빛만을 향해 내딛는 한 걸음만 있을 뿐이다. 죽기 아니면 살기로 한 발의 내딛음만이 있을 뿐이다. 모든 것을 완전히 던져 버리고 백척간두에서 감행한 진일보의 순간, 그는 무아-되기, 아니 만인-되기의 절대적 탈영토화, 즉 구원에 다가가 있었다. 기약 없는 붓다-되기의 과정,

절대적 탈영토화의 가능성과 불가능성, 희망과 절망의 사이를 다 보았다.

3) 아무리 이 세계를 광막한 사막, 폐허 속의 붓다, 불꽃 튀는 화택 속의 삶이라고 되풀이 말해도 우리들 보통 사람들은 눈앞의 현실, 살갗에 느끼는 촉감의 현실성이 중요하다. 그 현실적 절실성은 어쩌면 암흑 속 광야에 던져진 길 잃은 인간의 경우와 크게 다르지 않으리라. 그들도 오직 오늘의 한 발 한 발을 내딛고 있을 뿐이다. 다만 약간의 지도와 중간목표와 당면한 과제를 어쩔 수 없이 끌어안고 있다. 그런데 이것이 문제다. 좀처럼 풀리거나 헤어날 가망이 없을 만큼 점점 더 얽히고설키며 연루되고 복잡다단해지기만 한다.

여기엔 다양한 인연과 관계, 배치와 구조, 특질에서 연유된 여러 가지 삶의 선이 입체적으로 지나가고 있다. 이 다양한 선의 교차와 혼합, 연결과 끊김, 전환과 변이 등을 한번 차분히 살펴볼 필요는 없을까? 그렇게 할 때 우리의 문제를 더 잘 파악할 수 있고 해결에도 더 가까이 다가갈 수 있지 않을까? 그럼으로써 우리가 하는 알아차림의 관찰, 공감 자비명상 또는 선수행도 더 잘 할 수 있지 않을까 한다. 이러한 노력들을 보다 현대적 맥락과 상황 속에서 사태와 사물을 보는 다른 방법과 더불어 병행 내지 융합함으로써 과제들의 수행과 해결을 더 잘 진전시킬 수 있을 것이다.

그중의 하나가 위에서 말한 다양한 삶의 선, 그 선들의 배치, 또 그것들이 어떤 계열을 이루고 그 계열 사이에 어떤 절단과 분열, 접합과 연결의 양상을 보이고 있는지, 복잡하게 얽히고설킨 관계들을 분석하는 방법이다. 그것을 분열분석이라고 부른다. "분열분석이

겨냥하는 것은 개인들만큼이나 집단을 가로지르는 선의 배치다."[49] 현대는 정신분석보다 이 집단을 가로지르는 선의 배치에 대한 분열분석이 더 중요하다. 개인과 집단의 가로지르기가 횡행하는 현상이 현대적 문제 상황을 압도하고 있는 것을 데이비드 로이(David R. Loy)가 『돈, 섹스, 전쟁 그리고 카르마』에서 잘 지적하고 있다. 그는 재래식으로 '탐진치'를 삼독으로 보는 틀에서 벗어나 현대적 맥락에서 경제, 군대, 대중매체 현상에 주목하여 탐욕과 악의와 망상의 제도화를 문제 삼고 있다.[50] 분열분석의 방법을 동원하면, 보다 입체적으로 이러한 문제들을 파악할 수 있을 뿐만 아니라 정진방법의 개선과 삶의 영위에도 큰 향상을 기할 수 있으리라고 생각한다.

4) 삶의 선의 배치는 배치하려고 해서 배치된 것은 아니다. 상상이 만들어낸 허구나 문학적 상징도 아니다. 자의든 타의든, 개인적이든 사회에 의해서든 이미 현실에 들어와 우리의 삶을 가로지르고 관통하고 있는 실제의 선이다. 사람에 따라서는 틀에 박혀 안주하는 몰적 선분성의 선에서 경력의 축적과 사업의 성공 여부가 초미의 관심사일 수 있다. 그러나 현대는 이런 선을 순조롭게 타고 가려해도 쉽게 허용하지 않는 세상으로의 변화를 가속화하고 있다.

우리는 시시각각 갈림길의 상황에 처한다. 어쩌면 갈림길에 섬을 강요당하는 기분이라고 해도 과언이 아닐 것이다. 그리하여 유연하고 흔들리는 분자적 선분성의 삶이 현대에서는 다양한 영역과 분야에서

---

49 들뢰즈와 가타리의 위 같은 책, 8장 참조.

50 데이비드 로이(David R. Loy), 『돈, 섹스, 전쟁 그리고 카르마(Money, Sex, War, Karma)』, 허우성 옮김, 불광출판사, 2012, 133~156쪽 참조.

늘어가고, 복잡화와 심화의 과정을 더해가는 과정에 놓인다. 그 분자적 선의 삶 중에서도 잘 보이지 않은 미세한 움직임에 관하여 우리는 그것을 개별적이고 내면적인 일이라고 치부하는 경향이 있다. 예컨대 직장이나 사회운동 또는 이웃관계에서 생활 속에 작동하는 미세한 권력의 문제(미시정치학)와 몰적 선분에서의 여러 가지 권력의 문제를 다루는 거시정치학의 연관성을 우리는 제대로 알고 있는가? 여기에는 데이비드 로이가 지적하듯이 매스 미디어, 특히 현대적 뉴미디어의 문제와 연관성이 깊을 뿐만 아니라 AI와 빅데이터망 시스템과의 연관성도 확장 심화되고 있다.

그러므로 유연한 선분성이든 탈주선이든 이제는 개인의 문제가 아닌 것이다. 그렇다고 이를 전적으로 공동체적 문제라고 규정할 수도 없고 해서도 안 된다. 이런 어떤 틀로 분류하는 규정화 자체가 문제다. 왜 생명은 틀에 가두어지기를 싫어하는가? 그것은 생명 자체가 유동적 복합적 존재이고 연기적 존재이며 유연한 '공'적 생성 변화의 존재이기 때문이다. 이를 분열분석을 통해서도 알 수 있었다. 그러므로 번뇌와 방황과 탈주는 결코 부정적인 저항과 전복과 파괴가 아니다. 진정성 있는 창조와 조화의 삶을 향한 긍정이다. 고타마 싯달타의 삶을 보라. 창조적 화가 반 고흐의 이야기를 떠올려보라. 그들의 탈주는 탈주가 아니었다. 그들의 적극적 능동적 창조적 삶을 볼 때 탈주는 생명의 본래면목의 회복이었다.

이런 의미에서 탈주선은 다른 상대적 탈영토화의 선에 앞서는 선이라고 할 수 있다. 이를 『천개의 고원』은 이렇게 말하고 있다. "그것은 나중에 오는 것이 아니며, 애초부터 거기에 있다는 것이다.

비록 그것이 시기를 기다리고, 다른 두 선의 파열을 기다리고 있다고 해도 말이다." 선가의 표현으로는 '원래 번뇌 즉 보리요, 중생 즉 불이며, 평상심이 도였던 것이다.' 선종의 혜능 조사는 『육조단경』의 오도송에서 이를 "본래무일물(本來無一物: 본래부터 한 물건도 없었다)"이라고 읊었다. "탈주선은 절대적 탈영토화와 함께 있는 최초의 선이다."[51]

이러한 분열분석에 의한 복합적 존재론의 이해는 현대문명의 비판과 사회의 제도적 전환에 도움을 줄 중요한 요소다. 그리고 현행제도의 유연성의 제고와 포용적이고 조화로운 운영의 묘를 터득하기 위해서도 필요하다.

3) 불교, 국가 사회의 진면목을 보다—유연한 정치경제학의 기반으로서의 현대불교 사상

(1) 현대불교 사상은 교환 이전의 사회에 대한 재발견과 고양이 필요함을 말한다

가) 불교에서 무주상(無住相: 티내지 않음) 보시를 강조하는데 이를 순수증여라고 하자. 순수증여는 순수 깊은 무의식의 자연스러운 발로로 현대의 인간에게는 하나의 이상이다. 『금강경』에는 이 무주상 보시처럼 상 없이 하는 행위가 구원의 길임을 밝히고 있다. 인류학자들에 의하면 채집과 수렵생활의 시기 그리고 초기 신화의 시대에는

---

51 이진경 지음, 『노마디즘』, 휴마니스트, 2002, 644쪽 참조. 이정우도 『천하나의 고원』, 돌베개, 2008, 169쪽에서 "본래적인 것은 탈주선이다. 탈주선이 존재론적으로 일차적이다."라고 하였다.

축적이나 교환을 한다는 생각이 없었다고 볼 수 있다. 그저 살기 위해 그날그날 채집하고 수렵하는 삶으로 자연의 보시, 즉 순수증여를 기반으로 서로 나누는 호수적 증여로 살았다. 서로 보시하며 나누는 호혜적 삶으로서 자연스러운 정도의 축적 이상은 별로 애쓰지 않았었다. 한동안은 본격적 조직적인 생산, 축적, 교환, 투자과정은 없었다고 볼 수 있다. 함께 수렵하고 채취하고 나눔의 생활, 사용가치와 소비위주의 삶이 주종을 이루었다고 본다.

나) 그러다가 의식적 증여가 주종을 이루는 단계에 이른다. 순수증여에서 증여로, 나중에 증여와 선물이 일반화되는 시기를 만났다고 추정된다. 물물교환으로부터 매매성 교환으로의 변화가 원시사회에 있었다고 단언할 수 없다. 신석기 시대를 맞이하여 생산과 소비에 변화를 보이기 시작하였을 것이다. 그리하여 생산과 소비에서 조직화 집단화의 양상과 더불어 저장과 축적의 행태도 발달하였을 것이다. 초보적이나마 생산도구와 축적 가공기술, 그리고 수리관개를 위한 기술과 조직 등을 개발하면서 생산이 증가하고, 생산양식과 생산관계에 변화가 눈에 뜨이기 시작한다. 그리하여 신석기 농업 혁명 및 정주 도시화가 이루어진 것이다.

다) 생산관계의 변화와 더불어 집단의 조직화, 그리고 지배와 피지배화의 분화가 일어난다. 집단화와 조직화는 집단의 목적에 의한 토지의 공적 관리란 이름하에 백성의 점유 농지를 집단의 관할로 이전하고 집단의 방침에 따라 농사를 짓게 한다. 그리고 그 수확의 실적평가와 몫의 배분까지 관리하며 세금징수의 시대를 열게 된다. 다시 말하면 일종의 속임수인 트릭스터(trickster)적 교환, 즉 '일단

빼앗고 나중에 조건부로 분배해 주는 '관계로 변하며 초기국가의 제도화로 진행하다가 결국 왕국의 탄생을 보게 된다. 이 점의 지적은 노자의 『도덕경』에도 나와 있다.[52]

(2) 트릭스터적 교환 즉 위장교환의 알아차림

당시의 실제 교환과정을 추측해 보면 가족과 씨족 간, 보통 사람들 간에는 평등한 호혜적 물물교환이 행해졌으나, 하늘의 신탁 관념 또는 그를 빙자한 신관들의 샤먼적 속임수 그리고 위력에 의한 위장교환의 관계도 있었다. 그런 하늘이나 신은 원래 존재하지 않았음에도 그러했다.

연기법과 제법무아 사상에 의하면 우주 대자연, 대지는 그 누구의 것도 아니며 어떠한 집단의 것도 아니다. 하늘이 부여한 것도 아님은 물론이며, 하늘(또는 신, 하느님, 한울님, 상제)의 존재조차 상상과 우화의 산물일 뿐이다. 따라서 동식물이든 인간 백성이든 그 생명체들은 우주와 대자연 속에 살기위해 태어난 이상은 살고 싶은 대로 사는 것이다. 살고자 하는 욕망과 의지는 누가 부여한 것도 허용하는 것도 아니다. 제각각 다양한 생각과 희망대로 만나고 관계를 맺고 살아가면서 공통된 느낌이나 생각도 있었을 것이다. 그런 걸 사후적으로 우리가

---

52 노자의 『도덕경』 백서본 80장(왕필본 36장)에서 "빼앗으려고 한다면 필히 주어야만 한다", "물고기는 연못을 벗어나게 해서는 안 되고, 나라님의 유리한 도구는 백성들에게 보여서는 안 된다."고 하였다. 이 말은 '줄 수 있는 것들을 미리 빼앗아 챙겨 둬야 베풀 수가 있는데, 명분을 그럴 듯하게 세워 백성이 빼앗기는 것도 모르게 빼앗아야 나중에 베풀어 줄 때 은혜를 느끼게 할 수 있다'는 뜻이다.

보기에 공통의 관념이니 살 권리니 할 뿐이다. 아무튼 그들은 태어난 생명인 이상 원천적으로 살 권리가 있으며 서로 간에 살 권리를 보장해야 할 책무가 있다.

그러나 현실 지배자 사회의 사고의 틀에서는 백성들의 자연농법적 재배 생산과정과 점유 사용 중의 농토를 규모화와 생산성향상이란 구실 하에 집단의 조직적 공공적 틀 안에 포섭하여 관리 통제하게 된다. 이것은 곧 인류의 발생 때부터 사람들이 해오던 자연적 본원적 자본축적의 기회를 박탈하고 역사의 뒤안길로 사라지게 만든 결과가 되어 버렸다. 토지의 소유권이나 점유권의 법적 제도화란 개념조차 모르던 백성들에게 그들을 가르치지도 않고 그들의 동의도 없이 몰아붙인 결과다.

모든 것이 신의 피조물이고 소유물이라는 사고가 지배함과 거의 동시에 만들어진 '신의 수권에 의한 대리지배란 허구적 논리' 하에 왕의 소유가 돼버린 대지로부터 이제 백성은 철저히 소외된 것이다. 백성의 본원적 토지점유와 일부 소박한 형태의 초보적 축적이 조금씩 늘고 있었다는 사실은 완전히 매장되고 망각되었다.

여기서 역사시대의 기록들은 또 허구의 논리들을 내세운다. 그것이 구약시대의 언약(the Covenant: 신과 인간 사이의 성약)이든 토마스 홉스적인 것이든 백성과 통치자 간의 계약에 근거한 것처럼 논리를 만들어 덮어씌우는 방식이다. 그리하여 억압과 기망을 통한 일반화가 진전되고 이윽고 국왕의 국가에 의한 화폐발행의 권한까지 발생시키는 단계로 나아간다.

괴테(Goethe)는 이를 『파우스트(Faust)』에서 재미있고 실감나게 묘사하고 있다. 어느 날 국왕과 재상의 대화 끝에 나라(여기선 국왕)의 재정이 부족하고 현물 공납식의 세금징수만으로는 재정난을 타개할 수 없음을 고민하다가 하나의 대단히 신통한 아이디어를 짜낸다. 즉 국왕이 인정하는 간단한 징표(그것이 무엇이든 골라서 정하면 된다)를 백성들이 내는 공납물량에 따라 징표를 배분받도록 하는 조치를 전국적으로 실시하여 앞으로는 그걸로 세금을 내게 하면 된다는 묘수를 고안해낸 것이다.

막강한 힘을 배경으로 시행하는 강권적 조치가 마치 그럴 듯한 교환에 의한 대가의 배분인 것처럼 둔갑하는 순간, 트릭스터(trickster)의 일들은 이뤄졌다. 이것이 중상주의, 절대왕정, 근대국가의 형태로 변화 발전하는 가운데 시대를 거듭하면서 국가의 신화가 현실의 제도화로 고착화하여 당연한 질서처럼 되어 버린 것이다.

(3) 본말전도의 사고전환으로서의 불교사상

가) 불교의 제법무아 사상과 존재연쇄 연관의 연기법적 원리는 자연과 자연, 인간과 자연, 인간과 인간 사이의 원천적 생태관계를 이루는 바탕이 되었다. 이 기반적 생태계는 오랜 세월 동안 공존과 상생, 길항과 상극 등 다양한 미묘 복잡과정을 거치면서 상호 의존적이고 대칭적이며 균형과 조화를 이룬 인연, 즉 연생적 관계를 형성하였다. 그러나 그것은 얼마든지 다른 모습, 다른 양태로 변하며 비대칭적이고 불균형인 관계로 변할 수 있고, 또다시 변이 생성 변화할 수 있음은 물론이다.

나) 인간은 세계 내에 공존 환경에서 수평적 적응을 하며 삶의

연생적 관계를 잘 유지하려 한다. 그와 동시에 현존의 삶을 지속적으로 살려 나가려면 더 나은 삶 또는 이상(또는 지고성)을 향한 수직적 방향으로의 상향적 노력도 필요하다. 그러나 과거가 남긴 유산과 영향력 그리고 현재의 힘의 균형 같은 역학관계에 따라 적응할 수밖에 없는 사정이 있다. 그러므로 그때그때의 타협과 절충으로서의 유연한 방략이 필요하다. 그것은 사적 또는 소규모 사회관계에서의 역학관계를 살피는 미시적 정치학과 국가적 국제적 관계를 다루는 거시적 정치학의 관점이 종합되는 정치경제학적 관점의 하나라고 볼 수 있다. 보통 현실의 처신은 조직 목적과 자기 개인의 내심의 목적과의 잠정적 절충이 될 것이다. 최종 목적과 종속적 목적과의 내면투쟁이 발생하기도 하는데, 여기에서 미시정치학적 고려 또는 거시정치학적 관점이 얽히고 착종하기도 한다.

아무리 바르게 살려고 해도 쉽지 않은 게 현실의 삶이다. 꿈을 향한 수직적 향상 없이 수평적 적응만으로는 허전하고 마음이 편하지 않은 게 인간이다. 만일 이때 수직적 방향으로 견인하는 종국적 목적의 의미를 위한 상향식 자기투쟁이 일어남을 자각하는 사람이라면 그런 사람은 발전을 위한 잠재력과 자아실현 가능성이 많은 사람이다. 아무리 괴로워도 살 가치가 충분히 있는 삶이다. 결과도 중요하지만 과정도 중요하며 특히 내면의 고뇌와 의미를 위한 자기투쟁은 참으로 가치 있는 삶이라고 믿는다. 흔히 번뇌 망상을 버리라고 말하지만, 이러한 번뇌와 고민과 노력은 창조를 위한 고귀한 원동력이다. 번뇌라고 다 버릴 것은 아니다. 그것이 분발심과 이해력과 창의력의 원천이 되기도 한다. 모든 위대한 예술과 사상과 발명은 이런 원천에서 나왔다.

불교는 이 점을 더 중시해야 한다. 이는 개인을 위해서도 사회제도의 개선을 위해서도 매우 중요하다. 참된 힘에의 의지가 있기에 꿈이 있고, 꿈이 있기에 고뇌가 따르는 것이다. 고뇌는 힘의 원천이다. 개인에게도 인류에게도 역시 꿈과 이상이 필요하고, 그것은 상향의 방향이 호혜, 고통스러워하는 생명의 얼굴을 향한 마음, 나아가 순수 증여의 이데알(ideal: 이상, 지고성)로 향하고 있을 때이다. 그럴 때 이상은 힘을 발휘할 것이고, 그 이상은 이상이 아니라 현실의 힘이 된다.

4) '미美의 시대' 현대 불교의 '한 풍류도' — 유동적 관계변화 미학시대의 길

불교적 사유가 현대적 상황의 변화와 발전에 기여할 수 있는 면이 또 하나 있다. 아니 어쩌면 그중에서도 가장 중요한 방면이 아닐까 한다. 그러므로 이 항목을 별도로 중요하게 생각한다. 『금강경』에서 "여래는 진리(다르마)를 말한 바 없다", "여래가 뭇 생명을 구한 바 없다."와 같은 구절이 발견되는데, 무슨 뜻이며 왜 그런 말씀의 이유는 무엇일까? 그것은 진리나 선善을 의식하고 주장하는 순간, 이미 '나(우리)의 소유와 실체화'에 기울고 머물며 응고와 전락의 길로 빠지기 때문이다.

소유에 기울고 빠지면 이미 진리도 아니고 선도 아니며 구원도 없다. 어떤 누구의 것, '소유'는 이미 칸과 벽과 경계를 지어 다른 생명과 사물과의 사이에 교류와 어울림을 막아 버리고 흐름과 접속을 끊어 버린다. 그것은 곧 단절과 분리, 분열과 다툼을 일으키고 사랑과 자비와 조화를 저버리는 것이다. 아름다운 마음이 생길 수가 없고 생동하는 평화도 이루어질 수 없다. 이러한 의미에서 불교는 아름다움, 즉 미의 사유요 미의 종교다. 불교의 깨달음은 이런 점에서 진리의 깨달음이 아니라 '아름다움의 체득', '아름다움과의 계합'이라고 할 수 있다.

불교는 어떤 주의(ism) 주장이 아니고 윤리 도덕의 종교도 아니다. 진실을 중시하지만 진리나 선을 내세우지 않고 조화와 포용, 무아와 자비를 중도와 공의 도리 가운데서 조용히 실천하는, 아름다움의 종교다. 현대는 진리와 윤리 종교의 시대가 아니라 '아름다움(미)의 시대'라고 해도 과언이 아니다. 현대 불교의 길은 이 방향이다. 그런데 아름다움과 관련하여 불교는 조각, 회화, 건축 등 주로 미술사 분야에서 불교미에 관한 논의들을 펴왔지만 불교의 미학에 관해서는 많은 생각을 해 왔다고는 할 수 없다.[53] 우리나라의 민속문화와 예술을 애호한 '야나기 무네요시'가 『미의 법문』에서 불교미의 이념을 말한 것이 있다. 궁극적으로는 미美와 추醜를 초월하는 것이라고 하면서도 이상으로는 '정토淨土의 미'라는 미적 이념을 논하였다.[54]

그러면 현대적 맥락에서 미美의 안목과 미적인 삶에 대하여 불교적 생각은 어떠한가? 필자가 과문한 탓인지 모르겠으나 미술사적 시각 이외는 별로 들어보지 못했다. 서양에서 계몽사상의 시대에 '드니

---

53 이와 관련해서는, 이찬훈의 『불이사상과 불교미학』(『불교평론』 2004년 겨울호, 169~194쪽) 참조.

54 『美の法門』(『미의 법문』, 야나기 무네요시[柳宗悅] 지음, 1973, 春秋社), 45~96, 179~242쪽 참조.

디드로'가 존재연관과 연쇄의 원리에 기반을 두고 관계미학을 말한 것이 있고, 사람들이 관계와 대대待對의 논리를 갖고 철학적 해석을 전개하는 가운데 언급한 적은 있다.[55] 디드로의 관계미학은 절대미나 이상적 미의 존재를 부정하고, 사물과 사물, 주된 사물과 부대관념 등의 관계를 중시하였다는 점에서 현대적 의미를 지녔다고 볼 수 있다. 그러나 디드로는 시대의 제약 때문에 거기에서 그쳤다.

불교의 연기법적 관계는 단순히 상호관계라든지 상호작용 이론에 머물러 있지 않다. 불교미학은 관계의 양적 질적 변화와 발전을 포함할 수 있어야 한다. 관계도 변하고 상호작용도 일대일의 상호작용이 아니다. 상호모순과 대립의 통일 또는 정반합正反合의 변증법적 관계만을 의미하지도 않는다. 갈등과 조화, 연결과 단절의 교차, 그리고 그것들의 복합 내지 융합적 변화, 늘 새로움으로의 계기와 발전, 창조적 역동성까지 아울러야 한다고 생각한다. 그러나 이러한 작업은 매우 많은 시간과 노력을 요구한다.

여기서 필자는 하나의 시론으로서 '자연과 생명의 변화의 과정과 양상에 대한 미학적 관점'을 '연기적 관계미학'이라고 부를 수 있다면, 이러한 미학으로서의 불교사상은 현대란 시점에서는 매우 중요하다고 생각한다. 모든 사물은 다른 어떤 것과의 배치와 관계에 의해서

---

55 이명순, 「디드로(Denis Diderot)의 미학사상 연구」, 홍익대학교 대학원 석사논문, 1994 참조. 그리고 대대待對의 논리는 대對, 즉 대립하는 것 같으나 서로 상대방에 의존, 즉 대待하고 있는 관계를 말한다. 노자老子에 따르면 모든 개별적인 어떤 것은 미추, 유무, 장단, 고저, 난이難易 등과 같은 대립되는 개념 짝의 한 항을 빌려서 드러난다는 것이다.

규정되고 명명될 수 있을 뿐이라고 말해 왔다. 그리고 그 배치와 관계 또한 변화하고 발전하는 것이다. 연기는 연기를 고집하지 않으며 '연기는 연기를 넘어 선다'고 말할 수 있다. 이러한 이치를 연기법적인 관계변화라고 부르며, 이런 관점에서 미의식과 미적 관점을 말하는 것이 연기적 관계미학이라고 할 수 있다.

우리는 예부터 가무음곡에 뛰어났으며, 삼국시대부터 풍류도로 호연지기를 기르고 아름다운 조화의 세상을 이루어 가는 민족적 국가적 이상을 가진 나라였다. 포용적 진취적 정신으로 활달 자재한 기풍이 넘치고, 신바람이 나면 온 국민이 한 마음 한 뜻으로 온 세상의 생령들을 함께 품어 다 같이 살리자는, 그런 이상을 향하였다. 그런 나라가 고려 무신의 난 이후 수많은 전란과 고난의 세월을 거치며 명맥을 이어오다가 '나라는 망하고 산하만 쓸쓸히 남은(국파산하재國破山河在)' 시대와 산하마저 초토화되고 두 동강 나버린 사태를 만나 풍류도 신명도 잃었었다. 그리하여 여러 사람들이 한때 우리를 한 맺힌 사람들이라 슬픔과 쓸쓸함이 배어있는 한恨의 정서가 우리 민족예술의 특징이라고 단정하다시피 하였다.

신명과 풍류가 저 역사의 뒤안길로 숨어 버린 사연을 안타깝게 여기던 사람들이 입을 열었다. 판소리 연구가 신재효는 슬픔과 아픔이 가득한 죽음의 길목에서도 산 사람을 일으켜 세우는 '씻김굿과 다시래기'의 예를 들며 '흰 그늘'의 아름다움 아래에 펼쳐지는 신명을 한국미의 특징이라고 말하였다.[56] 나는 이를 비애와 쓸쓸함, 흰 그늘과 함박웃

56 다시래기는 진도 지방 장례에서 죽은 자를 위한 씻김굿 뒤에 하는 '산 자를 위한 즉흥적 소극'을 말한다. 판소리 연구가 겸 작가 신재효(申在孝, 1812~1884)의

음의 아름다움을 아우르는 신명과 풍류라고 말하고 싶다. 그것은 죽음과 삶, 자연미와 인간미, 너그러움과 심술의 차이를 넘어서 둥글게 아우르는 '둘 아님'의 깊은 정신적 미감 가운데서 나오는 것이라고 믿고 싶다.

이제 '다이나믹 코리아', 새로운 풍류도의 소리가 세계를 향하여 울려 퍼지고 겨레의 꿈과 역량을 펼칠 시기가 조금씩 가까이 다가오고 있다. 우리는 여기서 우리의 잠재력 발휘를 위하여 앞으로 성큼 '진일보'하는 한 걸음을 내딛을 수 있을까? 타고르 시인의 "코리아, 그 등불 다시 켜지는 날, 아시아의 밝은 등불이 되리라."는 말처럼. 김구 선생의 소원처럼 아름다운 문화의 나라가 되기를 희망할 수 있을까?

문제는 분단된 겨레의 현실과 세계의 정세다. 무엇보다도 정치가 '둘 아님의 원리'를 이해하고 행하도록 진전되어야 한다. 그러기 위해서는 목표를 원대하게 세워야 한다. 사회지도자들이 먼저 바른 궤도로 가고 있는지 점검하고, '둘 아님'의 마음으로 아집을 줄여가며, 지역과 종차, 세대와 성별, 빈부와 이념 등의 분절과 다양성을 포용, 조정하여 화쟁에 이르게 하는 것, 그리하여 정지된 평화가 아니라 '생동하는 평화'를 이룩하기를 우리의 소원, 우리의 국민적 이상으로 삼을 수 있기를 바란다. 그러한 이상으로 향한 길 위에 기획과 연출의 일익을 담당하고 지구적 무대의 설치와 세기의 공연에도 당당한 일원으로 참여하도록 준비하자. 그것이 '미의 시대' 대한국민의 과제이며 현대

'그늘이 있어야 아름다움이 있지만 그늘로 죽음에 빠져들어선 안 되므로 흰 그늘이어야 한다. 흰 그늘은 으스름 그믐달빛 아래 널린 흰 빨래 같은 것이라'는 말 인용한다.(2022.10.02. 10:30. JTBC '황석영 강연' 참조.)

적 불교의 발원과 사명이 되어야 하리라. (이하에 참고로 연기적 관계미학의 핵심사항을 약술하여 본다)

첫째로 결코 하나의 이상적 절대미를 상정하지 않음과 동시에, 모든 걸 상대적인 것으로만 간주하여 여러 가지 다양한 질적 양적 차이와 변화 발전의 가능성을 무시하는 사고방식도 아니다. 이것은 제행무상, 제법무아, 상호 연쇄 또는 의존관계와 그 변화의 연기법, 공의 도리, '하나도 아니고 둘도 아님'의 사유에 비추어 보면 명백하다.

둘째로 원효대사가 『금강삼매경론』에서 밝힌 것처럼 같음도 아니요 다름도 아니며, 같기도 하고 아니 같기도 하다. 세움도 아니요 부숨도 아니며(不立不破), 세움이기도 하고 부숨이기도 하다. 사물의 있는바(所有)에 기움도 아니고 허虛와 무無에 기움도 아니며, 소유에 기움이기도 하고 허무에 기움이기도 하다. 어떤 것이 어떤 것만으로 무엇인지 알 수 없고 어떤 관계만으로도 관계를 알 수 없다.

셋째로 무릇 생겨난 것은 살려는 (존재론적 생리적) 충동과 본능, 차이화差異化와 동종성의 유지를 포함하는 반복적 변화라는 리듬, 그리고 유한한 범위 내에서의 지속과 안정을 위한 모두스 비벤디(modus vivendi: 잠정적 살아감의 방식)의 강구와 시행착오 과정을 밟는다. 이와 동시에 방사형적 상호 연쇄와 작용 반작용 가운데에서 생명의 수평적 적응과 수직적 상하 양방향적 움직임을 실행하는 역동성을 발휘한다. 이 무한한 흐름과 순환의 과정에서 발현하고 창조될 무수한 미적 번득임, 생동하는 아름다움과 조화의 순간을 포착하고 표현하는 것은 역시 살아있는 존재들, 그중에서도 인간의 몫이다.

이러한 불교적 미학의 사유에 따라 미적 감성과 의식, 안목의 생성 계기와 발전 과정에 관련된 중요 요소들을 생각해 보자.

1) 생명체는 살려고 '환경에의 적응과 이탈의 여지, 그리고 발전과 창진의 자유' 사이에서 노력하며 요동하는 미학적인 면에서의 유동체라고 말할 수 있다. 공의 이치와 연기법, 중도와 둘 아님, 제행무상과 제법무아 사상을 현대의 과학적 미학적 상식을 빌려 재조명하면 그렇게 볼 수 있다는 뜻이다. 이를 단계적으로 부연하면 다음과 같이 될 것이다.

가) 첫째로 환경 조건에서 적응(적자생존, 자연선택)은 아주 중요하다. 생물, 특히 인간은 주어진 여건에 적응함을 우선적인 과제로 삼을 수밖에 없다. 그렇다고 수평적 적응만으로 살 수 있는 것은 아니다. 보다 나은 삶을 위해 상향하려는 수직적 역동성을 발휘한다.

나) 인간은 환경이라는 주어진 조건에 그냥 붙어살지 않고 개선하고 개량하려는 의지를 갖고 자유와 독립을 추구한다. 그러므로 "더 중요한 것은 환경으로부터 어느 정도 세차게 떨어져 나온다는 것이다. 이런 분리 시도로 진화과정에는 늘 새로운 자유의 등급이 주어진다. 진화는 점점 더 강하고 나은 적응으로만 나아가는 과정이 아니다. 오히려 생물은 틈만 나면 환경의 압박으로부터 벗어나려고 한다. 그 가능성들은 생물의 내부조직에 잠재되어 있다."[57]

다) 자연이든 인공이든 제행무상이다. 즉 삼라만상은 고정되어 있지 않고 변화한다. 이를 다른 말로 하면 공의 이치다. "삶은 정적인

---

57 요제프 H. 라이히홀프(Josef H. Reichholf), 『미의 기원』, 박종대 옮김, 플래닛, 2012, 353쪽 참조.

상태가 아니라 움직이는 과정이다. 따라서 생물은 시간에 의한 형성체라고 말할 수 있다."[58]

라) 그런데 공, 즉 가변성의 원리는 특히 생물의 생성과 진화과정에서 매우 섬세하고 미묘하게 적용되어 나타난다. 그중에서도 "인간에게서 나타나는 이 가변성이 (몸과 마음의) 개성을 촉진한다. 그러한 성향은 우리의 면역체계 속에도 당연히 있다. 복잡한 신체구조와 수명이 긴 유기체는 특히 변화과정에서 병과 부상에 취약하다. 적응력이 강한 병원체의 공격을 막는 최선의 방어책은 줄곧 새롭게 조합되는 면역체계다. 따라서 변화와 변형은 생존에 필수적이다. 예컨대 중간 또는 어느 쪽이 바람직하다, 즉 미적으로 이상이라고 해서 그것을 향하여 지나치게 획일화 된다면 쇠퇴나 파멸을 부를 수 있다. 그것은 유전적 다양성을 제한하고, 면역체계의 효력을 약화시키기 때문이다."[59]

마) 불교는 사물과 사물의 전후, 좌우, 상하, 내외 할 것 없이 모든 방향의 관계와 변화에서 연기법적이다. 이는 관계와 대대가 불교미학의 성격임을 말해 준다. 그러므로 비교와 대조는 필연적이다. "대조를 통하지 않고는 아름다움은 인식되지 못할 것이다. 비교를 가능하게 하는 것이 대조다. 살아있는 자연은 자신의 다양성으로 다음과 같은 사실을 증명한다. 감각으로 포착할 수 있는 상태에서는 단일한 통일체가 아니라 폭넓은 스펙트럼이 나타난다는 사실 말이다. 관계한다는 것은 변화하는 것이지 영속적인 것이 아니다. 그렇지

58 위 같은 책, 346쪽 참조.

59 위 같은 책, 346~7쪽 참조.

않고 지속되면 그것은 김빠진 상태로 넘어가버리는 순간이라고 할 수 있다. 우리에겐 (어떤 상태로의 정태적 안정과 지속보다) 상승과 하락이 필요하다. 바로 그 과정에서 미적인 것, 균형 잡힌 것이 나온다고 볼 수 있다."[60]

2) 그 다음에는 내부의 기능 변화와 형태 변화의 관계를 잠깐 살펴보겠다.

위에서 언급한 외적 환경으로부터의 "분리 시도의 가능성들은 생물의 내부조직에 잠재되어 있다. 생물의 내부조직은 (진화과정에서 형성된) 대칭과 체계화된 발달과정의 원칙을 따르고 있으며, 물질의 흐름을 여러 기능 영역으로 배분한다. 전체의 기능을 방해하거나 파괴하지 않는 범위 내에서 변화를 하고 변형의 크기를 어떻게 할 것인지, 개성의 발현이 어느 정도일 것인지를 결정하는 것은 외적 환경이 아닌 생물의 (몸과 신경 그리고 심리적 정신적) 내면이다. 여기서 생물의 (안팎 출입을 하고 머물며 영향을 끼치는) 미생물, 병원체와 기생충이 얼마나 막대한 역할을 하는지 면밀히 들여다보아야 하지만, 미를 촉진하는 것은 바로 이들이라는 생각이 든다. 질병과 기생충이 (수많은 미생물과의 공존 유기체라는) 유기체 예술품을 빚는 손이자, 진화의 가장 강력한 추진력 가운데 하나라고 본다. 우리 인간은 이상에 머물지 않고 줄곧 (새로움을 향해) 벗어나는 것이 필요하다. 이상에 너무 접근하여 안주하면 병균에 취약해지고

---

60 위 같은 책, 347~8쪽 참조.

생존능력도 떨어지기 때문이다. 개성이 미적 이상에서 일탈하는 과정에서 생겨났다는 사실을 다시 상기해 보라."[61]

이와 유사한 취지의 사고가 화이트헤드의 『이성의 기능』에서도 표현되어 있었다는 것을 언급한 적이 있다. 『금강경』의 "마땅히 머무르는 바 없이 마음을 내어라."는 의미도 깊이 다시 새겨보시라.

우리는 관계변화와 대대의 불교미학적 사유를 통해 이상과 같이 적응, 분리, 모순, 변형, 일탈 등의 과정에서 미적 관점을 발견한다. 물론 그것들은 고정된 원칙도 아니고 기준도 아니다. 그러나 미적 안목을 기르고 변화 발전시켜 가는 데 참조사항은 될 수 있다. 특히 제행무상과 제법무아 그리고 연기법적 불교적 사유의 연장선상에서 현대적 미의 창조적 노력을 위해서는 추상적 원칙이나 기준의 인식으로는 부족하다. 보다 구체적 현실적 감각과 경험의 기회를 많이 활용해서 얻은 것들과 연결할 필요가 있다.

이러한 관점과 안목을 그저 그런 관점과 관념의 단순한 습득이나 훈련이 필요하다는 것을 말하기 위해서가 아니다. 그것을 연기법적 대대와 관계의 변화 그리고 공의 도리라는 불교미학적 사유를 통해서 습득하고 비판하며 훈련하는 과정이 중요하다는 의미에서이다. 다시 말하면 『금강경』의 가르침대로 끊임없이 평소의 삶에서 무사안일하게 안주하지 않고 정진하는 것, 머무름 없이 그 마음을 내는 생활이 필요하다는 뜻이다. 그래야 바람직한 변화와 혁신을 일으킬 수 있고

---

61 위 같은 책, 354쪽 참조.

생동하는 미와 조화를 향한 창조를 도모할 수 있기 때문이다. 그렇게 함으로 해서 가정과 직장의 생활문화에서부터 전통과 사찰문화, 더 나아가서는 국토와 환경의 미화에 이르기까지 더욱 청정하고 아름다운 변화와 발전을 촉진하기 위한 노력에 큰 창조적 에너지로 작용할 것이다.

끝으로 불교관계미학의 원리와 상통하는 미의 발생학적 연원에 관해 일가견을 보여준 요세프 라이히홀프에게 감사하며 다음 말을 소개한다. "아름다운 것과 아름답지 않은 것이 넓은 스펙트럼의 양 끝을 형성한다. 이 둘을 연결시키는 스펙트럼의 중앙부, 즉 평균적인 넓은 중간지대는 어떤 다른 쪽 끝보다 훨씬 더 많이 번식한다."[62]

---

62 위 같은 책, 279쪽 참조.

제2부

역사와 문명에 대한 성찰

1장 역사적·복합적 현실

1. 복합성의 자기중심적 이해와 극복

현대의 질료주의적 차이생성의 존재론 철학자 질 들뢰즈는 "중세와 르네상스 전통은 신을 '복합'으로 정의하였다."[1]라고 말하고는, 스피노자의 '신은 곧 자연'이라는 원리를 "신은 곧 복합적 자연이다."라고 바꾸고, 그 복합적 자연의 양태들은 자연의 속성의 표현이라고 풀이하였다. 들뢰즈는 『스피노자와 표현의 문제』에서 "자연은 신을 펼치고 함축하며, 감싸고 전개한다. 신은 모든 사물을 복합하고 있지만, 모든 사물은 신을 펼치고 또 감싸고 있다. (이런 상반된 운동을 하는) 개념들의 접합이 표현을 구성한다."라고 하였다.[2] 결국 표현으로 나타

---

1 G. Deleuze, 『Philosophie Pratique』(Paris: Éd. de Minuit, 1981), p.104(서동욱의 『차이와 타자』, 문학과지성사, 2000. 69쪽에서 재인용).

2 서동욱 지음, 『차이와 타자』, 문학과지성사, 2000, 69쪽 참조.

난 양태로서의 자연이 결국 신 대신에 실체적인 존재로 인식될 수 있다는 것이다.

들뢰즈에 의하면, 오직 인식되는 것은 양태뿐이므로 사실상 스피노자의 '신 곧 자연'이라는 관념은 실체의 성격을 떠난 것으로 볼 수 있다. 이제 자연은 자연일 뿐이고 배후에 초월적 존재는 없어졌다. 자연은 특정한 양태로 머물러 있지 않는다. 자연은 수목형으로도 확정될 수 없고, 거꾸로 된 뿌리줄기(rhyzome, 지하경)로도 단정될 수 없으며, 끊임없이 순간순간 변용되는 '다양체의 변화 양상'이다. 본래부터 어떠한 중심도 없었고, 신 중심도 왕 중심도 아닌 세상이었다.

'축의 시대'에 이미 고타마 싯달타는 그러한 사실을 갈파한 바 있었다. 그럼에도 상당한 암흑의 세월을 보내야 했다. 진실의 철학자 스피노자가 온갖 핍박과 시대의 제약을 무릅쓰고 간신히 '신은 곧 자연'이라고 선언한 그 순간 사실상 신은 사라지고, 자연의 속성은 오로지 양태로만 존재할 뿐이기에 실체의 관념도 사라졌던 것이다. 자연의 속성은 오로지 자연적 양태로서만 생성하고 존재하며 변화할 뿐이므로 그 어떠한 배후도, 그 어떠한 '부동의 동자'도, 어떠한 주관자도 있을 수 없기 때문이다. 그리하여 수많은 양태와 양태의 끊임없는 만남으로 생성되는 변화상은 유동적 복합성을 무한히 반복하며 전개되고 있다는 사실을 발생적으로 확인하게 된 것이다.

이런 안타까운 저간의 사정을 아는 위대한 인류학자 클로드 레비-스트로스는 '이슬람 문명과의 접촉 이전에 서구가 불교와 만났더라면 인류의 역사는 그 경로를 달리하였을 거라'고 아쉬워하였던 것이다. 이제 지구세계의 일과 인간의 삶도 다양하고 다차원적인 복합적 변화의 과정과 내용을 떠나서는 생각조차 하기 어렵고 대처하기는 불가능한 시대에 와 있다. 복합적인 현상이 자연적인 현상만도 아니고 인간의 현상이기도 하며, 세계적이고 사회적인 현상만을 의미하지 않음도 물론이다. 앞에서 이미 존재의 세계가 원래 있음과 없음의 동거적, 차연적, 복합적인 '둘 아님의 세계'라고 한 바 있다.

이성과 감정, 의식과 무의식 등 인간의 소위 정신현상 자체도 그 경계를 구분하기가 어려우며 다층적이고 복잡다단한 중층·복합적 구조를 갖고 있다. 거기서 비롯된 제반 관념의 복합적 동태적 전개과정, 즉 양의성·이중성 등의 복합관계도 그렇다. 생물계의 진화과정과 양상, 그리고 심리적, 정신적, 사회적 복합성이 중층적이고 복합적인 사건과 사태의 동태적 전개과정으로 나타나는 것이다. 이는 선형적 단선적 과정도 아니고 그렇다고 순환론도 아니다. 우리가 모르는 미지가 너무 많아 무엇이라고 단정하기가 어렵다.

이상과 같은 세계와 사물에 관한 복합적 유동적 사유는 과거에는 일부 지식인들 사이에서 논의되던 것들인데, 21세기 현대에 와서는 대중들의 의식에 있어서까지 자각될 정도가 되어 있다. 복합적 유동적 현상이 전면에 부각되어 그 중요한 의미가 인간의 운명과 문명의 방향, 나아가 미래 인류의 진로 선택에 결정적인 영향을 끼치고 있다.

요컨대 계몽시대 이후 서구 형이상학의 전통과 주류적 사고방식은 일원론 또는 이원론, 아니면 회의론이거나 혼동적 사유의 차원에 머물러 유동적 복합의 진실을 제대로 인식하지 못하였다. 현대야말로 이러한 복합적 현실의 발견과 자각 위에서 주류 사상과 제도를 전면적으로 다시 검토할 필요성을 다각도로 제기하고 있는 시대이다. 주류

사상과 제도의 결과 현대문명의 진행과 더불어 전개된 복합현상을 단적으로 말하면 이렇다.

21세기는 전 지구적 차원에서 보면 삼극의 극極 사이에서 흔들리고 있다. 여전히 국가적, 민족적, 인종적, 지역적, 계급적 이해와 이념을 추구하고 그것을 뒷받침하는 도구적 이성에 의해 수립된 사상과 제도라는 한쪽의 극이 있다. 다른 한편에는 종교·관습·언어와 같은 문화의 전 부문과 그것을 구성하는 무의식적, 비논리적, 정서적 원리라는 한 극이 있다. 그리고 그 두 가지 극에 대항하여 사회적, 역사적 구조의 해체와 미시적 지배구조의 파괴와 끊임없는 문제제기라는 무기를 들고 도전을 거듭하며 예각을 세우는 또 하나의 극이 있다. 현대는 이러한 삼각의 극 사이에서 혼미에 혼미를 거듭하고 있다. 그러나 어느 한 극으로 심하게 흔들리고 있다거나 한 방향으로만 쏠리고 있다고는 단정할 수 없고, 난기류와 같은 요동과 분기와 격변의 시기 가운데 있지 않나 생각한다.

그런데 일상의 생활세계에서 접하는 사건 사고나 사태의 발전을 위주로 본다면 표면적으로는 다음과 같이 말할 수 있을 것이다. 국가나 민족, 인종 등 정체성에 집착하는 관성이 아직도 강하게 작동하고 있고, 지역적, 계급적, 인종적 이해갈등과 충돌과 대립이 양상을 달리하면서 계속 표출하고 있으며, 그것들을 주된 요소로 하는 국제관계와 질서가 엄존하고 있다. 그러나 근대국가 성립시기와 20세기까지의 모습에서 보지 못하던 요소와 주역들이 지금 속속 등장하고 그 영향력을 발휘하기 시작하여 이제 본격적으로 나타나고 있다. 우리는 이와 같이 지표면에 나타나는 사회적 복합현상도 보아야 하지만,

이러한 표피적 양상 아래 지층 하에서 흐르고 있는 중층 복합적인 사고의 세계도 살펴야 한다.

2. 근대 이후 세계의 복합화 과정

1) 세계적 위기의 빈발과 불안한 균형

일극체제, 다극화, 계열화, 하이어라키, 구조적 견제·균형관계, 수평적 협조관계 등 여러 가지 성격의 관계와 양상을 가진 혼합적인 사태가 현금의 세계체제이다. 역사·사회학자인 이매뉴얼 월러스틴은 그의 '불안과 암흑의 시나리오(Black scenario)' 속에서 문명의 전환기적 상황을 혼돈과 불확실성으로 표현하고 있다. 앞으로 상당기간 자본주의 세계체제도 혼돈과 불확실성 속에서 점차 분기分岐와 이행移行의 시기로 접어들 것이라고 전망하였다. 이를 거치면서 더 나은 새로운 체제가 탄생할 수 있을 것인지, 또는 다른 다중심의 세계가 될 것인지 그 여부는 현대 인류의 의지와 행동에 달렸다고 하였다.[3]

가까운 장래에 월러스틴이 주장하는 것처럼 자본주의 체제가 혼돈과 불확실성 속으로 곧장 빠져들 것이라고 단정할 수는 없다. 그러나 전 세계적 금융·경제위기가 빈번해지고 장기적인 이윤율 저하와 저금리 및 저성장의 흐름 속에 있을 것이라는 것을 전망할 수 있다. 이것이 사회 문화적으로 또 인류의 정신 상황에 불안과 갈등과 대립

---

3 이매뉴얼 월러스틴(Immanuel Wallerstein), 『유토피스틱스(Utopistics: Or Historical Choices of the Twenty-First Century)』, 백영경 옮김, 창작과 비평사, 1999, 91~4, 127~9쪽 참조.

충돌의 조장을 통해 황폐화와 분열증적 증세의 확대와 심화를 초래할 것이라는 것도 예상된다.

2) 공동체 지향과 '복합적 개인'의 등장 — 사이에 낀 민주주의의 위기

표면적으로는 각종 뉴 미디어의 보급과 확산으로 민주시민의 자유로운 의견개진이 활발하게 이루어지고 있는 것 같지만, 실은 사회통합이 아니라 분열과 갈등을 조장하는 방향으로 흐르고 있다. 또 여론 조작의 위험성도 높고 진영의 대립과 쏠림 현상도 심하다.

그 가운데 한편으로는 정치적 의식의 변화와 사고방식의 발전을 지향하는 긍정적인 움직임도 일어나고 있다. 자유민주주의 사회의 개인주의적 성향과 공공적 가치지향을 융합하려는 노력이 있다. 여기서 특히 주목하고자 하는 것은 죠지 카텝(George Kateb)이 에머슨(Emerson), 휘트먼(Whitman)과 쾨슬러(Koestler)의 사상들을 기초로 설명하고 있는 '복합적이고 다차원적인 개인(이른바 a great composite democratic individual)'의 개념이다. 카텝은 미국의 시인 휘트만이 강조한 내적 대양의식(the Inner Ocean), 즉 개인의 무한성에 대한 의식(a sense of individual infinitude)에 주목한다. 이는 무한성의 저장소로서의 총체적 (무의식까지 포함하는) 의식으로서의 인간, 미지의 영역으로 가득 찬 다차원 존재로서의 인간 존재를 상정하는 것인데, 숙고할만한 가치가 있다.

이러한 논의는 개인주의에 근거한 자유민주주의의 본질적 의미란 무엇이며, 국가지도주의나 공동체주의의 함정이나 위험에 휩쓸리지 않기 위해서는 어떻게 해야 하는 가를 생각하게 한다.[4] 카텝의 복합체적 민주적 개체성은 에머슨의 말처럼 '타인의 개혁은 자기 개혁 없이는 실패하고, 스스로를 개혁하게 되면 타인을 개선시킬 정책이나 법부터 재검토하고 반성하게 된다'는 의미에서 내부로부터의 변화, 마음의 변화를 중시하는 요기(Yogi)형 인간을 떠올리게 한다. 권력의 통제적 지배관리유형인 코미사르(Commissar)형 인간은 참된 개인주의적 민주주의의 실현에 결코 바람직하지 못하고, 쉽지는 않지만 간디형의 요기형, 즉 모든 야비한 자기중심주의가 사라지고 특정 신앙에의 편향도 자제할 줄 아는 리더십의 가미가 필요하다.

이와는 달리 칼 포퍼(Karl Popper) 같은 이는 현대 민주정치는 위대한 지도자를 기대하거나 찾지 말고 덜 위험한 인물을 찾아야 한다고 하였다. 그러나 덜 위험하느냐의 기준을 세울 때 위 요기형 개념이 시사하는 점이 많을 것이다. 이러한 사색은 개체와 집단의 이분법적 사고를 벗어나 오온 집합으로서의 존재나 탈전체론적인 무지배와 무아사상으로까지 연결되는 불교적 사유와 상통하는 길을 열어 준다. 불교는 이기적 유전자의 복합적인 복제로서의 개체를 실체로 간주하는 개인주의도 아니고(유전자는 영구불변의 실체라고 인정함도 아니다), 어떠한 전체나 공동체의 실체화를 전제하는 공동체주의도 아니다. 선진국 일부와 불교지성의 이러한 업그레이드된 논의와는 아직도 거리가 먼 현실에 괴리감을 느낄 수밖에 없지만 미래지향적으로 담론을 형성해 가야 한다는 것도 옳은 말이라고 생각한다.

---

4 죠지 카텝(George Kateb), 『The Inner Ocean』, Cornell University Press, 1992, pp. 92, 140 참조.

3) 복잡계, 탈사회과학과 디지털 시대의 문제의식

이제 경제는 경제만으로 결정되지 않는다. 물론 과거에도 정치경제학은 그 대상을 순수 경제현상에만 국한하지는 않았다. 정치경제학은 국민경제학과 계급경제학 그리고 사회경제학으로서의 복합적 경제학의 성격을 띠고 있었다. 경제학자 임원택 교수는 사회경제학으로서의 정치경제학에 주목하면서 경제현상을 단순한 경제현상의 테두리 안에서가 아니라 그 외의 문화현상, 정치현상 등과의 상호 관련 하에서 취급하는 점을 강조하였다. 그리고 한국 정치경제학도 그러한 복합적 경제학이 되어야 한다고 주장하였다.[5]

경제학의 복합적 성격과 사회경제학으로서의 정치경제학의 중요성에 대한 언급은 경청할만한 가치가 있다. 이제 지도층은 '문제는 경제야'라고 외칠 게 아니라 '문제는 종합적 전략'이라고 해야 한다. 경제는 경제를 넘어선다. 탈사회과학적이고 인문적 지성의 복합적 사고에 의한 통섭과 융합이 필요한 시대다. 원래부터 사회현상, 특히 경제 현상은 복잡다단한 것으로 많은 변수가 얽히고설켜 있는 것인데도, 학문의 작업편의상 핵심 이외의 사항은 제외하거나 몇몇 변수를 일단 고정시켜 놓고 문제에 접근하다가 어느 듯 거기에 함몰되고 마는 오류를 범하곤 하였다. 그러던 것을 재래식 경제학만으로는 풀리지 않은 난제가 속발하자 새삼 복잡계 경제학에 관심을 가지게 되었다.

이제는 정치·사회뿐 아니라 교육·문화·예술·학문 등 거의 모든

---

5 임원택, 『정치경제학의 철학적 기초』, 법문사, 1988, 406쪽.

분야의 경제현상화, 경제에 의한 전 부문의 식민화라고 할 흐름 때문에 경제는 탈경제학적 사고로 나아가게 되었다. 보다 근본적으로는 인문·사회·자연과학으로 나누는 사고에 관해서도 비판이 있지만 신과학적 방법론과 불교의 불이사상을 포함한 동양사상적 관점에서도 탈사회과학적 접근의 필요성은 증대하고 있다.[6]

여기에 21세기적 현상으로서 빅데이터와 인공지능(AI)의 융합시대를 맞아 경제를 포함하여 제반 사회현상을 빅데이터 처리시스템과 이들 시스템의 상호연결망의 정보제공과 검토결과에 의존하여 결정하고 운영하는 방향으로 발전하고 있다. 특히 최근에 더 두드러지고 있는 현상으로서 비인간요소(사물, 기호 등)를 행위자에 포함시키고 있는 '행위자-네트워크 이론'(Actor-Network Theory: 약칭 ANT)을 우리는 참고할 필요가 있다. 이 ANT 이론은 기후변화의 문제 등 지구생태계의 위기를 맞아 주목을 받고 있는데, 종래 자연적 요소로 취급했던 지구대지의 반응까지 행위요소로 보고, 이를 행위자로 인류의 지구적 차원의 행동계획 결정 시에 참여시켜야 한다는 입장이다. 이와 관련하여 브뤼노 라투르(Bruno Latour)가 최근에 내놓은 『지구와 충돌하지 않고 착륙하는 방법』(참고문헌 참조)은 우리가 반드시 경청해야 할 내용을 담고 있다.

---

6 탈脫사회과학적 사고와 연구방법론의 대표적 저술로는 이매뉴얼 월러스틴(Immanuel Wallerstein), 『Unthinking Social Science: The Limits of Nineteenth Century Paradigm』, 1991, Polity Press, 5장 및 6장 참조.

4) 빅데이터 의존의 시대, 철학적 숙고의 어려움

현대와 같은 무중심 또는 다중심, 혼란은 복잡다기하고 중첩하는 복합현상을 파악·정리하고 해석하며 방향을 잡아주는 역할을 해주는 정신과 사상, 그러한 철학이 없기 때문이다. 바꾸어 말하면, 이 모든 현상은 계몽시대 이후 근대화와 산업화, 그리고 도시화를 이끌었던 사상과 정신의 원리가 탈근대적 상황과 고도 정보화 이후의 21세기 시대상황에는 이미 그 적합성과 유효성을 상실한 데서 비롯됐다.

『현대의 위기와 철학의 책임』을 쓴 비토리오 회슬레는 현 시대의 철학의 어려움에 대해, "가속화되는 과학적 기술적 발전과 정체되어 있는 윤리적 의식 사이의 간격"을 지적하며, 기술과 윤리의 "두 문화 사이의 틈을 메우는 것이 중요함에도 불구하고 윤리학적이고 자연과학적인 이중적 능력은 거의 발견되지 않는다."라고 하였다.[7]

기존의 철학의 역할에 대해 회의와 문제를 제기한 리차드 로티는 아예 철학 자체의 의의가 달라져야 한다고 말했다. 그는 본질주의를 비판하며 반실재론적 신실용주의적 입장을 개진한다. "절대적 개념의 실재를 추구하는 표상주의, 정초定礎주의, 실재론은 허구의 관념에 기초한 것으로서 이제 설득력을 잃었다." 세계에 대한 의미부여의 기능과 계도적인 역할이 철학의 책임이라고 보지 않는다는 것이다.[8]

허구의 관념인 임의적 전제에 기초한 실재론, 본질주의, 표상주의

---

7 철학의 책임을 말하는 견해는 비토리오 회슬레(Vittorio Hősle), 『현대의 위기와 철학의 책임』, 이신철 옮김, 2014, 도서출판b, 15~29 및 305~325쪽 참고

8 리차드 로티(Richard Rorty), 『실용주의의 결과』, 김동식 옮김, 1996, 민음사, 476쪽 참조.

등을 비판한 점에서는 들뢰즈의 차이생성의 복합존재론과 공통성이 있으나, 후자는 체제개혁과 전복의 과제에 대한 의미를 부여하는 등 중요한 점에서 차이가 크다. 임의적 전제나 허구의 관념을 기초로 한 세계관은 비판을 받아도 마땅하다고 본다. 세계에 대한 의미부여나 계도를 철학이 담당하기 어려워졌다는 것도 사실이다. 그러나 어떠한 사태를 만나고 어떤 상황에 처하더라도 심사숙고할 필요성은 있고, 깊이 생각해 본다는 것 자체를 신실용주의도 반대하지는 않을 것이다. 그들의 자유로운 메타포 사용을 통한 문예 비평적 활동도 그러한 예의 하나가 아닌가 한다. 다만 시대상황이 확실히 변하여 특정 관점이나 사고방식이 지도력을 발휘하거나 중심적 역할을 할 수 없는 것도 분명하다. 현대사회 자체가 그렇게 생성 변이한 결과이다.

그렇다면 현대에서 철학의 부재나 책임을 따지기 전에 상황의 변화에서 문제가 비롯되었다고도 볼 수 있는데, 차라리 이러한 역사적 상황을 잉태하고 전개하여 온 과거의 역사 자체와 그 해석에 질문을 던져보는 것은 어떨까?[9] 그리고 철학만이 책임이 있는 것인가? 여기엔 분명히 복합적인 요인이 있을 것인데 이미 서구의 지성들은 이 점을 누누이 밝혀 왔다. 본서에서도 그와 같은 비판을 앞에서 소개한 바 있다. 아무튼 현대는 기술급변의 정도가 너무나 심해 과거 인간의 관리와 통제 하에 있던 것들이 상당 부분 인공지능(AI)에 의한 특이점의 도래를 맞아 그동안 쌓아 왔던 빅데이터에 의한 인식과 판단 아래로

---

9 이 점에서 역사 자체의 법칙을 주장하는 역사주의에 대한 비판을 들어볼 필요가 있다. 이한구, 『역사주의와 반역사주의』, 철학과 현실사, 2010. 118~122, 181~183, 188~220쪽 참고.

옮겨가고 있다. 철학을 운위하기 이전에 전 지구적 범위에서, 그리고 모든 생활 부문에서 대세는 그렇게 흘러가고 있어 그 대세가 신인류를 형성하고 신인류는 현대적 시대상황이 이끌어 가는대로 움직이고 있다고 해도 과언이 아니다.

요컨대 상황도 급변하고 일상의 생활양식도 빠르게 변해가고 있는 현실은 부정할 수 없다. 그런데 인간의 두뇌와 몸에 깊숙이 자리잡고 생활과 역사를 같이 해온 기존의 인식과 생활 습관의 관성이 너무나 강하여 시대상황에 적응해 가는 데 애를 먹고 있다. 여러 가지 상이한 원리에서 출발한 관념과 사고방식들이 복합·중첩적으로 뒤섞여 정리도 되지 않은 채로 혼미 상태에 빠져 있다.

3. 서구적 사고의 중요 문제 ― 표상의 공성空性에 대한 무시

1) 과도 주장과 오류 가능성

(1) '로칼리티'의 과도 대표화가 가져온 무리한 결과들 ― 문학적 발상의 철학적 진리 자처와 '카르마'화

우리는 위에서 사태나 사건으로서 드러난 현실적 차원에서 복합화 과정 등을 보아 왔지만, 서구 정신문화의 전반적 혼미 상황에 대해서도 점검과 성찰을 필요로 하는 시점에 왔다고 본다. 현대에 이르기까지 대세를 장악해 온 서양 문명을 때로는 이끌고 때로는 뒷받침하는 역할을 수행한 관념과 사고방식이 초래한 중요 문제점들을 짚어 보기로 하자.

교통 통신 등의 발달로 전 지구가 반나절 생활권 안에 든 세계로

가는 도정에서 특정 지역과 풍토에서 생긴 사상의 한계가 드러나고 있다. 그런 한계와 특징을 무시하고 특정 지역에서 발원한 종교나 사상의 현실적 영향력을 과대평가하여 보편적 영속성을 가지는 것으로 보는 데 무리가 있었다. 지리적 자연과 풍토, 생활환경과 관습 등의 조건 위에서 생성된 '로칼리티'(locality) 사상은 물론이고 집단이해에 입각한 주의 주장들이 아무리 탁월한 형상과 논리로 무장하고 미화하여 보편화를 시도하여도 그 적합성과 유효성의 범위가 한정될 수밖에 없다. 여러 가지 경로와 방면의 교류와 융합을 거치면서 보다 보편적인 것으로 변화 발전할 가능성은 있다. 그렇게 형성된 훌륭한 사상이라 할지라도 인간의 언어와 형상으로 구성되어 있고 그 구성원들이나 조직의 성향과 이해 때문에 결국 부분성과 편향성(parochial한 성격) 등을 벗어날 수 없다. 그 시대의 맥락과 조건이라는 한계와 제약이 있기 마련이다.

불교는 인간의 언어와 형상에 의지하여 절대적 진리를 주장하는 것에 동의하지 않는다. 『반야심경』과 『금강경』은 '소위 진리란 것은 진리가 아님'을 누누이 강조하고 있다. 그러므로 회의주의처럼 들릴지 모르지만 그렇다고 '주의'는 아니다. 관념과 표상과 형상의 공성空性을 말한 것이다. 보르헤스(Jorge Luis Borges)의 형이상학적 회의주의와 상통하는 면이 있기는 하다. 『보르헤스 문학전기』에 의하면, 보르헤스는 '거의 모든 철학과 종교가 내세우는 이념이나 관념은 불변의 그 무엇이 아니라, 인간들이 당대의 이성으로 최대한 짜 맞춘 환상이나 다름없다'는 견해를 가졌다.[10] 역시 새 시대에는 새 옷으로 갈아입어야 하기에 시대의 변화와 사태의 발전에 따라 새로운 관념의 생성, 새로운 언어와 형상과 제도를 필요로 한다. 그렇지 않으면 상대성·다양성·복합성 등을 무시하는 결과가 되어, 한 지역과 한 시대를 긍정적으로 이끌던 사상도 다른 지역과 다른 시대에는 진운을 방해하는 '카르마'(karma, 業障)와 질곡으로 변할 수 있는 것이다.

(2) 임의적 관념에 근거한 전체론적 존재론의 오만

화이트헤드(A. N. Whitehead)는 표상화나 개념의 유용성을 과신하는 나머지 철학과 과학이 과잉 주장을 하는 오류를 범하고 있다고 주장한다.[11] 그 대표적인 것이 물질이니 정신이니 하는 개념의 절대화다. 세계와 역사를 보는 관점이 일반적으로 근거하고 있는 종래의 철학적 인식론은 관념론과 실재론을 막론하고, 의식에 주어지는 지각대상들에 대한 추상적 관념을 당연한 것으로 전제하고, 따라서 그 대상들을 구체적 실재나 확실한 존재라고 보는 데서 출발한다. 그러나 화이트헤드에 의하면 우리가 구체적 존재라고 생각하는 것은 사실은 순간순간 생성·소멸하는 현실적 계기의 존재(actual entity)의 결합체일 뿐 절대적으로 고정된 실체가 아니다.[12]

---

10 보르헤스는 또 이렇게 말하고 있다. "그들의 책이 진리를 담고 있다고 하면 거짓말이 되기 쉽지만, 다양한 가능성을 열어놓은 하나의 환상문학이라고 한다면 흥미진진하게 읽힐 수 있다는 것이다." 김홍근 지음, 『보르헤스 문학전기』, 솔, 2005, 참조.

11 위 화이트헤드의 같은 책, 『이성의 기능』, 112, 113쪽.

12 화이트헤드(A. N. Whitehead), 『과정과 실재(Process and Reality)』, 오영환 역, 민음사, 1991, 81~83, 96쪽. 같은 저자, 『과학과 근대세계』, 오영환 역, 서광사, 1989, 81~83, 96쪽.

서양 존재론도 그런 과잉 주장의 하나에서 나왔다. 전체주의적 국가사회주의나 관리사회주의는 말할 것도 없고, 자본주의와 신자유주의, 사회민주주의와 유럽 제3의 길 등 거의 대부분의 이데올로기의 사상적 출발 기점은 서양 존재론적 집합표상이다. 그것은 '자기 동일자同一者의 고정관념과, 다른 존재자를 자기라는 동일자로 흡수·관리하려는 환원주의'이다.

에마뉘엘 레비나스(Emmanuel Levinas)는 『존재에서 존재자로』에서 서양 존재론을 전체성의 철학이라고 하고, "타자의 환원불능의 고유성을 무시하고 타자를 전체성 속에서 파악하는 데 서양 철학의 지배적인 사유방식을 발견한다."고 하며, "타자는 서양 철학을 지배하는 전체성의 개념 속에 고정되어 있다."고 언급하였다.[13]

비표상적 사유의 대표격인 질 들뢰즈(G. Deleuze)도 다른 각도에서지만 이러한 서양 존재론의 문제점을 말하고 있다. 그는 시각의 상관자로서의 타자의 개입을 통한 주체의 발생을 목적으로 하지 않고, 존재의 순수특정성(능력·소질·외모·개성·장점 등에서 각기 고유하고 특이한 점을 말함)들을 주체성과 대상성으로부터 자유로워진 순수사건으로 포착한다. 즉 현상학자처럼 주체의 발생에 대한 기술을 목적으로 하는 것과는 반대로, 들뢰즈는 주체라고 하는 것은 한낱 유명론적인 이름에 불과하다는 것, '나'라고 말하는 습관에 불과하다는 것을 폭로하고자 하였다. 이 점은 불교철학적 관점과 공통적인 면이다. 들뢰즈의 직접적 언명은 다음과 같다. "주체, 그것은 하나의 habitus, 하나의 습관,

---

13 E. Levinas, 『Totalite et Infini, La Haye 』, Martinus Nijhoff, 1961, p.10(위의 책, 193쪽에서 재인용).

내재성의 장場 속에서의 하나의 습관, '나'라고 이야기하는 습관이다."[14]

이데아나 일자의 본질관념, 공동의 이념, 유일신, 절대정신, 범아일여의 관념도 개별자 또는 개별의식들을 수렴 내지 환원하려는 전체성의 표상이다. 이데아 또는 공동의 이념이나 절대주의적 관념은 각기 타자의 타자성보다 우월하며, 결국 이를 통해서만 각자는 소통하고 결합된다는 의미에서 전체성의 이념을 은폐하고 있다. 이 전체성이란 반드시 체제의 전체성이나 숫자에 있어서 소수에 대한 다수의 지배체제의 전체성만을 의미하지 않는다. 그리고 사악한 강자만이 전체성의 이념을 추구하는 것도 아니다. 정의를 추구하는 의로운 소수 집단일지라도 소위 공동체의 정의란 이름하에 전체성의 이념을 강요함으로써 다른 존재자들의 존재 의의와 가치(즉 자유, 자율성 및 기회의 균등, 역할 가치 등)를 훼손할 수 있다.

우리는 이러한 사례를 역사와 현실 속에서 어렵지 않게 발견한다. 이슬람의 근본주의자들과 이스라엘의 강경노선 간의 분쟁, 국제법상의 무주지 선점의 이론, 왼편의 정의와 오른편의 정의를 각각 강변하며 예각을 세우는 이른바 진영적 사고, 그리고 글로벌 마켓에서의 효율 및 생산성 제일주의와 기술혁신에 의한 하이어라키 지배전략을 통한 신자유주의적 세계체제 주도, 오늘의 안일과 후생을 극대화하기 위해 미래 세대의 몫을 사전 착취하고 희생을 강요하는 것 등이 그러한 실례들이라고 할 수 있다.

---

14 Gilles Deleuze, 『Qu'est－ce la Philosophie?』, Paris, Ed, de Minuit, 1991. p.49.

이러한 사례들이 왜 전체성의 관념을 은폐하고 있는 부당한 논리라고 하는지 일일이 설명할 필요는 없을 것이다. 결국 서구의 동일자로의 환원을 원리로 하는 존재론과 원자론적인 실체론적 존재 세계관은 인간과 자연, 나와 너, 몸과 마음을 분리하고 대립시켰다. 이 세계관은 세계에 대한 의도적 분석과 효과적 지배를 가능하게 하는 도구적 이성을 중시하였다.

(3) 서구 정신문화의 성격에 대한 문제의식

화이트헤드가 "서양 철학은 플라톤의 주석사"라고 한 것처럼, 서양사의 주류 프레임은 플라톤의 아이디어와 아리스토텔레스의 이론을 활용한 중세의 신학적 발상에 연원을 두고 있다고 해도 과언이 아니다. 기독교 중심의 절대주의적 세계관을 가진 그 주류들은 거기서 전체론적 존재론을 비롯한 형이상학과 관념론 위주의 사상을 이끌어 내었고 그 파생원리로서 사회사상을 개발시켰다.[15] 그리하여 그들은 신 또는 신의 대체물을 정점으로 세워 이데아와 가상, 초월적 세계와 현세, 유토피아와 현실 등 이중세계의 관념을 주입시키면서 사회적으로는 지배와 피지배의 체제를 공고히 하는 것으로 승자 중심의 기득권 역사를 만들어 왔다.

그런데 이런 점에서는 유일신교 지배의 중동지역은 말할 것도 없고, 그리스, 이집트, 로마 등 다신교 지역이나 범아일여와 카스트를 신봉하는 힌두적 전통의 지역도 마찬가지였다. 그리고 표현과 방점의

---

15 김형효의 위 같은 책, 38쪽, 같은 취지 참조.

차이가 있기는 하지만 동양의 전제적 지배하의 정신문화나 사회체제도 유사하였다. 다만 인류의 신화시대의 유동적 지성에서 원류를 회복하여 고등종교로 부활시킨 고타마 싯달타(붓다)의 사상만은 달랐다. 붓다의 탈신관脫神觀과 탈脫카스트를 핵심으로 하는 자유와 평등과 무아의 사상만은 그 독창적 존립의 의의를 보였다. 그러나 불교도 세대를 이어가며 물줄기가 나뉘어졌다. 그리하여 세계종교화의 과정에서 세속화와 대중화의 대세를 벗어날 수 없었다.

이런 대세를 기반으로 기성의 질서와 규칙을 밀어붙이고 끌어왔던 문명의 흐름은 그 속에 고질적인 문제를 안고 키워왔다. 분리와 단절, 반목과 투쟁, 정복과 지배의 논리, 생태계의 위기, 상호 이용과 수탈, 유대의 붕괴, 그리하여 인간다운 삶의 상실을 초래하였다. 이러한 결과를 마르크스주의자 등 사회주의자와 일부 구조주의자들은 자본주의 탓으로 돌리려고 하였다. 그러나 구미의 다른 지성들은 자본주의와 사회주의, 전체주의 등 서양 이데올로기 모두를 배태한 인간중심의 서양 존재론적 형이상학의 귀결이라고 하였다. 세계대전의 폐허, 사회주의권의 몰락, 그리고 노사 분리와 균형조절 방식의 한계, 나아가 혁명의 무실無實과 허구를 경험한 유럽의 지성들은 사회경제적 이념과 구조의 탓으로 돌리는 심급보다 더 깊이 들어가 천착하였다. 그 이념과 구조의 바닥에 뿌리를 내리고 있는 서양 존재론적 형이상학, 특히 주체와 동일철학 중심의 존재론이 갖고 있는 전체론적 성격과 배타적 분절의 사고에서 원인을 찾았다.[16]

---

16 김규칠, 『불교가 필요하다』, 2019, 김영사, 197쪽 참조.

'신은 죽었다'는 말로 서구적 가치기준의 종말을 선언한 니체는 "서구의 역사를 반동적인 힘과 부정적인 권력에의 의지가 승리해 온 역사로 간주하고 있으며, 이를 허무주의의 승리라는 말로 표현하고 있다."[17] 에드문트 후설(Edmund Husserl)은 『유럽 제학문의 위기와 초월론적 현상학』에서 근대유럽의 역사 자체에 은폐된 내적 동기를 문제 삼았다. 후설은 "근대의 제과학諸科學이 장대한 전개를 이루어왔음에도 왜 위기에 빠졌는가?"라는 질문을 던지며, 그러한 위기가 곧 유럽적 인간성의 위기와 이어지는 이유를 물었다. 그는 "물리학주의적 객관주의와 초월론적 주관주의의 분리에 의해 야기된 단절을 극복하지 못한 근대철학의 불행에서 그 원인을 찾았다."[18]

이는 존재와 현상의 근거와 본질을 다시 철저하게 문제 삼는 하이데거에 와서 더욱 진지하게 논구되었다. 하이데거는 서양 형이상학의 영향 하에 전개된 현대문명의 문제점을 지적하였다. 당시의 미·소의 양대 문명을 기본적으로는 동일한 성격의 문명의 예로 들면서 적나라하게 묘사하고 있다. 또한 그는 존재의 근거를 망각하고 오직 존재자 중심의 과학기술주의와 기능주의 그리고 편의주의가 초래한 정신의 전락상을 비판적으로 보았다.[19] 이처럼 존재자 중심 문명의 결과로서, 또는 수반현상으로서 역사상 다음과 같은 문제가 세계적 차원과 규모

---

17 로널드 보그(Ronald Bogue), 『들뢰즈와 가타리』, 이정우 옮김, 1995, 새길, 44, 48쪽.

18 에드문트 후설(E.フッサール), 細谷恒夫·木田 元 譯, 『ヨーロッパ諸學の危機と超越論的現象學』(1974, 中央公論社) 421쪽.

19 김형효의 위 같은 책, 34~38쪽 참조.

에서 드러나게 되었음을 알 수 있다.

2) 서양주류 사상의 결락점과 그 파생원리 비판

서양의 형이상학과 사회사상의 주류는 피라미드식 또는 수목형 세계관과 분류체계의 앞·뒤 면이다. 이렇게 말하면 외형상 그럴 듯하게 들리지만, 그런 사고가 실제 사건이 벌어지는 일선에서는 니체가 설파하였듯이 '저급한 권력에의 의지'가 힘으로 약자를 몰아붙이는 행태로 나타난 벌거벗은 폭력의 행사였을 뿐이다. 그러한 사상과 행태에 근거하여 세계를 장악하고 지배하여 왔다. 그것은 다음과 같은 원리와 파생논리를 낳았다.

(1) 분리와 단절 및 지배·피지배의 구조화와 서열화

나누고 편을 갈라 싸우고 이겨서 결국 최고의 권력자 또는 최대의 이권 지배적 사업자가 되겠다는 심산은 두 가지 양상과 논리로 전개된다. 그 첫 번째는 생명계의 서열화다.

가) 생명 세계의 서열화 및 우월적 지위자 지배의 논리

(1) 위와 같은 세계관에서는 동물을 비롯하여 자연의 일체를 지배와 이용대상으로 삼았음은 물론이고 주류 지배계층은 대부분의 인간들마저도 동물과 자연에 대한 것과 유사한 태도로 대하였다. 또한 이를 조직적이고 체계적으로 지속하기 위하여 인류의 대부분에 노예도덕화 세뇌 교육을 시켰다. 프로이트는 어린 시절이나 성장과정의 조기에 접하는 종교교육 등 재래식 전통 교육이 인간의 사고 박약과 정신력

빈약의 결과와 밀접한 관계가 있다고 하였다. 에릭 슈미트 살로몬(E. S. Salomon)은 이를 문화적 매트릭스(Cultural Matrix)를 주입시키는 '뇌'벌레 하위프로그램에 의한 환상 교육의 결과라고 하였다.[20]

신이나 황제 또는 통치자들을 정점의 지배자 자리에 받들어 놓고 보통 인간들을 피지배 계층 또는 종복으로 전락시킨 뒤에, 모든 동식물 등 대부분의 생명들을 먹잇감으로 삼는 것을 합리화하는 '환상 교육'의 문제를 지적한 것이다. 이 문제를 제대로 '있는 그대로' 보게 하는 '현실 교육'으로 나아갈 때 비로소 종교전쟁과 이념충돌을 벗어나는 길을 발견할 수 있다. 이런 점에서 이집트 등 중동 및 그리스 로마 류類 신화와 환상 교육의 시대는 아직 끝나지 않았다.

(2) 구·미 및 백인우월주의에 기초하여 인간중심주의와 인종차별주의를 숨기고 표면상 명분으로 미장한 것이 '자기중심적, 동정시혜적 휴머니즘'이었다. 이는 기껏해야 반쪽짜리 계몽주의에 불과한 것인데 계몽사상이라고 과도 주장하는 오만을 범하였고, 아직도 부분적으로 큰 흐름은 그 연장선상에서 계속되고 있다.

(3) 생명의 수단화와 대상화, 자연의 정복·착취의 합리화 논리가 위와 같은 사고에서는 당연한 것이었다. 이 수단화와 대상화의 논리가 시장을 지배하는 것은 물론이고 인간 대 인간의 관계에까지 일반화하는 것은 필연적일지 모른다.

---

20 미하엘 슈미트 살로몬(Michael Schmidt-Salomon), 『어리석은 자에게 권력을 주지 마라』, 김현정 옮김, 고즈윈, 2012, 175~180쪽 참조.

나) 분리와 단절의 이분법과 그 후과—모순과 투쟁의 변증법이 낳은 결과

일자(동일자)를 정점으로 내부화하는 하나의 폐쇄적인 체계는 필연적으로 체계 안에 한편은 주류 이용자, 다른 한편은 비주류와 소외자, 대상화되는 군상들을 만들어내어 양분화 된다. 그렇게 되면 그 대상들도 생명의 원리와 성격상 체계와 모순과 대립을 빚게 되고 체계에 도전하게 된다. 사고가 형식적 정태적 논리에서 동태적 변화의 과정을 담는 변증법으로 발전하였지만 필연적으로 폐쇄 체계 내의 대립과 모순으로 인해 투쟁을 통한 사태 해결의 길을 밟을 수밖에 없게 되는 것이다. 이는 또다시 분리와 단절을 불가피하게 만들게 됨을 의미한다. 그리하여 계속 상호 배타 분열적으로 나뉘어 각기 자기중심적으로 타자를 이용의 대상으로만 대하는 악순환에 빠지게 된다. 서로의 관계에서 작동하는 것은 겉으로는 일부 분업과 교환이지만 실제는 호혜적 증여나 선의의 교환과는 거리가 먼, '덧붙여 속여먹기(cheating) 교환'이 되거나 '교묘한 수탈'이 개입하고 스며든다.

(2) 수단·관리체계에 의한 목적가치 삶의 식민화

지배적 위치에 있는 자들은 어떻게 하면 자기 본위의 기존질서를 잘 유지하고 발전시켜 나가느냐가 최대의 관심사이기 때문에 머리를 짜내어 시스템을 개발하기 마련이다. 그 결과는 막스 웨버가 말했듯이 '관리체계에 의한 생활세계의 식민화'와 같은 현실을 낳는다. 불교식으로 말하면 전도몽상이고 하위가치에 의해 상위가치를 손상시킨 가치전도, 존재자에 의한 존재 망각과 상실 같은 본말전도의 현상이다. 그러므로 아래와 같은 사태는 어쩌면 당연한 결과일지도 모른다.

가) 형식적 도구적 합리성이 획일주의적으로 지배하는 사태

본말전도 상황과 구조 하에서는 종속적 수단적 목적이 종국적 고가치의 목적을 침범해 거꾸로 주도권을 행사하여 자기 목적화 한다. 그리하여 자유와 평등이란 이념도 보편적 의미를 잃고 누구 어떤 부류의, 어떤 계급의 자유와 평등을 말하는 것인가에 심각한 의문을 품게 되는 사태로 변질하기 마련이다. 결국 자유민주주의와 자유경쟁 시장체제도, 평등과 정의를 표방한 관리사회주의체제도 편향화와 형식화 내지 형해화로 갈 수밖에 없다.

나) 국가의 관리와 운영 원리의 왜곡 및 파행 결과

도구적 형식적 합리성의 하나인 '다수결 원리'의 과도한 적용으로 국가의 제도적 관리체계에 의해 정치 경제뿐 아니라 종교, 교육, 학술, 문화, 사회 등 생활세계 전부의 전면적 시장화 또는 지배 장악의 사태가 초래된다. 말하자면 저차원 시장의 장애물 또는 이해관계로 인해 고차원적 공익부문까지 심대한 영향을 받는 상황이 전개될 수 있다. 그리되면 공공적, 공익적 가치 지향 노력이 저상되며, 그 성과에 대한 정당한 평가와 보상도 어렵게 된다. 이런 전 생활영역의 저차원 시장화 또는 획일화는 국민의 삶의 상향성을 훼손하며 생명의 존엄한 가치지향과 의의실현을 어렵게 만든다.

그러므로 가치평가의 문제를 신중히 검토한 뒤에 공익부문에서의 다수결 원리의 적용여부를 신중히 하고 되도록 화쟁적 합의를 이끌어 내도록 노력해야 한다.[21] 보다 나은 삶에의 가치지향의 가능성으로 열린 시스템이어야 할 사회체계가 형식적 또는 부분적이고 불완전한 교환가치 위주 또는 규제체계에 의한 평가·보상·분배체제로 굳어진다. 이것이 상술한 하위(관리·도구)체계에 의한 상위(목적)가치 잠식과 생활세계(삶의 세계)의 식민화다. 사회는 무한 속도전적 경쟁 일변도로 과도 경쟁의 피로사회로 치닫게 된다. 이는 생태계 및 생활세계의 기형화와 황폐화로 가속화한다.

---

21 구나르 뮈르달의 견해에 의하면, "가치평가에는 고차원 평가와 저차원 평가가 있다. 전자는 인간의 존중과 평등성 추구의 원칙을 지향하고, 후자는 다수의 거대한 빈곤의 계곡이 있는 것에 무관심한 경제학, 이론적, 술어적 현실도피 등을 추구한다."(임원택, 『정치경제학의 철학적 기초』, 법문사, 1989).

2장 현대 전환기의 복합적 과제와 모색

1. 현대에 두드러진 복합적 과제 — 생태위기와 경제사회문제의 복합으로 인한 전 지구적 갈등의 격화

1) 현대적 양상의 특징은 불균형과 부조화의 문제가 국지적으로 국한되지 않고 지구적 범위에서 영향을 미친다는 데 있다. 이와 함께 종래의 자원의 대량·무한 사용 — 대량·무한 생산 — 대량·무한 소비 방식 자체가 한계에 부딪혀 수정이 불가피해질 것으로 보인다. 이는 소비 패턴의 급변화, 소량 다품종 유연 주문 생산방식으로의 변화 및 쌍방향 정보통신의 보편화 시대의 도래라는 현상으로 나타나고 있다. 경제사회적 난제는 얽혀 있다.

2) 테러·반테러, 환경, 각종 사회문제뿐만 아니라, 선진국 및 선발 개도국의 적절한 성장률 유지와 금융·통상시장의 원활한 유지·운영을 위해서도 다양한 대응 전략과 탄력성 있는 체제로의 수정·보완이

필요하다. 특히 전 세계적으로 산발적으로 벌어지는 게릴라식 자폭적 테러리즘의 문제는 예측불허와 제어불능의 단계에까지 이를지도 모르므로 신사고로 대처해야 할 것이다.

생태 환경문제도 그와 유사한 성격과 차원의 문제다. 아니, 테러리즘의 문제보다 기후변화에의 대처 문제가 훨씬 더 심각하고 중대한 문제다. 2015년 12월의 파리 세계기후변화회의(중심 주제: 온실 가스 감축)와 2018년 말~19년 초 폴란드 기후변화협약회의에서는 지구온난화 속도가 더욱 빨라지고 있다는 경고를 발하였다. 기후변화의 심각성은 지구적 차원의 대재앙의 초래로 돌이킬 수 없는 대량 생명절멸로 이어질 것이기 때문이다.

가능성과 위험성의 신호가 포착되는 순간 카타스트로피는 언제 닥칠지 모른다. 불공정 선점, 특히 인류의 공동유산(자연자원)에 대한 선제적 장악과 포획·침탈, 치팅과 커닝의 관성문화, 문제의 천연, 희생과 책임의 전가 등 기존의 노선을 고집할 필요가 없다. 약간의 늦고 빠름의 차이는 있어도 지구촌의 모두가 다 비슷하게 그 과보를 받을 것이기 때문이다. 삼분의 일 정도의 국민들 또는 일부 국가만이라도 생물다양성 인정과 생명 존중 그리고 야생회복의 길로 방향전환을 시도할 수 있다면 그것은 지구를 살리는 활생의 큰 계기가 될 것이다.

2. 전환기의 서구적 대안모색 사례

1) 사회민주주의의 경우

20세기는 사회민주주의의 세기라고 말하는 학자를 비롯해 사회민주주의의 전망을 밝게 보는 해석과 연구가 없지 않았으나, 반면에 차악이나 차선의 선택은 될지언정 자유주의와 마르크스주의를 넘어 산업사회의 미래를 열어줄 새로운 패러다임은 될 수 없다고 보는 이들도 많았다. 일부는 1930·40년대 스웨덴 사회민주당의 '잠정적 유토피아와 나라살림 계획'의 성공사례를 예로 들곤 하였으나 북유럽과 사회경제적 여건과 시대적 사정이 다른 상황에서는 낙관적 전망을 하기가 어렵다.

더구나 21세기는 후기 산업사회를 훨씬 지나 최첨단 IT기술 급변과 복합 무한경쟁의 성격을 띤 경제전쟁의 한복판에 있는데, 사회적 정치적 여건과 사정에 영향을 받기 쉬운 중도 실용적 관점의 사회민주주의 모델이 과연 효율적이고 적극적 능동적으로 난관돌파력을 가질 수 있을까 의문을 던지는 사람도 많다. 브뤼노 라투르(B. Latour) 같은 객체지향의 생태주의 신정치를 말하는 사람들은 지금의 지구붕괴위기의 시대에 사회주의 정당과 녹색당이 따로 놀며 협력할 줄 모른다고 강하게 비판한 점 등을 볼 때, 새로운 시대상황에 부응하는 새로운 사고로 환골탈태의 혁신이 필요하지 않을까 생각하는 이들도 있을 것이다.[1]

더 근본적으로 사회민주주의를 포함해 서구의 이데올로기 또는 사회사상들 태반이 기반을 두고 있는 동일철학의 전체론적 성격의 형이상학이나 유물론적 존재론의 근거 짓기에 있어서 임의적 전제의 문제가 있었음을 지적한 바 있다. 이 문제가 난제의 발생과 누적에

---

1 브뤼노 라투르(Bruno Latour), 『지구와 충돌하지 않고 착륙하는 방법』, 박범순 옮김, 이음, 2021, 79, 85쪽.

주 원인을 제공하였고, 이후 역사적 사건과 사태를 거듭하며 대량살상과 생태의 위기 등 지구문명의 붕괴위험성까지 초래하였다는 진실을 직시하지 않을 수 없다.

2) 21세기 자본주의와 시장경제의 양면성

첨예하고 중요한 경제문제일수록 정치적 사회적 성격을 강하게 띠는 문제이다. 일찍부터 조셉 슘페터가 자본주의의 몰락 위험성을 경고하며 창조적 혁신을 대안으로 제시하였지만, 전반적 혁신의 필요성이 매우 높은 대전환의 시기에는 단지 경제적 기술적 혁신에 의해서만 이루어질 수 없다. 정신적 물질적 조건, 사회와 정치문화 등 여러 가지 면에서의 혁신이 이뤄져야 할 것이다. 정치와 경제운용의 거버넌스와 자원 및 소득의 분배방식 등에 관한 제도적 혁신은 물론이다. 이런 전반적 혁신은 자연, 인문, 사회과학에 걸친 통섭과 융합을 바탕으로 문명의 전환을 시도할 정도의 모험적 사고의 혁신이 필요하다. 물론 혁신적 사고의 전환은 자유의 기반을 약화시키는 것이 아니라 실질적 자유를 더욱 고양시키는 방향으로 실현되어야 한다. 그러나 자유경쟁만을 계속 외치는 식으로는 해결되지 않을 것임은 더 말할 필요도 없을 것이다.

『21세기 자본론』을 쓴 토마스 피케티(Thomas Piketty)는 이렇게 말하고 있다. "이 연구의 종합적인 결론은 사유재산제에 바탕을 둔 시장경제는 그대로 내버려두면 특히 지식과 기술의 확산을 통해 격차를 좁혀가는 강력한 수렴의 힘을 지니고 있다는 것이다. 그러나 이런 경제는 또한 민주사회와 그 사회의 기반이 되는 사회정의의 가치에 대한 잠재적 위협이 될 강력한 양극화의 힘도 지니고 있다. 불안정을 초래하는 주된 힘은, 민간자본의 수익률(r)이 장기간에 걸쳐 소득과 생산의 성장률(g)을 크게 웃돈다는 사실과 관련이 있다. '민간자본의 수익률(r)이 소득과 생산의 성장률(g)보다 크다', 즉 'r 〉 g'라는 부등식不等式은 과거에 축적된 부富가 생산과 임금보다 더 빨리 증가한다는 것을 의미한다. 이 부등식은 근본적인 논리적 모순을 드러낸다. 기업가는 필연적으로 자본소득자가 되는 경향이 있으며, 자신의 노동력밖에 가진 게 없는 이들에 대해 갈수록 더 지배적인 위치를 차지한다. 자본은 한번 형성되면 생산 증가보다 더 빠르게 스스로를 재생산한다. 과거가 미래를 먹어치우는 것이다. 이것이 부의 분배의 장기적인 동학動學에 미치는 영향은 어쩌면 끔찍할 수 있다. 자본수익률이 초기의 투자규모에 따라 달라지며, 부의 분배의 양극화가 전 세계적으로 일어나고 있다는 점을 함께 생각하면 특히 그렇다. 이 문제는 거대한 것이다. 그러나 단순한 해법은 없다."

이렇게 말하면서 "결국에는 지구촌 전체의 성장률이 어떤 경제정책을 선택하더라도 장기적으로 1~1.5퍼센트를 넘지 못할 것이라고 믿을 만한 충분한 이유가 있다."고 하였다.[2] 그는 앞서 이를 입증하기 위해 1700년부터 2012년까지의 성장률 추이를 실증적으로 분석한 바 있다. 길지 않은 기간 일부 개발도상국의 특수한 사례를 제외하고, "세계적인 첨단기술을 보유한 국가라 하더라도 오랜 기간에 걸쳐

---

2 토마스 피케티, 『21세기 자본론』, 장경덕 외 옮김, 글항아리, 2014, 689, 690쪽. '성장률이 높아진다고 해도 자본수익률이 높아질 것이므로 격차는 별로 줄어들지 않을 것이라'고 말했다. 794쪽.

연평균 1.5퍼센트를 넘는 생산 증가율을 기록한 사례는 없다." "아직도 성장률이 3~4퍼센트는 되어야 한다고 생각하는 이들이 많다." …(중략)… "역사와 논리 모두 이것이 환상임을 보여 준다."라고 하며 앞으로의 논의는 이러한 현실을 염두에 두고 진행해야 한다고 말하였다.[3]

요컨대 앞으로의 경제에 대해 어느 정도 긍정적으로 보는 입장에서도 상당히 제한적이라는 것이다. 기술혁신과 정보의 확산은 지속가능할 수 있고 제로 성장을 면할 정도의 경제발전은 할 수 있을지 모르나, 극심한 양극화, 전반적인 구매력 저하와 불평등의 심화, 사회적 갈등의 격화는 피하기 어려울 것이라는 전망이다. 여기에 생태적 문제, 즉 기후변화로 인한 지구위기의 문제와 국제적 대립 충돌 등 정세변화는 빠져 있는데, 그런 요소들까지 감안하면 결코 전망이 낙관적이라고 볼 수 없다.

3) 포용적 제도론의 한계 및 자본주의 고쳐쓰기의 미봉책

지금은 이미 20세기의 예상을 훨씬 뛰어넘어 급진적 정세변화와 첨단적 기술의 혁신이 진행되고 있는 21세기, 그것도 중반으로 치닫고 있는 현대란 시대다. 이런 급가속도적 변화 가운데서 획기적이고 전반적인 대안이 나올 수는 없을 것이다. 나온다고 해 봐야 위에서 언급한 대로 수정자본주의식, 자유경쟁 시장체제와 사회적 시장경제 정책의 절충, 아니면 사회민주주의 또는 사회주의와 공동체주의의 현대적 변용 정도일 것이다.

---

3 위 같은 책, 118쪽 참조.

이 모든 것들의 골간적 내용은 거의가 다 지금까지 역사적으로 실험을 거쳐 장단점과 당부당이 이미 밝혀졌다. 뿐만 아니라 앞에서 언급한 바 있거니와, 서구의 철학자들이 지적한 대로 좌우를 막론하고 지금까지 시행되어 온 정치이념과 사회사상은 서양의 전체론적 존재론의 과잉 주장에 근거한 오류와 한계로 인해 현대적 위기와 난관을 돌파하기에는 이미 적합하지 않다는 사실을 잊어서는 안 될 것이다. 그런 여러 가지 사유로 인해 자유경쟁 시장경제체제의 장점을 살리면서 양극화 등 격차의 문제와 각종 중대 위기들을 헤쳐 나아갈 만한 대안이 나오기가 어려운 것이 현실이다.

과거를 돌아보고 현재의 문제를 지적하는 것은 쉽다. 대안은 그보다 훨씬 어렵다. 이를 알면서도 그래도 혹시나 하고 찾아보게 된다. 대런 애쓰모글루(Daron Acemoglu)와 제임스 로빈슨(James Alan Robinson)의 공저 『국가는 왜 실패하는가』(2012)의 골자에 이런 게 있다. '세계 국가들 사이에 빈부의 격차가 엄청나게 벌어진 이유는 지리와 문화에서 오는 것이 아니라 제도에서 비롯된 것이다. 전제국가나 지배적 계층 위주의 수탈적 제도 아래에서는 사회 정체와 빈곤을 초래한다. 오직 포용적 정치·경제제도만이 이를 해결한다. 자유와 창의, 다양성 속에서 누구나 재능을 발휘할 수 있도록 인센티브를 제공하고, 재산권과 보상체계를 보장하며, 신기술 개발과 투자를 북돋는 포용적 정치·경제 제도가 국가 성공의 길이라는 것이다.'

그들은 또 하나의 공저 『좁은 회랑』에서 국가와 사회 사이의 상호견제와 균형을 말하고 있다. '국가가 치안의 부재와 무질서, 경제사회적 각종 혼란을 수습할 수 없을 만큼의 무정부 상태에 이르도록 되어서도 안 되지만, 나치 독일과 스탈린 치하의 소비에트, 문화혁명기의 중국처럼 국가권력이 지나치게 개입하고 행사되어서도 안 된다. 그리고 미묘하고 복잡한 문제는 코로나 팬데믹 사태 같은 일들이 벌어졌을 때 국가가 어떻게 어느 정도 개입하고 통제하는 것이 바람직할까 하는 것이다. 이럴 때 우리는 국가와 사회를 아우르는 입장에서 현명하게 대처해야 한다. 둘 사이에 균형과 견제가 이루어지는 지점인 좁은 회랑을 두고 밀고 당기는 것이 국가와 사회의 관계라는 것을 의식하며 조절하는 국가기관과 시민사회 양쪽의 지혜가 필요하다는 것이다.'

이 후자의 '좁은 회랑'에서 사회, 특히 시민사회의 역할을 중시하는 것은 현대적 맥락에서는 한층 더 유의할 점이라는 것에는 동의하지만 이런 기조로는 난관의 돌파는 난망으로 생각된다. 이미 포용적 정치 경제제도를 채택하여 그 성과를 최대한 올린 선진국들이 지금 어떤 상태에 있는가? 그리고 세계정세는 또 어떤가? 위험사회, 세계적 복합경제전쟁, 금융위기의 빈발, 빈부양극화와 사회병리적 무규범, 정보과잉 및 홍수와 피로사회 현상 등 시대적 대표 징후들을 잠깐만 나열해도 '포용제도와 좁은 회랑'의 발상 정도로는 현상유지나 당분간의 대비책은 몰라도 미래의 대비책이 될 수 없음을 알 수 있다. 게다가 테러와 대량살상무기의 공포와 불안, 날로 심각화해 가는 기후변화와 지구적 규모의 생태붕괴의 위기까지 생각하면 현재 선진국의 정치 경제 사회적 제도 차원의 접근방식으로는 거리가 멀다고 아니 할 수 없다.

이코노미스트 편집장을 지낸 빌 에모트(Bill Emmott)는 그의 『20 : 21 VISION』에서 '자본주의의 강점이 약점을 능가할 수 있을 것인가'

에 간단히 대답할 수 없다고 하며, 현실적으로 시장경제체제에 강한 미국 같은 주도국가가 앞으로도 세계의 정치와 경제의 중심 역할을 계속 유지할 수 있을지에 달렸다고 할 수 있고, 굳이 말하자면 '편집증적 이상심리가 동반된 낙관주의(Paranoid Optimism)'로 정세를 보고 있다고 하였다.[4]

미국의 저명한 경제학자 로버트 고든(Robert J. Gorden) 같은 사람은 미국을 비롯한 선진국들의 생산 증가율이 2050~2100년경에는 연 0.5퍼센트 밑으로 하락할 수 있다고 비관적 견해를 보이며 정보기술의 혁명 등 혁신이 이루어진다 해도 성장 잠재력이 과거에 비해 훨씬 낮다고 피력하였다.[5] 아마도 세계적 차원에서 1퍼센트 전후의 성장률 정도를 유지하는 것도 급속히 고갈되고 있는 에너지원의 대체나 획기적 조달방도가 강구되지 않는 한 쉽지 않을 것이다.

앞서 잠깐 언급한 바 있지만, 현재의 어려움이나 위기가 자본주의의 문제나 위기만이 아니다. 근본적인 생태적 위기가 진행되어 더 심각하게 드러나는 시점에서 경제사회적 과제들 전반을 효율적으로 대처하기 위해서는 국가의 개입을 확대 강화할 필요성이 있다는 견해와 일부 사회민주주의적 발상도 한편에서 논의되고 있다. 물론 이들이 표면적으로는 과거의 사회주의나 사회민주주의 시대로 돌아가자는 입장은 아니라고 하지만 귀결은 그 비슷하게 되지 않을까?

그들은 '자본주의 고쳐쓰기'란 말로 고도의 물질적 번영을 포기하지

---

4 Bill Emmott, 『20 : 21 VISION』, Farrar, Straus and Giroux, New York, 2003, p.317.

5 로버트 고든, 『미국의 성장은 끝났는가』, 이경남 옮김, 생각의 힘, 2017 참조.

않으면서 사회정의와 지속가능한 환경을 확보하는 것을 근본적인 지향점으로 삼는다고 표방하며, 현존의 경제모델이 안고 있는 문제를 지적한다. 예컨대 '시장근본주의가 결코 낮은 실업률과 납득할만한 수준의 소득분배 등 안정을 가져다주지 못했다'는 것, 지구 전체적으로 '시장은 열리고 세계화되었지만 시장을 규제하기 위한 노력은 일국 수준에 머물렀고 기껏해야 국가들의 연합수준이었기 때문에' 국가 간 또한 국가 내부의 계층 간 격차는 더욱 벌어지고 '지구적인 경제적 생태적 발전의 안정성과 지속가능성을 보장하기 어렵다는 것'이다.[6] 문제는 그들의 대안이 대부분 법적 행정적 규제에 의한 경제적 문제 해결을 핵심으로 하는 국가개입의 확대강화라는 것이다.

이것은 대단히 어려운 과제를 던지고 있다. 큰 틀을 마련하고 제도적 뒷받침 하에서 경제운용을 하도록 하는 건 맞지만 수요와 공급의 흐름, 특히 물과 같은 돈의 흐름을 규제강화나 통제로 물길을 몰아간다는 식의 발상은 고장 난 시장을 고치는 것이 아니라 시장의 왜곡을 초래할 우려가 다분하다. 거기에 규제의 길목마다 최선의 대처와 감시 감독이 뒤따라야 하는데 과연 그것이 제대로 되겠느냐 하는 것이다. 과거 부동산 시장에 대한 법적 개입 결과의 실패와 중국의 외형적 경제성장 성과에도 불구하고 거대한 구조적 부패와 자원배분의 왜곡, 정치적 발전의 후퇴 등이 잘 말해 주고 있다.

시장의 원리를 지켜 나가되 가능한 한 법적 행정적 개입은 줄일

---

6 세바스티안 둘리엔(Sebastian Dullien) 외, 『자본주의 고쳐쓰기』, 홍기빈 옮김, 한겨레, 2012, 31~2쪽 참조. 규제와 행정조치 필요분야에 관해서는 189~269쪽 참고,

수 있다면 줄여나가는 길이 바람직하다고 할 것이다. 경제가 중요하지만 현대는 복합적 문제와 위기의 시대다. 역사가 도널드 서순(Donald Sasoon)은 현 시대의 문제점들과 병리적 현상들을 지적하며 우리가 '담대한 희망'을 가질 만큼의 낙관적 전망을 하기는 어려울 것 같다고 하였다.[7]

4) 디지털 순환경제의 가능성 — 양극화에 어떤 영향을 미칠까?

본격적인 디지털 기술로의 전환을 맞이하여 서둘러 4차 산업혁명에 대비해야 한다는 목소리가 높아지던 시기에 코로나로 인한 팬데믹 사태가 3년 이상 계속되었다. 그 기간 동안 많은 사람들은 직장에 출근하지 않고 재택근무를 하거나 재택근무를 할 수 없는 경우에는 시간단축, 유연 또는 교대근무를 하였다. 이른바 '디지털 도피'를 선택할 수밖에 없었던 시기였다. 그런데 이런 시기에 호황을 누리는 부문이 있었으니 세계 유수의 초국적 대형 디지털정보화 기업들이었다. 구글, MS, 아마존, 메타 등이 그들이다. 그리하여 심지어 어떤 학자는 그들 소수의 대기업들 0.1%와 그 외의 99.9%로 세계의 양극화가 거의 완전한 극단화 상태로 돼가고 있다고 지적한다.

그렇지 않아도 소위 디지털 디바이드 현상으로 정보매체와 기술의 활용 내지 향유에 있어서 양극화가 확대되고 있는 상황에서 이런 디지털경제 부문의 소득 양극화는 매우 심각한 문제를 제기하고 있다. 사물인터넷, 데이터베이스, AI, 메타버스, 챗GPT 및 AGI 등 하루가

---

7 도널드 서순, 『우리 시대의 병적 징후들』, 유강은 옮김, 뿌리와이파리, 2021, 323~8쪽 참조.

멀다며 등장하는 새로운 정보기술의 출현으로 산업과 교육 등 사회부문 전체에서의 대대적 변혁과 전환 작업이 불가피해 보인다.

그렇게 말하는 학자들 중에는 최첨단 디지털 정보기술의 활용은 피할 수 없는 길이고, 따라서 이를 잘 활용함으로써 지금까지 산업사회를 이끌어 왔던 선형적(linear) 생산경제 및 산업체제를 디지털순환경제 시스템으로 전환할 필요성이 눈앞에 다가왔다고 주장한다. 그들은 과거의 경제를 off-line 물질경제라고 한다면 앞으로의 경제는 비물질경제라고 할 수 있다고 말한다. 예를 들어 메타버스의 세계는 실물물질의 전개는 없고 가상현실의 세계로서 거기서 일어나는 일들의 창조, 생산, 교환, 거래, 소비 등 행위가 일어난다면 비물질경제라고 할 수 있다는 것이다.

특히 그들이 강조하는 것은 생산 제조된 제품의 유통과 소비 및 폐기물 처리과정에서 이 디지털 기술, 예컨대 AI로봇 등에 의한 기능수행업무를 잘 활용한다면 순환경제가 가능하다는 것이다. 제품의 소비 후 재생 또는 재활용 과정과 폐기물처리 과정에서의 분류업무를 AI로봇에 맡기고, 그 결과를 집계하여 관련 부문에 신속 정확하게 통보함으로써 상당부분 지금의 애로사항을 타개할 수 있고, 생산성의 제고, 자원의 절약과 환경오염의 대처 등 많은 일을 해낼 수 있다는 것이다.

이런 디지털 기술의 활용에 의한 순환경제체제로의 전환 아이디어는 노르웨이 출신의 경영철학자 앤더스 인셋이 『양자경제(The Quantum Economy)』란 이름으로 이미 개괄적 차원에서 제시한 바 있다.[8] 그는 "인류가 살아가는 사회, 경제 체제에는 완벽한 균형은 환상이다", "이제는 무한성장과 기술 숭배에서 벗어나 연결과 순환이라는 양자적 관점을 가져야 한다."라고 말한다.

디지털 순환경제 사고에서 비물질적 경제라는 용어의 적합성에 대해서는 이견이 있으나, 재생과 재처리 과정 등 부분적인 디지털 기술 활용의 의의와 효과에 관해서는 공감하는 바가 적지 않다. 그러나 그런 효과를 가지고 전체를 순환경제체제라고 부르기에는 아직 때 이른 감이 있다. 더구나 디지털 기술의 활용도 증가결과 디지털 디바이드와 양극화 문제는 문제의 해결보다 그런 현상의 심화 또는 확대가 일어날 가능성도 있을 수 있다.

그러므로 보다 치밀하고 세심한 연구가 더 필요하다고 본다. 필자의 생각으로는 이런 디지털 기술 진보의 추세를 잘 살피고 활용도를 높여 나가면서도 자유경쟁체제의 강점인 자유와 창의를 더욱 살리고 고양하는 쪽으로 복합적 전략을 모색함이 바람직하지 않을까 한다. 인셋의 '연결과 순환의 원칙'에 대해서는 귀를 기울일 가치가 충분히 있다고 생각한다. 인셋의 경우는 추상적인 순환경제의 원칙과 나아갈 방향에 관해서, 그리고 그런 연결과 순환이 일어나는 과정에서 생산과 소비, 화폐와 금융, 세제와 복지 등이 대강 어떻게 변할 것이라는 추측을 개진하고 있다. 그러나 자본주의적 환경과 제도와 분위 속에서 과연 무한성장과 기술 숭배의 환상에서 쉽게 벗어날 수 있을 것인가에 대해서 아직은 좀 더 연구와 검토를 해야 할 필요가 있다고 생각한다.

---

8 앤더스 인셋(Anders Indset), 『양자경제』, 배명자 옮김, 2022, 흐름, 222~233, 233~240쪽 참조.

3. 새로운 사고를 위한 사색

1) 복합현실의 변화와 온·오프식 사고방식

1) 지구촌에는 아직도 경직된 고체형의 보편적 진리관과 정의관이 여전하나, 다른 한편 자연과학 부문에서부터 절대적 진리에 대한 부정적 견해가 대두하였다. 이와 동시에 보편종교를 비롯해 보편적 사상으로 외람되게 자처하던 과거의 로칼리티 사상에 대한 재검토와 새로운 로칼리티 사상 창조의 기운이 왕성해지고 있다. 그리고 이러한 로칼리티 사상 상호간의 교류와 충돌과 융합에 대한 사색과 인식의 수준이 높아가고 있다.

새뮤얼 헌팅턴(S. Huntington)의 '문명의 충돌론'과는 달리, 최근 이한구 교수는 그의 『문명의 융합론』에서 전 지구적 연결망 사회의 분석을 통하여 문화유전자들의 융합에 의한 새로운 문명의 탄생 가능성을 신중하게 전망하고 있다.[9] 특이점 도래의 시대상황을 맞아 지구적 규모에서 빅데이터 시스템의 연결망이 인간의 분석과 판단을 기다리지 않고 빠른 속도로 광범위하게 영향력을 발휘할 뿐만 아니라 결정적 역할을 수행하는 지점에 이르렀다.

이 지점에서 크게 두 가지 갈래로 흐름이 나뉠 수 있다. 하나는 다양성의 진행 중에서도 대중성과 상호 친연성이 쏠림 현상을 만들어 다양성이 오히려 손상을 입는 방향이다. 다른 하나는 다양한 사회적 문화적 요소가 상호 빠르고 넓게 교류하여 융합과 조화를 증장시키는

9 이한구, 『문명의 융합』, 철학과 현실사, 2019, 138~144, 249~262, 300~306쪽 참조.

방향으로의 흐름이다.

2) 과거의 일원성 또는 이원성, 다원성이란 것도 실은 존재가 생성과 변멸을 거듭하는 역동적 과정에서 보면 잠재적 차원에서는 상호 연결 또는 분리될 수도 있는 한 물건 또는 이중성·양극성이라고 할 수 있다. 그러므로 역시 변화과정에서 상호 교차와 전위轉位, 분리와 단절, 연속과 연결, 혼종화와 복합과 융합의 가능성도 내포하고 있는 것이다. 이것은 '공'모양 같고 나선형 같으며 '새끼꼬기'식 키아스마(chiasma)에 비유할 수 있는 사유방식이라고 할 수 있다.

김형효 교수는 그의 『원효의 대승철학』에서 이의 원형적 사유를 원효의 『금강삼매경론』과 『대승기신론소』 등에서 찾을 수 있음을 상세히 논하고 있다.[10] 그의 논지를 요약하면 다음과 같다. 유와 무, 진(眞: 진여문)과 속(俗: 생멸문), 정립(立)과 해체(破) 등의 '둘도 하나도 아님'의 관계, 즉 상호 의존과 분리는 완전히 무관하거나 완전히 통합된 것이 아니라, 과정에서 일어나는 나눔과 합함, 연결과 단절의 개차식(on/off) 회통적(spiral 과정의 접촉) 진행과정에서의 일이라는 것이다. 이를 화이트헤드의 사유와 연결하여 또 이렇게 말할 수 있다. 신체와 정신, 엔트로피 증가적 하향성향과 생명의 창진적 상향성향, 결정론과 자기갱신 등 수없는 이원성이 각각 별개로 독자적으로 나뉘기만 하는 것도 아니고, 하나로 뭉뚱그려 움직이기만 하는 것도 아니다.[11] 그 사연을 알고 보면 사실은 불이(둘도 아니고 하나도 아님) 관계에

---

10 김형효, 『원효의 대승철학』, 소나무, 2006. 이중성과 이원성의 차이, 이중부정과 이중긍정의 의미에 관해서는 90~106쪽, 화쟁적 사유와 차연에 관해서는 270~282쪽 참조.

있는 연기적 이중성이 '자기조직화 및 유지' 측면과 '새로움과의 접속 및 창조' 측면의 교직하는 과정에서 부정과 긍정을 번갈아 보이는 양 측면이라는 사유가 있기 때문이다.

2) 경험의 양극적 계기와 근본적 이중성 개념들

이전 세기에 드러난 복합화 시대의 문제점이 21세기에 들어와 더욱 심화되면서 동시에 잠재성의 현재화 가능성도 점점 높아지고 있다. 복잡다기한 현대적 양상과 사태가 새로운 문제점을 드러내면서 이의 해결을 위한 고민과 노력 또한 늘어나고는 있다. 이는 현대사회의 기술적 발전과 더불어 전환기의 정신상황과 사상적 변화로 나타나고 있다. 그런데 사태로 나타난 모습은 이렇게 여러 가지이지만, 실은 그 속에서 밑바닥을 관통하며 사태를 사태로서 드러나게 하는 바탕 역할을 하는 사고의 흐름이 있다는 것을 발견할 수 있다. 그러한 기반 역할을 해 온 사고의 흐름을 몇 가지로 분류해 볼 수 있겠지만, 결국은 크게 보아 두 가지 가닥으로 정리할 수 있다.

우리는 현대사회와 문명의 향방을 가늠하기 위해서는 이 중요한 흐름을 간파할 필요가 있다. 이에 관해서는 앞에서도 잠깐 언급한 화이트헤드의 사유가 잘 정리해 주고 있다. 화이트헤드는 『이성의 기능』에서 "우주에 있어서의 근본적인 이중성"을 말하고 있다. "퇴보를 향한 물질적 경향과 그에 반하는 상향의 경향, 이 상향과 하향의 경향, 그리고 육체와 정신이라고 하는 것을, 우리의 경험의 본성

11 알프레드 노스 화이트헤드, 『이성의 기능』, 김용옥 옮김, 통나무, 1998, 125~126쪽 참고.

속에 본질적인 두 개의 상호 관련된 이중성으로서 어떻게 해석할 수 있을 것인가."라고 하며 그 인식론적 근거를 질문하고 있다.

화이트헤드는 "이러한 이중성들을 하나의 일관된 개념으로 묶여질 수 있게 되기를 희망하고 있다." 그러면서 그는 "모든 경험의 계기들"을 그 인식론적 근거로 들고 있다. 화이트헤드는 유기체 철학의 핵심이라고 할 수 있는 언명을 하고 있다. 즉 "모든 경험의 계기들은 양극적이다. 다시 말해서 정신적 경험이 물체적 경험과 통합되어 있는 것이다(Every occasion of experience is dipolar. It is mental experience integrated with physical experience)."라고 하며, 정신적 경험은 신체적 경험의 반대이지만 "의식은 정신적 경험에 있어서 반드시 필요한 요소가 아니다(Consciousness is not necessary in mental experience)."라고 하였다.[12]

필자가 앞에서 누차 언급한 바와 같이 붓다는 이를 '둘 아님의 연기법'으로 이미 밝혀왔다. 물질과 정신, 심극(心極: mental pole)과 신극(身極: physical pole)을 비롯한 각종 이중성 개념들은 어떤 시한적 조건적 차원 또는 잠정적인 면에서는 독립적 또는 이원적 성격을 가지고 있는 것처럼 보인다. 그러나 과정과 흐름의 관점에서 보면 복합적으로 함께 존재하거나 어떤 식으로든 연결되어 있다. 즉 우주와 생명의 유동적 연관 속에서 연결되기도 하고 분리되기도 하는 과정에 있는, '둘도 아니고 하나도 아님'의 관계 속의 각종 이중성 개념들이다.[13]

---

12 화이트헤드, 『이성의 기능』, 126, 127, 128쪽.

13 원효는 『대승기신론소大乘起信論疏』에서 이중성을 생멸문과 진여문, 개합開合과 입파立破 등으로, 『이장의론二障疑論』에서의 현료문(顯了門, 나타남)과 은밀문(隱

3) 변화에의 적응과 지향

이상과 같은 이중성 개념들은 입장과 관점에 따라서는 어느 한쪽을 더 선호할 수도 있을 것이다. 그러나 무조건 한쪽을 없애고 다른 한쪽만 따를 수는 없는 상관적 관계에 있는 것들이다. 왜냐하면 이 이중성은 변화의 과정과 흐름 속에서는 생명체와 그의 삶 안에 함께 존재하면서 관계를 갖고 상호 분리와 연결, 즉 on/off(開遮)를 거듭하고 발전하는 복합적 현상이기 때문이다. 이것을 일러 '둘 아닌 유동적 복합적 관계'라고 부른다. 설령 한쪽이 부정적으로 보이는 것이어서 타기하거나 극복해야 할 것이라 하더라도 그것들은 다른 차원이나 측면에서, 또는 직접이 아니고 매개를 거친 방식으로라도, 생명적 발현과정에서 그리고 양자물리학의 세계에서는 on/off식 기제를 통한 연결고리의 성격을 가지고 역할을 하는 개념들이다.

나는 이것을 어느 한쪽을 치우고 다른 어느 한쪽만 택하자는 입장도 아니고, 또 다른 제3의 하나로 바꾸어 세우자는 입장도 아니다. 살고자 하는 의지를 가지고 태어난 이상 지향하는 것은 분명히 생명성을 북돋고 발양시키는, 보다 고차적 가치를 향하자는 것이다. 복합성과 이중성을 무시하거나 억지로 일원론 또는 이원론으로 단일화·단순화하는 것보다 살릴 수 있는 점은 살리면서(덜 희생하면서) 지향하자는 입장이다.

密門, 숨음) 등으로 '둘 아님의 세계', 즉 '동일한 것도 아니고 다른 것도 아니다'라고 설명하였다. 이에 관해서는 위 김형효의 『원효의 대승철학』 및 박성배의 『한국사상과 불교』(혜안, 2009), '원효사상 연구'편을 참고할 것.

제3부

생각하는 사람들과 지구촌 시민에게 드리는 제언

1장 시대의 변혁 요구와의 타협책

1. 난국 돌파의 비상 기획

근대화는 많은 성과에도 불구하고 그 환원주의적 전체성 내지 강자지배 서열체제와 도구적 관리체계에 의한 생활세계의 식민지화 등 중대한 문제를 안고 있었다. 더 근본적으로는 자연과 인간, 신체와 정신, 객관과 주관, 인간과 인간의 분리와 단절이라는 근원적 분단의 문제를 극복하지 못하였다. 어중간한 반半계몽사상에 의거하여 전개해 온 근대화·탈근대화 차원의 논의로서는 인간의 존엄과 생명에의 외경을 지키고 보장하기가 어렵게 되었다.[1] 자본주의, 공산주의, 사회주의, 자유주의, 사회민주주의 등 거의 모든 이념과 노선이 서유럽 근대사상

---

1 근대화의 주목할 만한 비판의 예로는 브뤼노 라투르, 『우리는 결코 근대인이었던 적이 없었다』, 홍철기 옮김, 2009, 갈무리, 40~45, 49~54, 82~94, 100~119, 126~131, 135쪽 참조.

에서 출발하였기 때문에 그 바탕의 사고는 마찬가지다.

21세기 선진민주국가를 비롯해 태반의 나라에서도 미완의 근대적 사고에 근거한 헌법체계와 국가제도를 유지해 오고 있다. 오늘날의 복합적 혼돈과 분쟁, 방향감각의 상실 등의 원인도 이러한 데서 찾을 수 있다. 선진, 강국이란 나라들도 저성장과 저구매력 등으로 인한 이윤율 저하와 경기부진, 소득격차 확대와 양극화, 고용과 노동환경의 악화, 사회적 병리현상이 확대되고 있다. 뿐만 아니라 민주적 법치의 위기 등 정치적 난제의 심화, 지구 온난화와 생태적 파국위기, 세계의 정치적 경제적 패권경쟁, 핵전쟁의 위험성 등 각종 중대문제의 속발로 대응에 골몰하고 있는 형편이다.

이처럼 날로 심각해지고 있는 정세를 감안하면 지구촌 태반의 국가와 시민에게 심기일전과 가일층의 노력이 절실히 필요하다고 하겠다. 생물지리학자 재레드 다이아몬드는 간절한 목소리로 외치고 있다. 그는 『문명의 붕괴』(Collapse)에서 “중국 및 기타 제3세계 국가들과 현재의 제1세계(유럽, 미국 등) 국가들이 모두 제1세계 수준의 생활 방식을 누리려 한다면 이 세상은 더 이상 유지할 수 없을 것이다.”라고 사태의 심각성을 거론하며 인류에게 “자멸할 것인가, 살아남을 것인가?”라고 다그쳐 묻고 있다. 그러면서도 지구환경회의 등의 움직임을 접하고 아직 절망할 단계는 아니라고 보았는지, “이 모든 위험과 불길한 조짐에도 불구하고 희망적인 징후도 보인다.”고 기대를 내비쳤다.[2] 우리로서는 시급한 기후환경 과제뿐만 아니라 한반도 주변정세의

2 재레드 다이아몬드(Jared Diamond), 『문명의 붕괴』, 강주헌 옮김, 김영사, 2005, 515쪽 참조.

일대 역사적 변곡점에서, 미래 비전과 새로운 시스템을 준비하고 대처해야 할 상황이다.

1) 잠정적 중간목표의 청사진 — 잠재력 발휘의 문명화

우리가 생각하기에 인간의 길은 개인주의도 공동체주의도 아니다. 이 생각은 불교와도 일치하고 차이생성의 복합적 존재론과도 공통된다고 본다. 현재 인류는 개별국가에 속하여 국가공동체의 중장기 비전과 당면목표에 따라 정세변화에 대비한 전략을 수립하여 실행하고 있지만, 개인적으로도 세계시민으로서도 절대적 국가주의에 목을 매고 끌려다닐 숙명을 타고 났다고는 생각하지 않는다. 개인들은 공동체 속에서 상호 적응하고 협조하며 삶을 영위하면서도 세계시민과 더불어 개별국가의 한계를 넘어설 때까지 개인과 공동체 모두 지속적으로 다음과 같은 생각으로 업그레이드를 해나갈 필요가 분명히 있다.

첫째로 시간이 오래 걸릴지라도 목표는 원대해야 한다. 인간이 땅에 발을 딛고 살지만 머리는 광활한 우주를 바라볼 줄 아는 존재이기 때문이다. 우리의 국민적 이상과 목표를 한 차원 업그레이드하면서 전환해야 하고, 또 지속적으로 업그레이드하여 장구한 세월이 소요될 일이지만 '지배와 피지배'가 없어질 때까지 상향해야 한다. 그러기 위해서는 먼저 개인과 사회 그리고 공동체의 의미에 대한 재검토가 필요하다. 앞서 언급한 바와 같이 고정되고 일정한, 그러한 개인도 사회도 없다. 따라서 고정된 개념으로서 전체 공동체란 것도 없다. 모두 다 과정상의 유동적 복합적 존재자일 뿐이다.

그러므로 엄밀히 말하면 개인우선주의니 공동체우선주의니 하고 주장할 아무런 근거도 없다. 개인의 자기중심적 자아실현과 공동체에 대한 헌신이란 것도 절대적으로 주장할 근거가 없음은 물론이고 지나치게 내세울 일도 못된다. 대지와 하늘, 즉 대자연 가운데 '다른 죽을 운명을 타고난 자들'(타자의 생명체들)과의 '둘 아님의 연생적 관계' 속에서 호수적 증여와 호혜적 공감대 위의 교환을 내용으로 하는 '유연한 공존체'를 이루어 가며 최선의 노력을 할 수 있을 뿐이다. 이상과 목표도 '잠정적으로 낮은 단계의 유토피아'로서 출발하는 성격을 가지게 될 것이며, 따라서 국가와 정부도 헌법상 체제와 틀의 변화를 전제로 중장기적 관점에서 발전적으로 변경할 것이 예정되어 있어야 한다.

우리의 사회철학적 사유에 근거하여 표현하자면, 장기적인 의미에서는 국가란 것은 모두 다 과도국가, 과도정부일 수밖에 없는 것이 조건적 연기법적 공존체의 운명이라고 말할 수 있다. 근대화 과정에서의 반半계몽주의가 아니라, 인공지능이 인간의 생래지능을 넘는 특이점 이후의 시점에서 보자. 지금의 국가보다 더 통제와 간섭의 권한을 행사하는 국가나 공동체를 내세우고 다수결로 결정하는 방식은 과도주장이며 원천적인 권리(또는 권한) 남용이다. 더구나 수의 우세를 가지고 특정 체제를 정하여 밀어붙여 다른 이상과 가치를 중시하는 소수자까지 따르도록 강요하는 일은 용납할 수 없는 것이며 연기법적 원리에서 보면 역행逆行이다. 이것은 시민불복종 운동과 국민저항권 행사의 충분한 이유가 될 것이다.

이제 21세기도 삼분의 일을 경과할 시점을 십년을 앞두고 있는 지금이야말로 이런 생각의 전환을 위한 준비에 본격적으로 나설 때다. 이 준비가 잠재적 역량을 발휘하게 하여 존재의 의미를 살리는 길로 가는 첫걸음이다. 잠재력 발휘 문명화로 향하는 이 한 길에서 한 걸음 내딛는 정도의 국민적 이상을 품을 수 없을까?

2) 기본권 사상의 대전환 — 대자연적 주권의 회복

둘째로는 근대헌법이 그 근거와 출발점으로 삼고 있는 헌법사상, 특히 기본권 사상을 재검토할 필요가 있다. 개인의 자유와 권리 등 기본권 사상을 현대적 맥락과 관점에서 다시 성찰하고, 관련 사항들을 구체적으로 면밀하게 재검토하여 획기적으로 새롭게 보장하는 재제도화에 나서야 한다. 이 과제는 상기 첫째 항목인 국가와 정부의 존재 의의 및 근대적 민주정치 제도의 문제와 맞물린 과제로서 앞으로 국제관계의 위상 재편 문제와 더불어 재검토할 것이 요청되며 발상의 일대전환이 필요하다.

기본 생각을 다시 가다듬을 필요가 있다. 생명 존재자로서의 인간에게 있어서 가장 기본적인 권리는 우주 대자연에 대한 모든 생명 존재자의 공동유산인 '대지와 공간에 대한 존중의무 및 공동향유권'이다. 모든 다른 생명체인 타자들과의 공유 공용권리인 이 '공간 자유향유권'은 배타적 소유권은 아니며 다만 소중하게 관리하고 향유할 수 있는 권리이지만, 신체의 자유와 거주 이전의 자유 등 다른 모든 기본권이 여기서 파생되어 나온다. 동식물 등 모든 타자들과 함께 누릴 수 있는 기본권이지만 지성과 성찰력을 구비한 인간에게 가중책임이 부과된 권리이며 의무다. 그 지성과 성찰력은 절대로 인간의 우월적 지위를 위해서 발휘되어서는 아니 되는 것이 연기법과 제법무아의 원리에 의한 지침이다.

이러한 권리와 의무, 책임의식을 바탕으로 주권재민의 사상과 주인의식을 다시 새롭게 천명해야 한다. 그리고 이 '공간의 자유향유권'은 이후의 모든 물질적 정신적 자본의 변형, 생산, 창출의 권원을 형성한다. 즉 백성이 본원적 자본의 자기 몫의 생산과정에서 가치를 창출하고 증식하였다고 보아야 한다는 것이다.

이제는 인지가 발달하고 책임의식도 심화된 단계에 도달하였으므로 국민의 권리의무 관념, 주인의식을 원천적으로 새롭게 정립해야 한다. 국민이 국가와 정부 또는 기득권층에게 기대거나 의지하는 자세로 요구할 것이 아니다. 공동유산의 공동관리자로서, 그 유산의 가치증식과 변형과 창출자로서 현재의 인류유산에 백성은 각자의 몫을 기여하였다고 전제하고 논의할 것을 숙고해야 한다. 이러한 정신과 사상에서는 본격적 임노동 관계 이전의 역사적 과정에서 백성의 입장에서 배제되고 희생당하며 기회를 잃고 막대한 침해와 손실을 입은 것은 당연히 감안되어야 하고 계산되어야 할 비용이고 자본인 것이다.

백성이 누려야 할 몫이란 의미 속에는 대지에 대한 침탈과 훼손을 가장 적게 하고 삼갔으며, 대지에 대한 존중과 애호의 관점에서도 가장 최선의 노력을 다한 쪽은 백성이라는 뜻도 들어 있다. 그러므로 만일에 지구의 운명에 관계되는 중요 결정을 행할 때에는 백성의 속 깊은 생각과 어진 마음에 물어야 한다.

그런데 여기서 아주 중요한 유의사항은 그 백성의 마음을 아는 길은 결코 숫자놀음이 아니라는 것이다. 역사적 대세 또는 유행의 흐름에 쏠리거나 휩쓸려 다님은 결코 진정한 본심에서 하는 행위가 아니다. 인간의 현실주의적 삶은 내면이든 외적이든 다수의 흐름 속에서 다수에 편승되어 저질러진 것이므로, 진지한 마음으로 고민하던 싯달타 같은 인간의 길은 소수자의 길을 걸을 수밖에 없는 것이다. 연기법과 공통의 공감대를 가진 차이생성의 복합존재론의 사고방식을 원용하자면 '소수자-되기 윤리의 길이라고 할 수 있다. 왜 고타마 싯달타가 다수 주류의 흐름과 부족주의적 전통의 한계와 일체 기성관념의 장벽을 돌파하고 설산고행과 항마조복, 명상수행이라는 특이한 행로와 소수-되기를 거쳐 무아 되기와 만인-되기에 이르렀는가를 이해한다면, 보편성의 추구가 결코 숫자놀음이 아니라는 것의 이유를 깨닫게 될 것이다.

이 점의 이해는 가장 중요한 사고의 전환을 이룰 수 있는 계기를 마련해줄 수 있지만, 중대한 의미를 지니고 있는 과제인 만큼 지금 당장 너무 성급하게 대처할 일도 아니다. 하루속히 국가와 정부 또는 기득권자들이 이 소수자 윤리학을 익혀서 실천에 옮기라고 주장하거나, 그들로부터 대지와 백성의 몫이 지불되어야 할 것이라고 촉구하자는 의미는 아니다. 원리와 사물의 이치와 의미로 보면 그렇다는 것을 우선 분명히 해두고, 자각한 사회인에서부터 공감대를 넓혀가면서 인문사회운동과 생태과학문화운동을 연결하여 추진하는 방안을 모색하자는 것이다.

현실에서는 부득이 양심적인 전문가 또는 전문가 기관의 자문을 구해서 방법을 강구하고 대응책을 마련할 수밖에 없을 것이다. 그러므로 당당하면서도 포용적인 자세로 현실은 현실대로 인정하되, 앞으로의 중요 결정과 기회창출과 가치생산 및 증식에 있어서는 그러한 대전제 하에서 기획하고 제안하며 제도개혁을 논의하여 결정해야 할 필요성과 당위성이 분명히 있다는 뜻이다. 그리하여 제도개혁의 때가 오면 본래 대지와 백성의 본원적 권리와 자유는 반드시 제도에 반영되어야 함은 물론이다.

3) 소수-되기 윤리학 위에 새로운 정치경제학을

셋째로는 현대 과학기술 주도하의 사회경제적 시대변화에 비추어 새로운 통섭적, 융합적 관점에서의 사회철학적 작업을 수행해야 한다. 사회철학적 작업과 관련하여 그 기초는 연기법, 공의 원리 및 제법무아 사상이 될 수 있다고 생각하여, 제2부 1장에서 '불교=종합적 현실교육' 항목에서 대강을 설명한 바 있다. 인간은 대지 위에서 자유롭게 생명들과의 만남을 통해 다양한 삶을 살고자 하지만 그것을 제약하는 조건들에 둘러싸여 있다. 동일성의 유지, 현실적 안주를 선호하는 성향과 자기중심주의에서부터 오는 문제가 있는가 하면, 집단적 구심력에 의한 조직화와 구조화로부터 유래하는 사회적 속박과 압력도 있다. 압력과 구속은 내외부의 지배적 성향, 다수, 큰 흐름으로부터 온다. 그러므로 개별적 집단적 신체와 기관 안팎의 다수적 성향을 바꾸고 벗어나려는 움직임은 언제나 작은 어떤 흐름, 소수의 물결로부터의 출발일 수밖에 없다.

겉보기에는 작고 때로는 괴짜 같은 특이성을 띠기도 하지만 보편적 이상을 향한 깊은 염원과 욕망은 강밀도가 대단히 높을 것이다. 일반적 관성과 유기적 조직화를 이용하는 특수한 신체와 기관과 층層들, 그것들의 주류와 다수의 센 압력을 견디고 벗어나려면 그보다 훨씬 더 간절하고 강할 것이기 때문이다. 그 과정은 다양하고 복잡할 것이며, 단계적으로 또는 비약적으로 일어날 것이다. 헤매고 몸부림치며 저항하고 탈주하는 과정에서, 잠재력을 질적으로 새로운 창조력으로 구현하고자 최선을 다할 것이다. 이것이 저항과 창조의 윤리이다.

그러나 그 실현은 쉽지 않고 여의치 않다. 인간의 내면과 신체의 어느 곳에서부터, 또는 세계의 어느 후미진 산골이나 산적한 문제의 도시들로부터 고뇌와 염원의 내압이 높아지고 연결과 접속이 일어나며, 강열도가 상승하면 지층은 흔들리고 변멸의 파도가 출렁거리는 시기를 맞이할 수 있다. 그와 동시에 '굳었던 동일성과 일자의 섬들'은 차이생성의 바다 위에서 해체되기도 하고 반동과 재구성을 반복하기도 하며 변이를 거듭한다. 그리하여 소수의 작은 물결이 대기와 조류를 만나 태풍의 눈을 형성하여 크나큰 보편적 희망의 지평을 향하여 솟아오르는 순간, '소수자 윤리학'은 큰 한 걸음을 내딛게 된다.[3]

그 대표적 사례가 바로 고타마 싯달타이다. 그는 그가 지니고 있는, 그를 둘러싼 모든 지층과 관계와 배치를 뚫고 해체하는 탈기관, 탈층화와 탈영토화를 거듭하였다. 그것은 동시에 규격과 양식과 관성으로부

---

3 잠재력, 염원, 욕망이 있는 존재자는 더 나은 삶을 위해 정진하고 창조한다. 층화 또는 탈층화의 방향으로 접속하며 관계를 맺어 선線과 면面을 이루고 다양한 배치의 장場을 만든다. 어떤 배치가 자유와 꿈과 힘을 누르고 옥죄면 저항하고 배치를 뚫고 탈주선을 탄다. 그 힘은 욕망으로부터 나온다. 욕망은 저항과 창조의 원동력이다. 지고의 욕망은 지고의 창조, 무주상과 무아로 이끈다.

터의 탈코드화, 예속과 갈라치기와 동일화로부터의 탈중심과 탈주체화를 결행하며 '늘 다시 떠나는' 노마드 같은 길이었다. 그리하여 소수자-되기, 야생-되기, 동물-되기, 타자-되기, 무아-되기를 통하여 마침내 실제의 인간 그대로 만인-되기, 즉 이름 없고 한정 없는 자연의 모습으로 돌아왔던 것이다. 그러므로 그는 어떤 목표지점이라고 도달한 곳도 없었고, 새삼스레 얻은 아무런 소득도 없었기에, 더 말할 아무 것도, 소수자-윤리학이라고 할 것도 없었다. 스스로는 한마디도 불법의 이름으로 불법을 주장한 바 없고, 단 하나의 생명체도 구제하려 한 적 없다고 하며, 불법조차 (필요) 없는 삶을 그냥 사는 무상無相을 실천하였다.

내가 보기에 그것이 바로 소수자 윤리학의 진수, 윤리학 아닌 윤리학이다. 그런데 그를 대하고 그를 전하는 사람들이 그들의 필요로 의해 여러 가지로 말하였다. 그 글들을 읽은 서양 사람들이 또 제각각 나름대로 이해하고 전하였다. 그중에서도 그런대로 차이생성의 복합존재론과 소수자 윤리학이 가장 근접하고 공통점 있는 내용이었다. 윤리는 삶과 생명을 향한 염원과 사랑에서 싹튼 것이다. 사랑과 염원은 바람과 욕망의 다른 이름이 아니던가? 이것이 생의 의지요 힘이라고 믿는다.

싯달타, 그도 마음속에 가족과 나라에 대한 사랑이 왜 없었겠으며, 머릿속에 수많은 딜레마와 장벽에 대한 번민이 없었겠는가? 그 사랑과 번민이 힘의 원천이었을 것이다. 욕망도 꿈도 가득하였던 청춘이었기에 드높은 이상을 향한 비상이 가능하였을 것이다. 나도 남도 진정 자유롭고 시원스러운 삶을 이루어 때가 되면 대지의 품으로 자연스럽게 돌아갈 수 있기를 얼마나 바라고 또 바랐던가? 욕망과 바람이 솟구쳐 오를수록 부정과 긍정의 갈림길에서 시련과 더 자주 더 세게 부딪혔다. 그때마다 욕망과 바람은 제약과 구속의 방향, 또는 고양과 해방의 방향을 번갈아 가리켰다. 그러면 그럴수록 더 크고 더 높은 바람과 욕망, 능동적 인간의 길을 택하였고, 그 힘의 의지는 절대적 탈영토화의 길, 자유와 해방의 천지로 이끌었다. 그것은 무아임과 동시에 만인-되기의 지평이었다.

그때부터 싯달타는 목숨을 자연과 만인에게 맡기고 물 따라 바람 따라 인연에 따라 걸었다. 그는 말하지 않았지만, 우리가 보기에 지극히 작은 하나의 불씨라도 만나면 귀하게 받들고, 만인의 가슴에 생명의 불길을 댕길 수만 있다면 백척간두에서 진일보하는 순간도 각오하였을 것이다. 그 삶이 잠재적 역량을 최대한 끌어올려 기쁨을 창조하고 슬픔을 줄이는 자비의 실천 행동학이자 소수자 윤리학이었다. 그것은 결코 조용한 소요逍遙의 학파가 아니었다. 응결과 고착화, 분리와 단절을 넘어, 개인과 공동체의 구별을 넘어 탈카스트, 탈국가주의, 탈중심화로 향하는 저항과 창조의 윤리학이었다. 저항과 창조는 소리 없는 대지의 저항과 다양함의 생산원리인 자연의 창조를 닮은 윤리학이었기에 그는 자신과 한 약속에는 성실하였지만, 지극히 작은 생명, 어떤 작은 소수의 의지도 무시하지 않았고 마음 상하지 않도록 배려하였을 것이다. 철저히 소수자 윤리학의 기본을 지켰을 것이다.

그러나 그를 따른다고 자임하는 이들조차 그를 다 이해하지 못하였다. 우리가 이 소수자 윤리학을 바르게 이해하기만 한다면, 그것은 일방통행 식 공리계의 무한궤도에 전환의 가능성과 쇄신의 기반을 마련해줄 수 있다고 생각한다. 연기법과 제법무아 그리고 공의 원리가 현대적으로 빚어낸 것이 차이생성의 복합존재론이고 소수자 윤리학이다. 자연에서의 탈-영토화, "탈-유기화에 사회에서의 탈-기표화, 탈-코드화와 탈-(예속)주체화가 호응한다." 탈유기화, "탈기관의 운동은 신체, 무의식, 의식 세 층위에 걸쳐 동시에 성립한다. 탈기표화가 기호체제로부터의 탈주, 상징계로부터의 일탈이라면, 탈주체화는 이데올로기적 국가장치들과 훈육적 권력장치들로부터의 탈주이다." 그리고 또한 서구의 전체론적 성격의 동일성 존재론이 빚어낸 수목형 서열화의 사고인 특수성—일반성 사고를 차이생성론의 특이성—보편성 사고로 전환시키는 것이다. 이 전환은 존재의 일의성과 평등성, 순수 차이에 대한 사유를 전제로 당연히 포함한다.[4]

그러나 이 현대적 차이생성론과 싯달타의 실천의 사이에 차이가 있다. 전자가 저항과 전복에 기울었다면, 싯달타는 그 어느 것에도 점을 찍지 않았다. 그 어떤 만남과 선택도 움직이는 존재자 그들의 자유로운 자율적 행위에 의한 것이라는 생각이 있었기 때문이고, 전복은 체제의 혁명이 아니라 풀뿌리들의 희생 위의 통제군의 교체이며 또 하나의 실체적 층화로 고착되기라는 진실을 알았기 때문이다. 복합적 생성존재론과 소수자 윤리학이 던지는 과제를 제대로 받아들인다면 우리는 세계에 유연한 입체교차로를 만들 수 있을지 모른다.

우리는 그런 정치경제학이 가능한 길을 모색하고자 노력을 계속

---

4 이정우, 『천하나의 고원』, 돌베게, 2020, 72~5쪽 참조.

할 것이다. 대지와 대지가 품어 기르는 생명에 대한 수탈과 기만이 개재된 위장 교환과 무한 경쟁이 지배하는 시장이 아니라, 대지와 생명의 생성역량과 잠재력을 최대한으로 발휘하게 하는 신문명으로 가는 길, 인간의 얼굴을 한 공정경쟁과 진정한 자유경제를 확립하는 길이다.

새롭고 유연한 정치경제학은 진실에 근거한 과학과 인문학의 수업을 토대로 하되, 미시정치학과 거시정치학을 비롯한 사회과학적 작업의 성과도 아우르는 신사고를 의미한다. 이러한 모색은 어디까지나 실천적 고려를 최우선시하여야 한다. 그러므로 단지 학문적 노력에 머물 것이 아니다. 그것은 시대의 변화에 부응하여 이론들의 탈자기화, 탈중심의 행동을 병행하는 사회문화운동이 되어야 한다. 우선 이러한 과업의 기본생각이 될 사회철학적 원리에 대해서 다음과 같은 시론을 제시하고자 한다.

2. 발상전환의 사유

1) 키아스마 형 유동적 복합화 살리기

(1) 차이생성과 일의성[5] — 유위 생멸과 무위 진여의 교직적 세계

연기적 생멸존재론과 차이생성의 복합존재론에 의하면, 우주 대자연

---

5 일의성一義性은 일자一者와는 다른 의미이다. 일의성은 형상과 양태의 다양성, 차이에도 불구하고 모든 존재자의 무차별 평등성과 소통성을 뜻한다. 일자는 중심 또는 정점이 되는 존재자나 동일성을 뜻한다. 예컨대 이데아나 신 같은 존재를 말한다.

을 비롯하여 존재하는 세계는 역동적 자연의 생산과 창조성의 표현이다. 이 자연의 생성 변이과정에 있는 생명은 한편은 표층적 감각과 의식의 경험차원에서 개별적으로 제각각 차이와 독립의 모습을 띠며 변화를 보인다. 다른 한편 심층적 무의식 기저차원에서는 연결 및 상호의존 내지 상호작용 관계 속에 움직이고 있다. 그리고 전반적으로는 모든 생성 변화과정에서 필요시 온·오프를 교대로 하는 절속絶續 관계에 있다. 이를 표상적 차원의 다양한 차별상을 낳는 유위법有爲法과 비표상적 차원의 한결같은 무차별 일의성의 무위법無爲法을 모두 아우르는 것이라고도 설명할 수 있다. 이 설명도 유위법이고 유루법(누수가 있는 개념규정)이므로 완벽할 수 없을 것이다. 서로 연관되고 접힘과 펼침을 동시에 행하며, 어쩌면 연결되어 있는 것 같아서 둘이 하나의 구조물처럼 보일 수 있으나 엄밀히 들여다보면 하나의 구조화된 관계도 아니다. 보는 각도에 따라 차원과 부문을 종횡하는 눈에는 둘이기도 하고 하나이기도 하며, 또 아니기도 하다.

모든 것, 모든 상이 그대로 있지 않고 변한다. 그런데 사물이나 개체가 발생하기 이전이나 이후에도 사물이나 개체는 고정불변의 의미나 본질을 지닌 것으로서의 실체는 아니다. 잠재적 상태에서부터 끊임없이 생성, 이행, 변멸을 거듭하는 모든 과정에서 일어나는 계속되는 변화의 양태다. 생성, 이행, 변멸 자체가 양태이기에 어떤 사물이나 개체도 양태의 하나라고 할 수 있으므로 보이는 것은 오직 양태뿐이다. 양태의 변화는 양태와 양태의 만남의 변화상이다. 양태의 변화 이외에 별도로 실체로서의 사물이나 개체는 없다.

이러한 생각이 왜 중요하냐 하면, 어떤 사물이나 개체를 고정하여 집착하면 그걸 주체 또는 중심과 출발기점으로 하여 다른 걸 대상화, 수단화, 종속물화하기 때문이다. 또한 자기 자신을 고정하게 되고 어떤 단계나 상태에 머물러 잠재력의 발견과 발휘는 물론이고 다른 존재나 양태와의 접촉을 통한 새로운 생성과 변화의 가능성을 차단하게 만들기 때문이다. 그래서 『금강경』은 '어디에 머무르지 말고 그 마음을 내라'고 하였고, 철학자 중의 철학자 스피노자도 그의 윤리학, 『에티카』에서 양태와 양태의 만남이 기쁨의 정서를 능동적으로 창조할 수 있도록 노력하라고 하였다.[6]

우리는 양태와 양태가 단절되지 않고 만나고 소통하기를 바라며 기쁨의 정서를 창조하게 되기를 바란다. 사회제도가 그런 식으로 원활하게 작동하고 그걸 북돋는 제도로 변화하고 발전하기를 희망한다. 우리가 지금 하고 있는 작업도 그러한 제도를 모색하기 위한 노력의 작은 일환이다.

(2) 중심관념의 탈피로 둘 아님의 사이의 살림으로

존재자는 생성되는 다양성의 사이에서 흔들리는 복합적 요소들의 교직체이며, 끊임없이 변화하는 양태로서의 유동적 중간자라는 사실을 보았다.[7] 개별 인간들 각자는 스스로 양태의 변화상으로서 그

---

6 스피노자의 양태와 양태의 만남을 중시한 철학자 질 들뢰즈(Gilles Deleuze)는 '차이생성의 존재론'에서 삶을 세 가지 양태의 선의 관계 변화로 설명한 바 있다. 고착화 '몰(mole)'적 현실선, 내면 투쟁의 분자적 잠재성의 선, 탈피와 혁신의 탈주선의 접속, 분리, 교차, 중첩 등 다양한 관계의 변화로 분석하였다. Gilles Deleuze와 Félix Guattari, 『천개의 고원』, 김재인 옮김, 새물결, 2001, 8장 참고.

변화과정의 사이 어디에서 안정과 불안정을 겪으며, 왔다갔다 오르락 내리락 되풀이하면서 산다. 그들 대부분은 도덕군자로서만 살 수도 없고, 이기심과 적의로만 가득한 자로 살 수도 없다. 군자와 윤리도덕을 무시하는 것도 아니다. 또 공리적이고 편의적 기능주의의 부수적 이점도 있을 수 있음을 부정하지도 않는다. 두 쪽의 성향이 교차하며 바뀌기도 하는 키아스마적 교직적 복합적 존재자다. 태반은 이기심과 공공심, 자기이익 우선이지만 이타심도 겸한 존재자로 살아간다.[8]

그러므로 집단이나 사회에서 제도화와 공공적 기획을 도모할 때에는 군자 위주의 윤리·도덕주의 또는 이기적 인간 위주의 완전 타산적 공리주의 방식 어느 한쪽으로만 대책을 세우면 안 된다. 이런 의미에서 정신주의 또는 기능적 편의주의 일변도를 강조하는 방식도 적합하지 않다. 그러므로 공공심의 명분과 미명하에 혁명과 혁신을 외치는 관리 사회주의도, 보이지 않은 손에 의한 조화를 내세우는 자유방임의 자본주의도 처음부터 실패하거나 문제 해결불능 상태에 빠질 운명이었다.

우리가 생각하는 '둘 아님의 중도적 연기법'은 연기법조차 넘어 비연기로 넘어가는 무유정법의 사상이며, 아울러 판례법적 구체성과

---

7 2부 '인간 존재의 의미'에서, 에드워드 윌슨, 『인간 존재의 의미』, 32, 134, 153~5, 198~203쪽 참조.

8 인간본성에 대한 과학적 분석의 대표적 저작으로는 에드워드 윌슨(Edward O. Wilson)의 『인간의 본성에 대하여』(이한음 옮김, 사이언스 북스, 2001)가 있다. 더 관심 있는 분은 이 책, 52~65, 105~9, 116~128, 141~4, 166~171, 220~233, 244~7, 262~286쪽을 참고할 것.

실용을 존중하는 입장이다. 어떤 면에서는 '로티'의 신실용주의와 상통하는 사유방식이다. 서두에서 언급한 바와 같이 신실용주의는 '절대적 개념의 실재를 추구하는 실재론은 허구의 관념에 기초한 것'으로서 비판한다.[9] 로티에게서는 "진리가 우리를 자유롭게 해주는 것이 아니라, 오히려 자유를 통해 참신한 메타포를 창안하며 강제되지 않은 합의를 통해 진리를 만들어 나가는 것이다. 따라서 자유가 진리에 우선한다. 연대성이 객관성에 우선하며, 민주주의가 철학에 우선한다." 그렇다고 그때그때 "시대의 메타포의 포로가 되는 것은 아니다. 그의 실용주의가 우연성을 긍정하는 반反본질주의이긴 하지만 결코 상대주의나 비합리주의는 아니다. 환언하면 신실용주의는 모든 것이 다 옳다는 상대주의는 아니므로 아무 메타포나 다 수용 가능하다고 보지는 않는다는 것이다."[10] 결국 실천에 있어서는 구체적 타당성을 존중하는 것이라고 볼 수 있다.

존재자의 세계, 우주와 생명계는 유동적, 교직적 복합현상 속에서 각종 이원적 성격의 이중성을 지니고 있다는 사실을 앞에서 언급한 복합성과 이중성의 여러 가지 개념 틀을 통하여 우리는 보았다. 그것이 우주와 생명의 진화과정 속에서 때로는 연속적으로, 때로는 불연속적으로 중첩·복합되어 왔다. 그런데 진화는 상향과 하향 양방향으로 열린 과정이다. 열역학 제2법칙에 의하면 물체의 엔트로피 증가에 의해 피로와 쇠멸의 과정을 밟게 된다. 화이트헤드의 유기체 과정철학

---

9 리차드 로티(Richard Rorty), 『실용주의의 결과』, 김동식 옮김, 1996, 민음사, 476쪽 참조.

10 같은 책, 478, 479쪽 참조.

도 물론 이를 인정한다. 불교도 성주괴공成住壞空, 즉 생성과 소멸의 반복과 무상함을 이야기한다. 그러나 화이트헤드는 우주의 과정 속에는 창진적 상향의 과정이 있다는 사실도 주장한다.[11] 특히 생명은 비록 신체가 엔트로피 증가에 의한 쇠약과 소멸의 과정을 밟지만 자기갱신과 창발적 노력을 하고자 하는 상향의 과정이 강한 사실도 인정하고 있다.

불교도 고집멸도의 사성제에서 멸도, 즉 구원을 향한 정진과 노력을 강조하고 있다. 인간이 비록 언젠가는 '죽을 자'로서의 운명을 타고났지만, 그렇다고 죽기까지 가만히 어떤 노력도 하지 않고 죽음을 기다리기만 하도록 태어난 존재자는 아니다. 그렇게 하면 현재의 삶조차도 지키지 못한다. 흐르는 강물에 빠져 그 흐름과 더불어 떠내려가도록 자신을 내버려두는 것이 인간의 길이 아님은 명백하다. 더욱이 인간 존재자는 존재의 바닥 모를 심연에 있는 깊은 무의식의 소식을 통하여 의식의 한계를 넘어 생의 의의를 발견할 수 있는 통로와 연결돼 있는 존재자다. 나의 개체, 이름, 형태, 유전자 등 이런 것들이 나를 온전히 규정하는 것이 아님을 안다. 따지고 보면 나와 너와 그, 그리고 그들과 그것들은 분절과 분류, 개념적 사고와 습관적 집착의 결과이다. 모두 다 둘 아님의 연생적 과정에서 고정적 실체가 없는 유·무의 변화과정의 하나이다. 우리는 그 과정에서 인연에 따라 열심히 살다가 가는 것이다.

이러한 알아차림과 깨달음, 그리하여 무심에 이르고자 정진할 것을

---

11 화이트헤드의 위 같은 책, 『이성의 기능』, 100~119쪽 참조.

원하는 이에게는 그 길로 통하는 기회를 마련해 주고 그 길을 친절히 안내하는 이웃이 되고 사회가 되기를 바라는 것이다. 그것이 비록 영원한 이상향이 아니고 '잠정적인 중간 유토피아' 또는 '개선된 사회'로서의 비전(vision)일지라도 노력하면, 그 비전을 달성할 수 있다면 전망이 있는 것이다. 그러한 '중간 유토피아' 비전의 기본은 대지의 지킴이고, 최소한은 동물을 먹을거리로 생각하기 이전에 먼저 생명으로 존중하는 데서 출발하는 것이다. 그리고 잠정적 중간목표의 이상은 '사람들로 하여금 각자가 원하는 과제에의 몰입과 명상의 기회를 제공하고 안내하는 시민사회의 건설' 그리고 '야생을 그들의 터전인 대지로 돌아가 인간으로부터 위협을 받지 않고 야생으로 살아갈 수 있게 하는 것'이다.[12]

이런 기본과 이상의 사이에 우리는 정치, 사회, 경제, 문화 등 각 부문의 재再제도화를 위한 여러 가지 기획을 할 수 있을 것이다. 예를 들면 자유와 권리 등 기본권 사상의 쇄신과 고양, 공공적 관여와 개입의 가능한 한의 최소화, 인간의 얼굴을 한 간접적 자유경쟁 공익시장의 제도화 등이다. 우리의 기획은 이러한 인간과 모든 생명계의 물질적 정신적 비고정적 구조와 열린 체계를 기본원리로 하고 있음은 더 이상 말할 필요도 없을 것이다.

자각한 사회인들은 이와 같이 동태적인 흐름 속에서 자연과 인간,

---

12 한병철의 『시간의 향기』(2014, 김태환 옮김, 문학과지성) 181~2쪽에서는 사색하는 삶을 강조하며 "노동의 민주화에 이어 한가로움의 민주화가 도래해야 한다."고 한다. 또한 니체의 "관조적인 면을 대대적으로 강화하는 것은 시급히 이루어져야 할 인간 교정 작업 가운데 하나다."는 말을 인용한다.

물질과 정신, 기능적 편의성과 도덕적 정신주의 등의 이중적 의미를 띤 유동적 복합현상을 살리는 것을 사회철학적 생활원리로 삼을 수 있다고 본다. 우리는 이를 둘 아님의 사고에서 나온 생활의 원리라고 생각한다. 그런데 지금까지는 발상의 일대 전환을 시도하지 못하였다. 기성질서와 기득권의 관성 때문이기도 하지만, 아마도 인지적 공감대 부족과 기술적 한계에도 원인이 있을 것이다.

어떻든 아직도 잔존하고 있는 전근대적 또는 일부 근대 사회제도가 이 복합성과 이중성을 제대로 반영하지도 못하고 살리지도 못하고 있다. 외형적 피상적으로만(문명) 변화와 발전의 모습을 보일 뿐 실제로는 지능의 면을 제외하고, 감수성이나 인성의 면(문화)에서는 정체나 질적인 퇴영을 거듭해 왔다고 해도 과언이 아니다. 그것이 사회적 모순과 결함, 인간성의 상실, 생명의 존귀함의 훼손으로 나타나고 있다. 앞으로 타산적 계측지능마저도 고도 인공지능과 빅데이터 시스템에 우위를 빼앗겨 인류의 주도권조차 위태로워질지 모른다.[13]

인간이 인간 자신의 존엄을 보장받기 위해서는, 먼저 다른 모든 생명과의 인연생기적(연생적) 관계, 둘 아님을 제대로 인식하고, 상의상관적 관계를 존중해야 한다. 또한 '나' 자신의 복합성, 이를테면 나의 몸은 수많은 '우주적 연관 속에서 미생물 등 타자와 나의 연기적 공존체', 즉 둘 아님이라는 인식이 필요하다. 그 속에서 우리 인간이 상향의 자기갱신과 창조가 가능함을 발견할 때 기쁨과 희망이 솟아남을 느낀다면, 다른 생명들도 그러하다는 사실을 생명과 존재에 대한

---

13 유발 하라리, 『호모 데우스』, 420, 437, 445, 461, 497, 502, 517, 541쪽 참조.

경이감과 외경 속에서 인정해야 한다.

이러한 사실의 존중 위에서 생명의 존엄과 존재 의의, 그리고 그들 생명체들에게 필요한 사물과 가치를 보장하고 북돋는 일에 최선을 다해야 한다. 나아가 존재한다는 사실에서부터 오는 근본 불안과 권태, 허무를 극복하기 위해서도 회심과 자각이 필요하다. 즉 존재의 심연에서 울려오는 고요한 부름에 귀를 기울이고 타자와의 연기법적 인연의 의미를 느끼고 알아차려 존재연관과 연쇄의 고리를 회복하는 일이다. 연생적 관계 속에서 자기에도 이롭고 남에게도 이로운 일을 찾아 할 수 있음으로써 느끼는 기쁨과 보람이야말로 활생과 구원의 길이 될 수 있다는 자각이 필요하다.

모든 존재자의 특이점, 소질과 역량이 다르고, 그 처한 여건이 다르다고 할지라도, 생명이 '나'와 같은 생명인 한, 어떤 생명이 생존과 자기갱신과 창조를 향한 열린 길이 막혀 있다고 한다면, 우리는 그것이 나의 자유(권리)와 책임의 영역과 무관한 것이라고 말할 수 있는가? 현재의 시점에서 얼마간 어렵고 고통스러운 사실이 문제가 아니라, 희망이 전혀 없다면 그것이 문제다. 그러므로 당장의 한 끼 식량과 하룻밤 잠자리도 중요하지만 그것만이 중요한 것이 아니다. 그보다 더 중요한 것은 생명체들이 생존하여 삶이 조금이라도 나아질 수 있는가 하는 가능성과 희망의 유무다.

그러므로 나의 일하는 보람과 가치가 다른 인연 있는 생명들의 비참함을 살피고 도우며, 사회가 자기갱신과 창조의 방향으로 나아가는 길에 연결되어 있느냐 하는 것을 질문해야 한다. 그러한 길의 가능성을 믿고 희망을 가지게 될 때 생명은 벗어남과 구원의 차원에까지 도달할 수 있는 것이다. 그러므로 현재 이 순간 상대적으로 물질적 형편이 덜 풍요롭고, 경쟁과정에서 당장에는 뒤처져 있다 하더라도 최소한 비참한 상태는 결코 아니라는 것, 머지않은 장래에 나름의 잠정적 목표라도 성취하고 개성을 살릴 수 있는 가능성은 있어야 한다는 것 그것이 중요하다. 그리고 현재 하고 있는 일이 다른 생명들의 일과 연결되어 있다는 인식 속에서 희망을 가지도록 길이 보여야 하고, 그 길로 가는 사회제도가 설정되어 있어야 한다는 것이다.

인간과 인간, 그리고 다른 생명들과의 관계, 동·식물 보호에 관한 중요 지침, 국민 상호간의 불이관계, 즉 생명체 상호간에는 자유 독립적이면서도 상의상관적 관계가 존재한다는 사실 등을 각국 헌법 또는 국제연합 헌장 상에 명시적으로 규정할 수 있을 정도로 의식이 성숙되기를 기대한다. 그리하여 인류의 의식수준이 인류만의 중심주의를 넘어서 한 차원 고양되어야 한다. 인류 이외의 생명체의 생명다움까지 포함하여 지구 전체 생명세계의 안위와 발전을 도모하려는 단계로 나아가려는 시도를 해야 한다.

이러한 방향전환과 업그레이드를 시도할 때 비로소 인류의 문제, 지구상의 중대문제도 풀려갈 실마리라도 발견할 수 있을 것이다. 동물이 동물답게, 식물이 식물답게 살아갈 수 있도록 먼저 배려할 수 있을 만큼 주류 인간사회의 의식이 성숙한 단계에 도달할 때 인간사회의 비참함과 소외현상을 극복할 길을 발견할 수 있을 것이다. '동물에게 낙원이면 인간에게도 낙원이다'라는 말이 있다. 동물을 생명으로 대우하지 않고 물건으로 취급하면 인간도 생명으로 대우받지 못하며 물건으로 취급된다는 말과 같다.

2) AI시대의 전면적 시대전환과 사회개편 압박

(1) 비인간의 사물의 시대 ― 다수의 민낯을 드러내 바꾸기를 바라다

민주와 자유, 정의와 평등을 표방한 명분과 구호를 벗겨내고 민낯과 저의를 들여다보자. 그러한 이념과 제도화 실현의 최초 시도단계에서부터 민중보다는 주도 엘리트와 전위집단의 우위, 개인보다는 공동체와 국가의 우위, 백성보다는 지배자 우위로 움직였고 밀어붙였다. 영주나 군주제의 성립, 절대왕정의 형성, 입헌적 민주정체로의 전개 등 그 변화과정을 보면 더욱 적나라한 실상을 숨길 수 없다. 이건 반체제 측도 마찬가지였다. 소수의 군주와 귀족들, 그리고 혁신과 혁명의 주도자 중 일부가 그 혼란 와중에 목숨을 잃었지만, 몇천배 몇만 배나 더 많은 민중이 희생을 당하였고, 아니 그보다 훨씬 더 많은 백성이 흔적조차 찾을 길 없이 사라졌으며 온갖 고초를 당하였다.

언제나 승리는 주도층의 것이었고, 전리품의 처분도 그들의 권한이었으며, 그 뒤의 지배와 통치, 영예와 영광도 그들의 것이었다. 어떤 미사여구와 합리화의 논리를 내걸든, 그것은 지도 지배계층의 주도권 장악을 위해서였다. 그들은 헤게모니의 장악과 권력의 획득을 위해서라면 수단과 방법을 가리지 않았다. 따라서 그것은 당연히 전체론적 동일화전략, 구심점으로의 전체적 동원전략을 전개할 수밖에 없는 것이었다. 그러므로 그들은 처음부터 표방과 실행의 모순과 이율배반을 안고, 이념과 결과의 괴리를 예상하며 출발하였다. 그러한 괴리와 모순을 잘 알면서도 위선의 가면을 쓰고 이중 플레이를 감행하였다. 그리하여 그들은 영구집권 또는 영구혁명의 노선에 집착할 수밖에 없는 권력에의 노예, 정신건강 상으로는 모두 '예종隷從의 길'을 갈 수밖에 없는 운명이었다.

지금은 시대가 달라졌고 그런 벌거벗은 모습들을 다 알고 있으므로 더 이상 남도 자기도 속일 필요가 없다. 이제는 머지 않아 서로 헤게모니 싸움을 벌이다가 모두 다 '제로 섬 게임'의 처지에 놓일 것이며, 아니 그보다 '빅데이터와 인공지능 세력'에 어부지리를 넘겨주는 꼴이 될 것이다. 이름을 무엇으로 내걸든 인간끼리의 이해관계 논의만으로는 빛을 발하지 못하는 시대에 도달했다. 즉 웬만한 정치·사회경제적 대안의 고안과 제시의 능력은 빅데이터와 인공지능 자체 시스템을 능가할 수 없다는 사실이 거의 판명되었다고 해도 과언이 아니다. 윤리적 판단, 예술문화, 예체능 정도의 고도 감수성과 독창성을 요구하는 부문, 그중에서도 극히 예외적인 일부 분야에서나 인간의 예지와 영감이 다소 그 잠재역량을 발휘할 수 있을 뿐이라고 감히 말할 수 있다. 이걸 현재 드러난 사례와 증거 이상으로 더 논증하고 설득하면, 그때 납득하고 따르겠다고 한다면 그건 미련스러운 짓이다. 그때는 막차가 떠난 뒤일지도 모른다.

지나간 역사를 돌이켜보라! 대항해 시대를 연 신대륙의 발견, 그 후의 지구적 규모의 교역로 개척과 대대적 선점 경쟁, 산업혁명과 시장경쟁체제의 성공, 정보와 통신의 혁명, 스마트 폰·뉴 미디어·AI 시대의 보편화 등 이 모두가 성공의 확실성을 증거로 제시하고 담보하며 논증한 뒤에 착수한 것이었던가? 시대를 내다보고 비전을 제시하며 개척하는 정신에게만 허용되는 길을 가지 않는다면 이제는 후발주자의 이익도 챙길 수 없는 시대다. 개혁이건 혁명이건 또는 국가주도형이나 민주적 성격의 사회주의건, 그리고 인본주의의 미장美粧 하에 효험을 본 자유주의적 경쟁시장경제체제건, 인간공동체만을 중시하는 인간중심주의는 이념으로서 이미 시효가 다 되었거나 거의 다 되어 간다. 전 지구적 규모 이상의 빅데이터와 인공지능 시스템 네트워크가 주도하는 현대는 인간계가 아닌 비인간 천지의 시대로 가고 있다. 늦어도 21세기 중반에 가면 이 '비인간'에 의해 심각한 난관과 위기에 봉착할 것이다. 그와 동시에 엄청난 가능성의 기회도 맞이할 것이다.

(2) 시장의 피상적 이해, 복합성의 몰각과 작아지는 자유

말로는 공정하고 자유로운 경쟁체제요, 기회의 균등이 보장된 사회라고 하지만, 아직 근대가 시작된 이후 한 번도 제대로 그렇게 되어본 적이 없다는 것이 진실에 가까울 것이다. 자본주의가 봉건적이고 군주제적인 조건 속에서 배태되고 자라날 때부터 국가는 경제력의 장악을 추구하는 세력 쪽에 정치적인 힘을 기울여 도왔다. 이런 점에서 "자유경쟁 시장을 떠올리게 하는 '자유로운 자본주의'란 있어본 적이 없다. 국가가 특권의 폐지에 관여할 때조차 그것은 전국적 시장의 형성이라는 공리계의 요구, 혹은 상인단체의 특권과 충돌했던 '산업자본의 요구'에 따른 것이었다."고 하는 사실에 근거한 비판을 외면할 수 없다.[14]

요컨대 시장의 흐름이 시작부터 정치·경제 결합체의 생산 최대화

14 이진경 편저, 『모더니티의 지층들』, 그린비, 2007, 70쪽. 공리계에 관해서는 같은 책, 62쪽 참조.

전략에 시원을 두었었고, 그 뒤 지속적으로 최대 매개 변수인 '이익과 시장의 법칙' 일변도로 기울어져 있었기 때문이다. 따라서 그 틀에서는 생명과 사회의 복합성과 상하 양방향의 이중성 통로를 창조적인 진화 방향으로 열어나갈 수 있는 길은 막혀버렸다는 데 결정적 문제가 있는 것이다. 겉모습만 보아도 경쟁의 출발선도 공정하지 않았고, 기준·규칙·심판·관리체계도 도구적·수단적 합리성에만 매몰되어 효율성과 생산성 지상주의로 되어 버렸다는 걸 알 수 있다. 그러므로 다른 복합성을 구성하고 있는 분야가 무시됐고 이중성의 한쪽 연결통로가 막힌 건 당연한 것이다.

사태가 이렇게 되면 모두에게 바람직하지 못하게 되며, 불안·갈등·마찰과 대립 격화는 필연적인 것이다. 따라서 결과적으로 더욱 더 복합성과 이중성의 본질이 현실의 흐름과 모순·부조화 관계에 놓이게 되어, 그 사이에서 생명과 사회는 혼미와 황폐화, 방황과 일탈을 거듭하게 되는 것이다.

(3) '고체형 유사 자유'에서 '액체성 자유'로의 진일보

자유민주 자본주의가 근대화와 민주화의 실현을 통해 대체로 물질적 풍요의 달성 면에선 괄목할만한 성과를 거둔 것은 사실이지만, 정보화 등 탈근대적 포스트모던적 현상이 나타나기 시작한 이후 사태는 달라졌다. 말하자면 고체적 근대문화의 '몰(mole)'적 성격이 저변에서는 유연한 분자적 성격의 액체성으로 변하지 않을 수 없는 상태로 되어 가고 있다. 21세기의 새로운 시대상황에 들어와서는 여태까지 생명체와 사회의 복합성과 이중성, 특히 그 상관적 교직성을 제대로 고려하거나 반영하지 않았던 누적된 모순과 병폐가 본격적으로 드러나고 있다. 그 때문에 세계사적 분기와 혼미의 문제가 발생하고 있고, 한반도의 고뇌도 계속되고 있다고 진단한다. 그렇다면 어떻게 해야 할 것인가? 기본으로 돌아가 길을 찾자.

생명은 생존과 생리적 기능의 일상적 작동이 먼저 보장되어야 하는 바, 그것은 우주 대자연의 순수증여에서부터 시작된다. 이 순수증여는 자연의 내재적 법칙에 따라 자연과 자연 사이, 자연의 인간에 대한 베풂에서는 이루어져 왔다. 그러나 인간과 인간의 차원에서는 순수증여보다 호수성의 증여와 교환관계에 의하여 수수가 이루어져 왔고, 자연에 대한 인간의 관계에서는 개발의 미명 아래 수탈의 극대화가 전개되었다. 역사적으로 현실적으로 물질적 기반을 형성하는 과정에서 복합성과 이중성을 교직하여 상향적으로 충분히 고려하며 반영하였느냐를 보면 그렇지 못하였다. 근대성의 피상적 경향성, 편향성, 결락점 등을 제대로 짚은 성찰도 있었다.[15]

브뤼노 라투르에 의하면, 근대성은 두 번의 대분할, 즉 자연과 사회의 분할, 문명과 야만의 분할을 실행하면서 양쪽에 다른 대응과 비대칭적인 시각을 요구해 왔다. 이제 현대 인문학과 사회과학은 자연과 사회, 문명과 야만, 인간과 비-인간(빅데이터와 체계 등 사물) 모두에 대한 대칭적 설명의 틀을 마련해야 한다.[16]

---

15 앞의 브뤼노 라투르(Bruno Latour)의 같은 책, 『우리는 근대인이었던 적이 없었다』, 240~246, 372쪽 참조.

16 브뤼노 라투르는 위 인용한 책, 『우리는 결코 근대인이었던 적이 없었다』, 343~358쪽에서, 사물의 부문(과학과 기술)을 자연(과학)과 사회(과학)으로 분할

또 하나의 문제는 기득권 유지와 진영논리에만 급급하고 아집과 독선에 사로잡힌 관성과 그들의 경직된 고체형 이데올로기로서의 '주의'에 있다. '주의'를 자유롭게 풀어놓아 기존의 벽과 울타리를 가로지르고, 딱딱한 도시형 규격화 문명에 액체성 물성을 스며들게 하여 자연의 정동情動과 대세의 흐름을 따르도록 해야 한다.

하고, 인간의 부문을 인간과 비인간으로 분할하여 거기에 대칭성과 권력 분립을 인정하고 자율과 권한을 보장하면서 그 사이의 하이브리드를 증식하도록 허용하되, 이것이 제삼의 대표성을 갖게는 하지 않은 방향으로 구상하자고 제시한다.

2장 문명사회의 진로와 방향에 관한 논의들

1. 여백 또는 소국과민의 이상은 현대적 매력이다

인간이 생존에 급급할 수밖에 없는 폐쇄적 악순환 속에 포획된 채로 있다는 것은 인간의 존재 의의와 존엄성을 말살한다는 것과 같다. 숨통을 터주기 위하여 관리체계 바깥의 외부와 연결된 통로가 있어야 하겠다. 그런 의미에서 대자연적 자유에 기초한 연기적 관계와 질서를 존중하고 보호하여야 한다. 원래 동양의 이상사회는 나라와 나라님에도 관심이 없는 세상이었다. 나라라고 해도 '작은 나라에 적은 수의 백성이 사는 소박한 나라(소국과민)' 정도이었다. 인구가 많을수록 이익이라는 관점도 있지만 디지털 첨단기술을 활용하면 소국과민의 현대적 응용발상이 바람직한 미래를 실현할 수도 있다. 그러한 관점에서 보면 자유로운 삶의 기회와 활로를 마련하는 일 이외에 국가가 관여하고 간섭하는 것은 가능한 한 적을수록 바람직하다고 할 것이다.

말하자면 제도적 관리 시스템의 외부에 되도록 여백을 많이 두고 살려야 한다는 뜻이다.

이러한 외부와 여백을 가능한 한 확대하는 것이 바람직하다는 사고는 고타마 싯달타(붓다)의 출가 정신과 의의에서도 일찍이 발견할 수 있었다. 그는 이런 정신을 실천하기 위하여 1단계는 자기의 조상과 조국이라는 사회를, 2단계는 당시의 정신세계의 관습과 전통을 뛰어넘었다. 그의 철저한 출가의 정신은 그 어떤 탐색과 모험보다 치열하였다. 마지막 단계로 그는 모든 문화와 문명의 울타리마저 넘어서 그 바깥의 야생으로 탈출하였다. 그리하여 마침내 그는 대지와 인간의 '하나도 둘도 아님'의 관계를 몸으로 체험하였다.

우리가 싯달타처럼 할 수 있느냐의 문제를 지금 논하고 있는 게 아니다. 이론적으로 논리 상 무엇이 옳고 바람직한가를 놓고 지향할 방향이라도 잘 가늠하기 위해서다. 로드맵과 속도조절은 그 다음 과제다. 그런 걸 위한 절충과 타협은 당대의 사정과 노력에 의하여 자율적으로 실행되어야 할 문제다. 요순시대의 세상과 노장사상 또는 상고시대를 지나서도 동양에서는 정치적으로 바람직한 국가상은 국가의 권력과 제도권 내부보다 그 외부가 중요함을 뜻하였다고 보이는 대목을 발견할 수 있다.

사마천은 『사기史記』 '화식열전'에서 정치의 다섯 단계를 논하면서 이렇게 말하였다. 첫째는 정치를 잘하는 최고의 경지는 그대로 내버려두는 것, 인연 가는 대로 내버려두는 것을 들었다. 백성을 가만히 두라는 뜻이다. 둘째는 이익으로 이끄는 것, 셋째는 가르치려 드는 것, 넷째는 일사불란하게 바로잡으려 하는 것(독재의 단계), 다섯째는 최하위의 못난 정치는 백성과 싸우려 드는 것이라고 하였다.[1] 현실은 최하위 가까이에 있지만 부분적으로라도, 아니 조금이라도 외부와 여백을 더 넓히고 회복하는 방향이 바람직하다는 기준을 제시한 것임에는 틀림없다.

자연적 연생적 삶의 영역은 삶의 본질적 가치차원의 영역에 속한다. 이를 보는 관점은 불교 사찰처럼 가능한 한 자연과 생태계를 있는 그대로 보존·보호하는 데 입각해야 한다. 개발에서 오는 어떠한 이익보다 유지·보호에서 오는 이익이 훨씬 많은 것이다. 자연과 생태계는 원천적으로 한계가 있고 대체불가능하며, 한번 훼손하면 거의 영구히 회복불가능하기 때문이다. 그러므로 '자연적 질서'와 '종국적 목적적(본질적) 가치의 영역'까지 국가 관리체계 내에 편입시키지 않아야 한다. 이미 편입되어 왔다면 지금이라도 가능한 한 느슨하게 관리하거나, 나중에 가급적 빠른 시일 내에 바깥으로(즉 주민자치체나 시민사회 또는 개인에게, 마침내는 야생으로) 돌려주어야 한다.

이 자연적 본질적 가치영역에서의 활동이 다른 영역, 즉 현대적 제도나 시스템의 기능에도 좋은 영향을 주고 활기를 돋우는 원천적 힘을 발휘할 것이다. 외부와 여백의 확대를 가능한 한 실천하여 법적 제도의 영역과 비제도적 영역의 조화를 도모할 수 있다면 바람직하다는 것은, 아무리 현대 문명사회라고 해도 지향해야 할 이상임에는 틀림없다는 생각이다.

---

1 김영수, 『사기를 읽다』, 유유사, 2016, 201~202쪽 참조. 원문은 "故善者因之, 其次利道之, 其次教誨之, 其次整齊之, 最下者與之爭."

2. 서구 사회사상 비판 위의 인류학적 견해—나카지와 신이치와 가라타니 고진의 경우

서구 사회사상의 고찰과는 다르게 철학적 인류학적 관점에서 인류사 전반을 재점검하고 새로운 시각으로 현대를 전망해 보려는 움직임에 대해서도 눈을 돌려볼 필요가 있다. 우리의 모색도 인문학적 고찰과 사회과학적 관점을 두루 포괄하는 융합적 관점에서 바라보고자 하는 것이다. 우연히도 세계적 안목으로 통섭과 융합의 필요성을 알고 고민하는 움직임들이 있기에 여기에서 살펴보고자 한다.

교환양식을 중심으로 하는 사회체계의 논의에 종교인류학과 사회철학적 관점에 의한 전면적 재검토를 통해 새롭게 출발하자는 목소리가 나오고 있다. 하나는 나카자와 신이치(中澤新一)의 '순수증여를 기반으로 하는 사랑과 경제의 융합'이고, 다른 하나는 생산양식론을 대체하는 가라타니 고진(柄谷行人)의 새로운 사회철학적 관점의 '교환양식론'이다. 둘 다가 현실에 전개되고 있는 상품생산 관계와 교환관계를 지배하는 것은 임노동 관계와 자본의 이윤추구 및 편협한 타산적 합리성이라고 본다. 이를 보다 상위의 차원에서 보호하고 이용하며 지배하는 것은 정치적 이데올로기와 권력이라는 냉엄한 현실도 인정하고 있다.

그러나 나카자와는 분업과 교환을 형성하는 표층의 경제현상의 하부에서 받쳐주고 유지하는 것은 교환 이전의 인간 상호 간의 증여이고, 증여는 자연 내부와 자연과 인간의 사이에서 삶을 지탱해 준 존재의 원천으로서 순수증여, 즉 무주상 보시가 있었기 때문이라는 것이다. 이 순수증여는 자연적 요소를 몸으로 타고난 자연아적 인간 존재자의 순수한 발로이다. 나카자와에 의하면, 순수증여와 증여와 교환 세 가지 요소가 사회체계의 기본적 구성요소이며, 이 세 요소의 복합적 결합관계가 경제와 사회의 발전을 좌우한다.[2]

가라타니는 마르크스의 생산양식과 생산관계보다 더 근본적인 것으로 상호성과 교류 및 교통관계를 공통요소로 하는 교환양식 일반을 생각하였다. 권력에 의한 보호와 인민의 복종도 교환이고, 호수적 증여도 교환이며, 시장의 일반 교환도 교환이라는 것이다. 특이한 논점은 시장의 교환을 넘어 신화시대의 호수적 증여의식을 다시 살려내어 한층 고양된 고차원적 교환양식을 꿈꾸고 있다는 점이다. 그는 자연의 수탈로 인한 생태계의 위기에 처한 현대에 이를 테크놀로지나 문명의 문제로 보는 것을 넘어서야 한다고 말한다. 거기에는 인간과 자연의 교환관계 배후에 존재하는 인간과 인간의 교환관계를 은폐하는 관점이 있기 때문에 기만적이라는 점을 강조하고 있다.[3]

나카자와와 가라타니의 발상에 공감하는 바가 있지만 보다 현실적으로 실현 가능한 제도개혁의 차원에서 현대사회에 적용할 수 있는 방안이 될 수 있는가를 보고자 한다. 나카자와는 주로 인류학과 철학자의 입각점에 서서 바라보고 있고, 가라타니는 교환을 넓은 의미의 교환, 즉 교통이라는 개념으로 되돌아서 상정하였기 때문에 교환과

---

2 나카자와 신이치(中澤新一), 『사랑과 경제의 로고스』, 김옥희 옮김, 동아시아, 2004, 37~38쪽

3 가라타니 고진(柄谷行人), 『세계사의 구조』, 조영일 옮김, 도서출판b, 2013, 36~56쪽 및 같은 저자, 『자연과 인간』, 조영일 옮김, 도서출판b, 2013, 45~7쪽 참조.

비교환을 혼용하고 있다.[4]

상당 기간 인류는 시원적 존재의 원천에 연결된 순수증여의 마음으로 자연과 인간, 인간 상호간에 미묘한 균형을 이루어 오다가 역사시대에 돌입하자 인간과 사회의 변질과정을 가속화한다. 역사의 시대는 사회를 구성하는 복합적 요소도 크게 변한다. 신석기 시대를 전후하여 식물과 동물을 비롯해 자연에 대한 대대적 난개발과 대학살이 일어났고, 그와 동시에 생산력의 비약적 발전과 생산관계의 변화는 지배와 피지배의 관계를 잉태하면서 국가 형성의 계기로 급진전하였다. 이때부터 사회에서는 순수증여 또는 증여의식이 표층에서 배경 또는 수면 밑으로 내려간다. 이후 표층 면에서 위력을 발휘하는 요소는 먼저 '권력에 의한 보호와 인민의 복종'이라는 비대칭적 관계였다.

이와 거의 동시에 눈에 보이지 않은 또 하나의 다른 비대칭적 관계, 즉 절대자(신)와 지배계층 간의 묵시적 언약관계를 내세워 불안과 공포에 휩싸인 대중을 권력의 보호 하에 강제적으로 편입하였다. 이후 역사적 사회구성체는 본원적 자본의 축적과정, 노동력 판매와 생산관계 및 원료·생산품 교역의 발전, 분업과 교환을 기본으로 하는 경쟁시장 경제체제 등으로 전개되어 나오면서 문제의 집적과 모순의 중첩으로 인해 사회변혁의 진통과정을 겪게 된 것은 다 아는 사실이다.

가라타니 고진은 위와 같은 사회구성체 형성과 전개과정을 마르크스와는 다르게 설명하기 위해 호수적 교환관계(증여적 성격)+권력·

---

4 위 같은 책, 『세계사의 구조』, 52쪽 참조.

피지배계층의 교환관계+분업 및 교환관계 세 가지를 모두 교환관계 양식이라고 하였다.[5] 그런데 이는 증여도 교환이고, 권력의 보호하에의 강제편입도 교환이라고 하는 것으로 강제적 편입까지 굳이 교환에 포함시킬 필요가 있을까 한다. 권력의 보호와 복종관계는, 노자가 말했듯이, '먼저 빼앗고 나중에 나눠주며 보호하는 것'을 은폐하는 것으로 교환이라는 용어를 써서는 안 된다고 본다.

보통 분업과 교환이라고 하는 것에도 비대칭적 노동력 착취관계와 기만 및 사술이 혼합된 교환이 있고, 명목적으로 시장에서의 교환이라고 인정할 수 있는 교환이 있는가 하면, 자유로운 선택의 결과라고 하지만 실은 틀에 얽매이거나 선택이 강요된 계약관계도 많다.[6] 더욱 물신숭배와 물질문명의 극대화 과정 속에서 생활 전반의 시장화 가속화(이익극대화 vs 이익극소화의 양극화 심화)가 현재 진행 중이라 과거의 사고방식으로는 대처할 수는 없는 시대가 되어 버렸다.

3. 불교적 사회변혁의 관점들

1) 사회개혁 전략으로서의 정신주의적 사고

(1) 사회의 전략과 관련, 정신주의 강조를 어떻게 볼 것인가?

윤리 도덕의 강조 등 일견 누구에게나 바람직한 것으로 보이는 정신적 가치는 종교와 교육의 가장 중요한 덕목에 속한다. 그러나 사회개혁을

---

5 위 같은 책, 56~67쪽

6 데이비드 에드워즈, 『자유와 진보의 교활함을 논하다』, 송재우 옮김, 모색, 2005, 84~94쪽.

기획하고 추진할 공직자나 사회운동가가 우선적 프로그램으로 삼을 일은 아니다. 수행 모임에서 정신적 가치나 정신주의로 정진하는 것은 바람직하지만, 이런 수행정진을 사회개혁의 전략으로 삼을 수는 없다. 종교계와 종교인들의 노력은 나름대로 의미 있는 일이고 중요한 일이지만 그건 별개다. 사회개혁이나 제도의 개선을 직접 기획하고 추진하는 일에 도움이 된다고 너무 강조하면 사회문제를 호도하고 진짜 문제를 은폐하며 초점을 흐리는 결과가 될 수 있다.

우리는 사회적 의미에서 불교의 특장이라고 볼 수 있을 만한 사상적 향도력과 사회적 영향력을 얼마나 개발하고 갖출 수 있는가를 먼저 살펴야 한다. 예를 들어 지구적 생태위기와 현대문명에 대한 전망이나 나아갈 방향에 관한 논의 등이다. 체제개혁 또는 사회개혁에 도의선양이나 미덕함양 노력은 주된 방책이나 전략이 될 수 없다.

조금 각도를 달리한 것이지만, 도덕과 정신주의의 관점을 가지고 자본주의 기업에 대해 기업의 윤리를 강조하는 입장에도 같은 말을 들려주고 싶다. 기업 내부의 생산성과 효율성 제고, 근무기강과 업무 분위기의 개선, 사기의 진작을 위해 정신무장과 윤리교양 강좌 등 여러 가지 교육 훈련이 필요할 것이다. 그러나 기업경영진에게 윤리도덕을 기준으로 평가하여 점수를 매기거나, 이윤을 획득할 기회가 있어도 그보다 사회정의나 동포에 대한 사랑을 먼저 생각하라고 요구한다든지, 사회개혁을 위하여 기업 보고 앞장서라고 한다면 그건 잘못 짚은 이야기이고 연목구어緣木求魚와 같은 일이다.

사회적으로 기업윤리가 필요하고 강조해야 할 경우도 있을 것이다. 그러나 진정으로 기업으로 하여금 경제주체로서의 기업 활동이라는 경제행위 이외에 국가와 사회의 공공적 또는 공익적 목적과업에 공헌하게 하려고 한다면, 별도로 '공익적 또는 공공적 가치를 향한 경쟁마당'을 제도화하는 구상을 해보는 게 나을 것이다. 누가 그런 구상을 제안한다면 그건 한번 진지하게 검토할 필요가 있다고 생각한다.

(2) 불교와 마르크스주의의 상호보완을 어떻게 볼 것인가?

달라이 라마는 공산당이 지배하는 전체주의적 사회주의는 배격한다고 하면서도 마르크스가 지향하는 사회주의는 도덕적 원리에 기초하고 있다는 것을 긍정적으로 보고 자신은 마르크스주의자라고 주장한 적이 있다. "자본주의처럼 서로 간의 경쟁과 적의가 넘치는 사회가 아니라 자비가 넘치는 사회는 불교의 영성과 마르크스가 원래 지향했던 사회주의가 결합됨으로써 건립될 수 있다."고 하였다. "유명한 신학자 폴 틸리히도 사회주의야말로 그리스도가 유일하게 인정할 수 있는 경제체제라고 말했다."[7] 친불교적 사상가 에리히 프롬도 공동체주의적 인본적 사회주의를 주장한 바 있다. 자본주의의 문제를 지적하고 비판하며 종교적 윤리적 덕목을 강조하는 것은 많이 보아왔다. 자본주의자들 스스로도 자본주의에 문제점이 있다고 하며 개선할 필요가 있다고 인정한다.

문제는 대안의 제시가 어렵다는 데 있다. 지금까지 역사 속의 현실에서 전개된 모습을 보면 결코 경쟁과 적의가 사라지고 자비와 평화가 충만한 사회주의는 없었다. 마르크스주의적 대안도 시행과정에서

---

7 박찬국, 『에리히 프롬과 불교』, 운주사, 2022, 269~271쪽 참조.

현실화된 모습을 보면 예상과는 판이하게 다르다. 이론과 현실은 그만큼 괴리가 벌어지게 되어 있었다. 현실에 직면하여 실제로 겪고 돌이켜보면, 이 대안은 공적 목표에 매우 헌신적인 인간상을 상정한 나머지 너무도 관념적이었다는 것이다. 마르크스가 『경제철학 초고』에서 '천박한 형태의 공산주의'를 비판한 것처럼 사적 소유권을 철폐하고 국유화와 인위적 경제계획의 통제체제 하에로 옮기기만 하면 성공할 것이라는 생각은 사려 깊지 못한 것이었다.

더군다나 이런 문제점들을 안고 장구한 세월에 걸쳐 백성의 인내와 희생을 요구하는 영구혁명을 치른다는 것은 너무나 무모하고 무리한 일이었다. 역사적 사실로 보나 논리적 분석의 결과로 보나 그런 대안은 불가능한 것이었다. 체제비판의 관점에서 일부 의미 있는 분석이 마르크스의 사상에 포함돼 있다고 해서 마르크스주의와의 보완이 가능하리라고 보는 것은 성급한 결론이 됨을 알 수 있다.

원래 대안은 현실적 실행에서 결판이 나는 것이므로 이처럼 어려운 것이다. 자비니 영성이니 하는 정신주의와 강권적 통제체제 발상과의 결합으로 이상적 사회가 오리라는 것은 애초부터 대안이 될 수 없었던 것이다. 마르크스주의와의 보완을 생각하지 않고 도덕적 정신주의를 택하는 것도 대안이 될 수 없는 건 마찬가지다. 자비정신과 영성, 탐진치 삼독의 퇴치수행, 여타 불교적 정진을 통한 자본주의의 개조 내지 개선을 대안으로 제시하거나, 인간의 품성 함양과 의식의 개혁 등을 통한 인본주의에 입각한 사회주의를 대안으로 주장한다 하더라도 그 또한 사회제도의 개혁이라는 관점에서는 공상에 불과하거나, 좋게 말해서 관념적 이상주의로밖에는 생각되지 않는다.

(3) 불교사회주의와 불교자본주의 발상에 대하여

불교와 마르크스 사상 사이의 생산적인 상호 보완이 가능하다고 보는 사람들은 공통적으로 '계급차별 없는 사회'를 이상사회로 꿈꾼다는 점에서 목표는 동일하다고 보지만 그 보완방법에서 파트너는 전체주의적인 공산주의가 아니라 공동체주의적이고 인본주의적인 사회주의라고 주장한다. 에리히 프롬과 유승무가 그와 같은 입장이다.[8] 불교인은 불교예식에서 서원을 빌 때 외형상 궁극적으로 붓다-되기의 성불과 불국정토를 기원하기는 한다. 그렇다고 불교인들이 계급차별 없는 이상사회를 현대적 문명의 추세 속에서 현실적으로 이룩할 수 있다고 믿고 기도한다고 보는가? 더구나 그 방법을 사회주의로 말이다.

종교인으로서의 기원은 기원으로 보아야 한다. 정신주의도 사회주의적 계획경제 체제도 이미 사회개혁이나 사회발전의 전략이나 모델로서는 자본주의 못지않게 문제가 많다는 사실이 입증되었다고 해도 과언이 아니다. 그렇다면 불교와 자본주의 사이의 보완에 대해서는 어떻게 보고 있는가?

불교와 자본주의는 양립할 수 있다고 보는 입장은 "굳이 마르크스주의를 받아들이지 않더라도 자본주의 사회가 갖는 문제점들을 충분히 인정할 수 있으며 이것들을 개선해야 한다는 데 의견을 함께할 수 있다."고 말한다. 그 입장은 다음과 같은 불교관에 입각해 있고 보완의 가능성을 말하고 있다. "불교는 모든 인간이 깨달을 수 있는 가능성을

---

8 위 박찬국의 같은 책, 270~1쪽 참조. 유승무의 논문, 「불교와 마르크시즘의 동몽이상」(동양사회사상 20집, 2009) 참고.

갖는다고 보지만, 깨달음을 하나의 성품으로서 지속적으로 유지할 수 있는 인간은 소수라고 본다. 따라서 붓다는 이상적인 사회를 이룩하는 것과 관련해서도 중도를 중시할 것이다. 붓다는 이상을 추구하면서도 현실에서 동떨어진 추상적인 이론을 경계할 것이다." 이런 생각으로 보통 사람들의 경우를 상정하는 것은 옳다고 본다. 그리고 공산주의의 역사적 현실을 지적한다. 사유재산을 인정하지 않고 모든 사람의 삶을 평등하게 만드는 사회주의를 실현하여 "계급차별을 없앤다고 나서는 사람들이 새로운 지배계급으로 들어서는 것이 현실이다."

이러한 현실에서 "각 개인의 사유재산과 상속을 인정하는 자본주의를 기본으로 하면서도 모든 사람에게 안정된 삶을 보장하는 복지자본주의를 지향할 것인가?"를 자문하며 이를 긍정적으로 보는 입장이다. 그들은 복지자본주의가 지향하는 기회의 평등을 위해 과정의 공정성이 중요하다고 강조한다.[9] 과연 사회정책적 고려나 공정경쟁제도의 개선 정도로 가능할 것인가? 의문이다.

이와는 각도를 달리하여 불교와 자본주의의 보완 정도에 만족을 하지 못하고 융합을 주장하는 불교자본주의의 입장도 있다. 먼저 그들의 불교적 관점에 의하면, 초기경전과 율장에서 시장과 자본에 대해 친화적이고 재물에 긍정적인 시각을 발견할 수 있다고 한다. "부의 획득을 터부시하지 않지만, 부의 획득 자체가 목적이 되어서는 안 된다."고 말한다. "초기경전은 부와 가난의 문제에서도 중도를 취할 것을 권한다."고 하였다.[10] 불교자본주의의 견해를 들어 보면,

9 위 같은 책, 276~8쪽 참조.

10 위 같은 책, 280쪽 참조.

시장경제의 불공정과 무한경쟁을 신랄하게 비판하며 시장은 자기조절능력이 없기 때문에 정부가 부단히 개입해서 고장 난 시장을 뜯어고쳐야 한다는 입장이다. 한마디로 지금의 자본주의는 천민자본주의라는 것이다.[11]

이런 입장을 견지하는 윤성식은 북구의 복지국가를 불교자본주의의 모델이라고 하며, 이렇게 주장한다. "불교자본주의가 지향하는 공정한 시장은 법과 원칙이 먼저 구현되는 시장이다. 자비의 마음보다 더 중요한 것은 법과 원칙을 지키는 것이다. 강자는 법과 원칙을 무시하고 약자에게 불이익을 가하기 쉽다. 법과 원칙의 준수 다음에는 자비가 필요하다. 시장에서의 강자는 약자에 대해 자비의 마음을 가져야 한다."[12] 이렇게 법과 원칙의 준수를 우선시하면서도 또한 자비를 강조한다. 자비가 중요한 역할을 하는 불교자본주의의 구현을 위해서는 사회의 구성원이 무명에서 깨어나야 한다는 것이다. 기존의 자본주의는 이기심을 그대로 두고 인센티브나 규제를 통해 시장을 발전시키려고 하기 때문에 시장에 자유를 부여하면 근본문제인 인간의 이기심과 탐욕에 의해 시장이 좌우되기 마련이다. 그러므로 시장에서 불교경제윤리가 지배하게 함으로써 효율적이면서도 공정한 자원배분을 유도할 필요가 있다는 것이다.

법과 원칙을 철저히 준수하게 하는 것도 대단히 어려운 일인데, 게다가 무명을 밝히고 자비의 정신으로 무장된 윤리가 시장을 지배하

---

11 윤성식, 「불교자본주의로서의 연기자본주의」, 『불교자본주의』(한국선학 28권), 373쪽 참조.

12 위 같은 논문, 383쪽 참조.

게 한다는 것이 과연 가능할까? 더군다나 치열하고 복잡다단한 무한 복합경제전쟁 시대에, 기술인본주의를 넘어 기술이 인간을 좌우하고 지구붕괴 위기와 핵전쟁의 위험성까지 고조되는 판국에 자비와 윤리의 강조로 사회개혁과 체제개조로 나서자는 논리가 얼마나 설득력이 있을까 의문이다.

2) 불이사상에 기초한 『둘이 아닌 세상』[13]의 관점

(1) 화엄의 불이사상

보통 화엄사상에서 우주 대자연을 두고 불이사상不二思想을 설명할 때 사물, 사건들의 사이에 존재하는 상호의존성 또는 상호조건성을 의미한다고 말한다.[14] 이는 인과관계를 시간적 선후와 관계가 없이 상호의존관계를 나타내는 것으로 보는 것이다. 화엄철학의 대표적 사상가인 중국의 법장은 집과 집을 구성하는 부분들의 관계를 유비적으로 설명하며 유명한 육상원융의六相圓融義란 개념을 상호조건적 의존관계에서의 '둘 아님'의 예로 든다. 총상과 별상, 동상과 이상, 성상과 괴상이 그것이다.[15] 그런가 하면 화엄 논사들은 『십현문』에서 사물과 사물의 관계뿐만 아니라 사건과 사건, 또는 사태와 사태와의 사이에도 원융무애한 '둘 아님' 관계가 있음을 논하고 있다. 우리나라의 의상도 그의 『일승법계도』에서 '하나 가운데 일체요 여럿 가운데

---

13 이찬훈, 『둘이 아닌 세상』, 도서출판 이후, 2002 참조.

14 프란시스 쿡(Francis H. Cook), 『화엄불교의 세계』, 문찬주 옮김, 불교시대사, 1994, 43쪽.

15 이찬훈, 『화엄의 불이사상과 과정 형이상학』, 대동철학회, 2003, 112~119쪽.

하나며, 한 티끌 속에 시방세계를 품고 있고, 일체의 티끌 속 역시 그러하다'고 핵심적 불이사상을 「법성게」로서 읊고 있다. 말하자면 극미와 극대는 하나도 아니지만 둘도 아닌, 관련이 깊은 관계라는 것이다.

불이중도와 연기법은 결국 둘이 아니므로 본론에서 『반야심경』이나 『금강경』, 원효의 『금강삼매경론』 그리고 『대승기신론소』 등과 관련해서 이미 여러 차례 언급한 바 있다. 어떠한 존재와 현상도 고정된 채로 있는 그대로는 아니며, 조건도 관계도 변하는 것임은 더 이상 강조하지 않아도 될 것이다. 우리의 관심은 이러한 불이중도사상이 우리의 현대적 삶의 향상에 어떤 관련성이 있으며, 어떤 의미를 띠고 있는가 하는 것이다. 이에 대해서 매우 진지하게 탐구하고 정리해 놓은 견해가 있어 소개하고자 한다. 그것은 철학자 이찬훈의 『둘이 아닌 세상』이란 저서이다.[16]

(2) '둘이 아닌 세상'의 관점과 공동체운동

이 『둘이 아닌 세상』의 저자는 "마르크스주의를 포함하여 서구의 역사와 사회철학에 대한 탐구의 노력을 기울여 왔으나, 현실 사회주의의 붕괴로 촉발된 마르크스주의 및 사회주의에 대한 반성을 계기로 새로운 변혁을 향한 모색"을 하게 되었다고 고백한다. "그러나 세계와 인생에 관해 보다 근원적으로 성찰하고 그에 바탕해서 진정 인간다운 삶의 전망을 획득하고자 하는 관심과 노력이 순전히 그런 이유에서

---

16 이찬훈, 『둘이 아닌 세상』, 128쪽 이하 3부 '불이사상과 미래문명' 및 232~244쪽 참조.

시작된 것만은 아니다", "여기에는 역시 사회적 차원으로만 환원해 버릴 수 없는, 더 근원적인 존재론적이고 인간론적인 문제들도 얽혀 있기" 때문에 동양사상에도 관심을 가져왔으며, 그 결과 도달한 곳이 불교의 '불이사상'이라는 것이다.

저자는 불이사상을 '하나도 아니고 둘도 아니라'는 뜻으로 줄여서 '둘 아닌 세상'이란 이름을 붙여 잘 설명해 주고 있다. 『둘이 아닌 세상』에서는 '둘 아님'의 내용이 자상하게 설명되고 있다. 특히 하나와 여럿, 있음과 없음, 우주와 나, 삶과 죽음 등의 사이에 있어서 '둘 아님'이란 어떤 의미가 있는지를 알기 쉽게 설명하고 있다. 그중에서도 21세기 현대문명과 갈라진 세상의 현상을 '인간과 자연의 분리', '인간과 인간의 분리'의 문제와 관련을 지어서 설득력 있게 제시하고 있다.

저자에 의하면 "오늘날 우리가 생태계와 공동체의 파괴, 인간다운 삶의 상실이라는 파국적인 상황을 맞이한 것은 …(중략)… 경쟁과 승리, 정복과 지배를 통해 자신의 이익과 쾌락만을 꾀하는" 생각·논리·가치관 때문이었다는 것이다. 그렇기 때문에 자본주의의 모순 등 사회구조의 문제를 인식하고 그 구조를 개혁하는 일도 필요하지만 그것만으로는 해결될 수 없다는 것이다. "잘못된 사회적 구조의 변혁은 포기할 수 없는 우리의 목표이다", "그러나 인간은 사회적 구조와 관계만으로 환원해 버릴 수 없는 존재이다. 인간의 주체성과 삶은 사회에 의해 전적으로 규정되는 것도 아니고, 사회 구조를 바꾼다고 해서 자동적으로 바뀌는 것도 아니다. 사회와 인간도 어디까지나 다르지 않으면서 같지도 않은 불이적 존재이다", "그렇기 때문에 우리의 개인적 변혁과 사회적 변혁도 분리될 수 없는 불이적 관계이다."

그러면서 결론적으로 이렇게 말하고 있다. "사회체제의 변혁과 아울러 우리 자신의 삶의 방향과 양식 자체의 변혁을 아울러서 지향해야 한다." 그러나 "오늘날의 상황 아래서 자본주의 사회체제와 우리 삶의 급격한 총체적 변화를 기대하기는 어렵기" 때문에 우리로서는 우선 나 자신 개인에서부터 삶의 지향점을 '둘 아닌 세상'의 실현에 두고 소비성향과 생활양식의 개선 등의 노력에 솔선할 것을 주문한다. 그러면서 "세계 각지에서 일어나고 있는 새로운 생활양식 공동체 운동이나 지역 공동체 운동과 같은 …(중략)… 다양한 운동들과의 연대와 교류를 통해" 실행으로 나갈 것을 요청하면서 덧붙인다. "불이의 논리, 불이의 가치에 기초해 우리 자신을 변혁하고 다른 사람들을 그 변혁의 방향으로 끌어들이면서 모두의 힘을 모아 사회 전체의 변혁으로 나아갈 때 새로운 불이적 미래문명, 불이적 대동세계大同世界로의 거대한 전환을 이룩할 수 있을 것이다."[17]

필자의 생각에 저자는 어느 누구 못지않게 진지하고 열정적으로 사회문제와 인간의 문제를 연결지어면서도 불이중도사상에 의한 근원적 통찰을 향하여 노력하는 모습을 보이고 있다. 저자의 기본입장에 공감하는 바가 많았다. 그러나 그 결론은 불교계의 다른 일부 사회개혁 주창자들처럼, 정신주의를 강조하는 분들과 같이 개인의 변화에 중점을 둔 의식개혁 운동에 방점이 주어져 있었다. 그리고 지역공동체 운동과 대동세계를 말한 이유와 의미를 짐작할 수 있고, 공동체, 대동 같은 말들의 긍정적인 점을 이해는 하지만, 시대는 이제 새로운

17 위 같은 책, 242~244쪽 참조.

감각과 언어와 운동을 필요로 한다고 생각한다. 저자가 주장하는 불이중도사상의 핵심내용으로 언급된 바 있듯이 불교는 개체와 공동체 어느 쪽에도 치우치지 않으며 그 양변 너머로 가는 사유다.[18]

지금이야말로 새로운 차원의 기본권 사상의 대전환을 비롯해 공동체의 관념에 대한 전면적 재검토를 포함하여 새로운 정치경제학을 모색해야 할 때라고 생각한다. 어쩌면 총체적 범용인공지능(AGI) 시대를 맞이하여 국가와 사회의 역할과 기능 및 국제연합 등 국가 간 기구의 존속문제에까지 전반적 혁신을 필요로 하는 시대가 되었다는 인식 하에서 연구검토가 시급하다고 아니할 수 없다. 보통의 변천이 아니라 급격하고 현저한 사태의 변화에 따르는 총합적이고 전략적인 사고 아래에서 진일보한 사회적 기획과 전략적 운동방략이 연구 개발되고 보완되기를 바라마지 않는다.

3) 연기적 차이생성의 복합존재론의 입장

(1) 시대정신의 해석에 따른 전략 선택

불교의 무명과 탐진치 삼독을 그리스도교의 원죄처럼 죄악시하거나 부정적으로 보는 것은 잘못 주입된 선입견이거나 편견이다. 욕망은 자연 상태 그대로는 부정할 것도 긍정할 것도 아니었다.[19] 무명도 본래 있었던 것은 아니었다. 인간은 자연의 생성원리에 따라 진화하고

---

18 위 같은 책, 180쪽에서 저자도 불교는 개체주의도 전체주의도 아니라는 생각을 가지고 있다.

19 '존재론적 욕망은 그 자체로서는 문제가 없다'는 취지, 위 같은 책, 233쪽에서 밝히고 있으니 참조 바란다.

절화하는 과정을 거쳐 나온 조건적 연기적 생명 존재자다. 다양함의 생산원리인 자연은 끊임없이 차이를 생성하고, 그 생성작용은 계속하여 변이를 보인다. 그러므로 달라지고 계속 변화한다. 고정된 실체는 아무 것도 없다. 태어난 모든 생명은 다르면서도 살려는 의지와 욕망과 에너지를 타고난 것은 같다. 이 욕망과 에너지는 생명 개체에 의한 선택이 아니다. 개별적 심리와 의도와는 아무 상관이 없는 자연 스스로의 발로이다. 그 자연의 발로인 욕망은 먼저 생명 스스로를 지키고 유지하려 한다. 그와 동시에 더 나은 삶을 살려고 하며, 가까운 인연부터 챙기려고 한다. 그게 자연이다. 이를 존재론적 본능적 욕망이라고 부르기도 한다. 여기에 무명이나 탐진치 삼독이란 생각이 끼어들 틈은 없다. 이런 삶의 자연스러운 의지마저 부정한다면 부정하는 사람 자신의 생명의 부정일 뿐이다. 만일 그렇다면 더 이상 논의할 필요도 없다.

자연스러운 욕망이 대지와 접속하고 대지의 변화를 보고 배우며 자연스럽게 변하고 발전하는 흐름에는 아무런 문제가 발생하지 않았다. 누구든지 살려고 태어난 생명들 상호 간에 그 누구에 대해서도 살려고 하고 대지의 품에 안겨 대지와 속삭이며 움직이는 자연스러운 행동을 가지고 시비를 걸거나 나무라지 않았다. 대지와 더불어 사랑하며 자유롭게 노닐 수 있는 욕망은 원죄도 무명도 악도 아니었다. 이른바 순수한 '야생의 생각 시대'이었다.

자연적 창조의 역량을 살리며 자연과 더불어 생명 스스로 우러나오는 대로 창조하며 향유하는 문화는 순수한 아름다움 그 자체로서 빛나는 문화였다. 의식주 살림살이는 순박하고 검소할 수밖에 없었지만 자연을 닮은 문화는 나날이 변화를 보이고 있었다. 자연 자체가 변화무쌍하고 오묘한 깊이와 광대무변한 넓이를 지니고 있기 때문이다. 자연은 얼마나 신비하고 기묘하며 숭고하냐? 대지는 얼마나 찬란하고 화려하며 아름다우냐? 그 아름다운 자연의 변화에 깃든 조화를 자아내기만 해도 문화의 창조는 눈부신 세상을 이루었을 것이다. 아무리 화려하고 장엄하여도 거기에 무슨 무소유나 저소유를 언급할 필요가 있었겠는가?

문제는 자연스러운 욕망의 너머에서 생겨난 경쟁과 적대의식에서였다. 다른 생명체의 배제, 따돌림, 속임의 한 생각에서부터 싹튼 선점과 장악적 소유욕에 있었다. 이 다음부터는 선택이 개입하기 시작한다. 이때부터가 씨족에서 부족으로, 더 나아가 부족주의, 종족주의 단계로 나아가면서 원시종교의 출현 가능성이 조금씩 높아가는 시기와 겹치는 과정이 아니었을까 추측된다. 이제 개인은 개인의 앎과 생각만으로 선택하고 결정하지 못하고, 작든 크든 사회의 흐름에 휩쓸리기 쉬운 상황에 처하게 된다. 자기 보존과 유지에만 집착하여 계속 머물려고 하느냐, 다른 생명과의 관계와 보존 유지 이상의 변화 발전에 열림과 소통의 태도로 나아가느냐, 고민과 갈등이 생겨나면서 생각이 많아졌다.

생명 각자의 인연 접속과 선택과정에서 벌어진 일들로 각양각색의 변화가 일어났다. 생각과 선택, 회의와 망설임에 따라 자유와 독립 또는 조직화와 집단화, 경쟁과 협조, 포용과 배타 중에 어느 쪽이냐 하는 등 여러 얽히고설킨 과제들이 쌓여 갔다. 탐진치와 이기심, 윤리와 도덕의 관념들이 의식상의 문제로 떠오르기 시작한 것은 이즈음이었을 것이다. 그래도 부족의 단계까지는 그런대로 문제는 비교적 단순하였을 것이다.

부족이 확대되고 증가하면서 종족주의 단계로 넘어가면 군장국가로의 진전이 나타난다. 인류에게는 샤먼과 무속의 형태로 사후세계에 대비하는 유혹의 손길이 많아지고, 본격적으로 신석기 시대의 농업혁명과 정주 도시화가 일어나는 시기로 들어선다. 신석기 혁명을 거치면서 국가출현의 단계로 나아가며 제정일치 신정국가가 개인의 존재를 포획해 버리는 사태로 발전하고, 이 상황에서는 개인의 선택과 결정이란 아예 불가능에 가깝게 되고 만다. 개인과 소집단의 생각과 선택은 다수의 타자, 즉 사회의 대세와 구조, 그리고 그 변화와의 관계에 크게 제약 받을 수밖에 없는 시대가 된 것이다.

고대의 전제국가에서처럼 질곡에 포획되면 거기에는 굴종의 삶만 있을 뿐인데 무슨 개인의 무명과 삼독을 물을 수 있었겠는가? 그런데도 지역에 따라서 상황이 다소간에 차이가 있었을 것이지만, 원죄의식이나 참회 등 개인적 반성과 수행을 강조한 이유가 있었을 것이다. 신정국가는 물론이고 전제적 왕국에서는 한쪽으로는 신의 감시와 심판을 내세우고, 다른 한쪽으로는 개인의 죄의식과 반성을 촉진하는 방식으로 제정이 일치하여 지배하였을 것이다. 중근동은 말할 것도 없고 인도 지역조차 브라만을 숭배하는 교세가 불교보다 우세한 것은 그만큼 당시 사회가 가부장적이고 전제적인 대세 하에 있었기 때문이라고 본다.

이런 흐름은 종교개혁과 르네상스를 거치고 근대에 이르기까지도 크게 달라지지는 않았다. 지배하고 통치하는 권력정치가 원래 그런 것이었던지 모르겠으나 정치와 종교가 분리되고 나서도 여전히 종교가 별로 변하지 않았다. 다만 사상과 정신면에서 거의 유일하게 불교가 반反카스트 등 개혁노선과 관계론적 생성 연기론의 불이중도 등을 표방하고 지금까지 이어오고 있다.

그러나 한편에서는 아직도 개인의 죄의식과 참회정신을 지나치게 강조하는 면도 끈질기게 동반해 온 걸 보면 현대사회의 문제를 제대로 보지 못하고 있지 않은가 하는 생각이 든다. 그래서 현대 생태문화운동과 사회운동의 결합을 외친 철학자 브뤼노 라투르는 "우리는 결코 근대인인 적이 없었다."고 말하였는가? 그런데 기원전 전제주의적 상황에서 개인의 본원적 죄의식 또는 탐진치를 단정하며 어떻게 공동의 업, 즉 공업共業이라고 할 수 있었겠는가? 그건 조금 앞에서 지적한 대로 주류 지배적 흐름의 탓이었다. 많은 인류는 그때부터 현대의 전체주의적 국가장치의 질곡에 갇힌 오늘에 이르기까지 세뇌와 억압과 훈습에 의하여 기층의식의 바닥에서부터 역사적 사회적 무의식이 차곡차곡 쌓이면서 심화 일로를 거듭하여 왔다.

그런데도 그들에게 거룩한 말씀과 감동적인 음악을 들려주니까 기도하고 참회하여 원죄의 사함을 받고 무명을 벗어나며 삼독을 멸하라고? 그게 아무래도 잘 안 될 것 같으니, 무작정 진심을 다하여 믿고 간절히 명호를 부르기만 하면 죄를 사해 주고 은총을 받을 수 있다고 하는 이야기를 모든 종교의 의례와 설교에서 공통적으로 펴오고 있는 것인가? 뇌 깊숙이, 어쩌면 뼛속까지 들어온 역사적 사회적 무의식을 너무도 가볍고 안이하게 보고 있는 것이 아닌지 묻고 싶다.

개인의 선택과 사회의 구속력을 어떻게 받아들일 것인가? 이 자문자

답의 결론이 현대적 불교관을 좌우하며, 그것이 현대문명을 사는 생명과 사회를 놓고 어떻게 할 것인가를 정할 것이라고 생각한다. 본서의 과제는 바로 이런 점을 처음부터 주요한 논구대상으로 해오고 있다.

(2) 특수성-일반성 체계 또는 특이성-보편성 사고?

붓다의 탄생 이전, 그보다 훨씬 더 선사시대 이전, 주로 채집과 수렵에 의존하던 시절에 자연 야생과 더불어 살아가는 사람들의 생각은 어떠했을까? 정령신앙도 없었고 어떤 초월적 존재에 대한 상상도 없던 시절의 사람들 생각은 이름 모를 동식물들 그리고 주변 사람들의 행동과 처지와 운명을 보고 판단했을 것이다. 타고난 의지와 생리대로 채집과 수렵을 하면서 자연과 더불어 자연의 변화에 따라할 수 있는 한 하고 싶은 바람대로 살다가 언젠가는 대지의 품으로 야생과 더불어 자연스럽게 돌아가는 삶, 그것을 인생으로 여겼을 것이다.

우리는 그것을 순수 야생의 생각(또는 사고)라고 불렀다. 자연, 동식물, 천지운행의 개념도 없던 시대의 생각을 그렇게 말한다. 정령신도, 다신도, 일신도 없었고, 부족주의도, 나라도, 다스리는 무리도 없었던 시대의 그 야생의 사고는 대단히 중요하다. 일부 인류학자들은 그 야생의 사고가 몇천 년 뒤에 나타난 불교적 사고와 맥을 같이 함을 감지하고, 마치 그 야생의 사고가 다시 살아난 것이 아닌가 하는 생각을 하기도 하였다.

이 야생의 사고는 불교의 연기적 자연관, 차이생성의 복합적 존재론에 그대로 녹여져서 현재까지도 살아있다. 이것을 출발점으로 우리의 작업을 시작하였다. 현실의 자연 이외에 어떤 초월적 존재의 관념이 없었던 시절에는 그 순수한 야생의 사고가 자연스러운 대세였다. 이 점이 대단히 중요하다. 신석기 시대의 변화과정에서 초월적 존재를 만들고, 그에게 제사지내는 제사장들이 생산과 건설의 집단을 조직하고 이끄는 우두머리들과 합세하여 특수층을 형성하여 세상을 이끌었다. 그 특수층이 '축의 시대' 이전부터 기원전후를 거쳐 중세와 절대국가 성립 시까지 지배적 흐름을 장악해 왔다.

이것이 오랜 기간 역사적 사건 속에서 구조화하여 왔고, 대중민주주의 시대의 지금도 영향력을 장악하고 있는 '특수성-일반성' 체계(수목형 체계)이다. 이것이 분절체계와 몰(mole)적 틀로 자연과 생명에 억압적 작용으로 다가오고 분자적 선분들 사이에서 고뇌하게 만들었다. 억압과 고뇌는 만인의 문제이지만 문제와 원인을 제공한 측에게도 소외의 결과를 가져온다. 그리하여 생각이 있는 인간은 제도의 변혁을 꿈꾸거나 체계의 성벽을 넘어 탈주를 감행한다.

여기서 우리는 묻는다. 아직도 우리의 사회전략을 특수층의 선결과 평균인들의 다수결에 맡겨온 역사를 계속 이대로 끌고 갈 것이냐? 적어도 머리로는 특수층의 결정에 맡길 생각은 없다고 할 것이다. 앞서 잠깐 언급하였지만 특이한 모델의 사례로서 싯달타가 결행한 변혁과 탈피의 노력을 떠올려보면 '특이성에서 보편성으로의 지향'의 의미를 이해할 것이다. 그는 가족과 습속과 국가의 관념을 탈피하였다. 수행자들의 무리로부터도 떠났었다. 틀에 매인 삶을 떠나 소수자의 길을 걸었다. "특수성-일반성의 체계에서 새로운 방식의 차이 창출이 가능해지는 특이성-보편성의 면으로 나아가기 위해서" 잠재성의 깊이를 속단하지 않고 철저히 천착하였다.[20] 그는 경유하는 도정에서도, 문명과 야생을 넘어 당도한 그 어떤 지점에서도 원하지 않은 사람에게 주입시키거나 강권하지 않았다.

그런 그가 스스로에게 요구한 것은 절대적일 정도의 탈영토화, 탈코드화, 탈(예속)주체화였다. 그가 말한 중도는 평균적 적당주의나 절충주의는 아니었다. 중간에도 양극단에도 머물 점을 찍지 않았다. 소수이지만 만인-되기, '모든 것이-되기'와 같이 어디에도 머무는 바 없는 마음으로 살았다. 그리하여 소수의 물결이 자율적이고 상식적이며 어진 사람들에게 흘러가 연기적 연대와 상승相乘의 결과로 세상이 바뀐다면 더없는 기쁨이었을 뿐이었다.

붓다의 소수-되기 삶은 현대의 연기와 차이생성의 복합존재론으로, 소수자 윤리학이 낳은 자율적 지성의 행동학으로 다시 살아났다. 이 행동학이 현실의 문제와 부딪혀 새로운 시대의 정치경제학으로 태어날 시점이 가까워지고 있다. 현재의 논의 단계에서 이것만은 확실하다. 그것은 정신주의와 결합된 공동체주의도 아니요, 자본주의의 항상적 위기구조에 인질처럼 잡혀 위험과 불안 속에서 일상을 영위하는 '관성적 일반경제의 시간'도 아닐 것이다.

시대의 과제를 회피하지 않고 동시대인의 의욕을 저상하지 않으며 난관을 돌파하는 전략은 불가능 할까? 그것을 어떻게 하면 수립할 수 있을까? 함께 생각하며 조금 더 앞으로 나아가 보기로 하자.

---

20 이정우, 『천하나의 고원』, 돌베개, 2020, 41~2쪽 참조. 특이성을 '탈주하는 괴짜 싯달타'로, 보편성 지향을 '성불을 지향하는 보살 또는 붓다'로 바꾸어 보면 이해하기 쉬울 것이다.

3장 활생을 위한 새로운 단계의 현대사회

1. 대지의 저항, 공동운명과 활생의 지향

1) 선형적 생산편향 시스템에서 생성순환[1] 과정으로

자연의 연기법적 조화로 인간은 필수 물질 획득의 자유와 정신적 생활의 자유를 함께 추구하는 존재로 탄생하였다. 이 두 가지 복합적인 의미의 자유는 둘이지만 완전히 별개가 아니라 상호 밀접한 '둘 아님'의 관계에 있었다. 건강한 생태계의 자손인 모든 생명이 그러하지만, 특히 심신이 상하기 쉽고 미묘 복잡하기 짝이 없는 인간은 생명의

---

1 지구 자연의 생성순환 프로세스의 개방적 순환체계에 의해 폐기물의 원천(흙등)으로의 환원 또는 (재)생산과정으로의 재투입, 폐열의 우주로의 배출과정이 작동하고 있다. 이에 문제가 생기고 방해를 받으면, 엔트로피의 누적적 축적으로 말미암아 지구환경은 악화되며 열적 죽음에 이르게 된다. 생산편중 및 극대화 시스템은 지구환경 악화를 가속화하여 전 지구적 생태위기를 초래하였다.

원천인 지구 자연, 즉 대지가 싱싱하게 살아있는 활생의 상태가 아니고서는 제대로 생존을 보존하고 건강하게 삶을 유지하기가 매우 어려운 것이었다.

활생의 대지는 모든 생명에게 삶의 기반이었지만, 대지와 야생의 세계 그 자체는 낙원도 실낙원도 아니었다. 야생과 크게 다름없는 본능적 생존위주의 삶을 영위하던 시대에 인간도 생동하는 평화와 고난의 투쟁을 번갈아하는 복합적 양상을 전개하고 있었다. 이른바 자연 상태에 대한 후대의 관념처럼 평화와 전쟁, 행·불행의 어느 한쪽으로 단정할 수 있는 것은 아니라고 생각한다. 그런데 보다 유동적이고 미묘한 성격의 시대에 들어서면서 대지는 불안하고 유동적인 상태에 놓이기 시작하였다. 그렇지만 이때까지는 지구환경이 타격을 입었다고는 볼 수 없다. 대기 순환과 물 순환을 특징으로 하는 지구 자체의 순환시스템(개방적 정상순환체계)은 자연적 생성작용과정의 하나로서 자동적으로 작동하고 있었고, 지구에서의 물질대사로 발생한 폐기물과 폐열 등 증가된 엔트로피는 자연의 순환 속으로 되돌려짐으로써 잘 유지될 수 있었기 때문이다.

이후 신화의 시대를 거치며 신석기 원도시의 형성과 정주, 그리고 농업 혁명을 계기로 위험도를 높여 갔고, 국지적이었지만 지구환경을 위협하는 사태를 맞이하였다. 그것은 종족주의의 흐름을 타고 신의 발명과 권력의 탄생이 서로 부추기는 분위기와 더불어 도래하였다.[2] 유사 이래 처음 나타난 주요 사례는 메소포타미아, 황하, 인더스

2 나카자와 신이치, 『신의 발명』, 김옥희 옮김, 동아시아, 2005, 93~7, 101~3, 127~9, 173쪽 참조.

유역에서의 대규모 관개농업으로 인한 사막화 등이었다.[3] 이것은 국가의 발생과 국가 작용에 의한 자연적 토양의 수탈과 황폐화로 내딛는 첫걸음이었지만 그 의미와 문제의 중대성은 적지 않은 것이다. 그 전말을 잠시 살펴보자.

추세는 신화적 발상과 허구적 관념들이 치성하는 안성맞춤의 상황을 만들어냈다. 초기에는 일부의 막연한 공상으로 출발하였던 것이 정령이나 신비스러운 스피릿과 같은 생각을 거치며 어떤 초월적 존재의 관념에 도달하였다. 이 관념은 그야말로 상상 같은 임의적 전제에 불과하였다. 그러나 그 임의적 전제가 마침내 천지 대자연의 배후에서 대지와 만물을 만들고 조종하는 주재자격 '신'의 이미지로 탈바꿈하는 과정을 밟는다. 그리하여 신의 섭리는 인간에게 대지를 다스리도록 하고, 신탁을 받은 특수한 인간계층으로 하여금 대지가 낳은 모든 생명을 다스리도록 하였다고 전파되기에 이른다. 섭리는 제정일치적 부족국가, 신정국가 등의 형성과정 속에서 전략적 세계관으로 재생산되어 보통 백성들에게 주입되며, 사회화를 거쳐 개인적인 내면의 의식화로 심화된다. 그런 식으로 종교와 정치적 권력은 일체가 되어 강온 양면의 사회분위기 조성과 조직적 교육을 통해 포섭하고 세력을 키워왔다.

대지와 인간이 국가장치와 생산 시스템 및 전략적 세계관에 의한 포획화 과정에 놓이면서, 대지와 생명은 활생의 건강성과 약동성, 자연적 자유로움의 생기발랄함을 잃어 갔다. 대지도 인간도 자연과

---

3 가라타니 고진, 『자연과 인간』, 조영일 옮김, b출판사, 2013, 46쪽 참조.

인간성의 원천으로부터 멀어져 가고, 인위적으로 설정한 구조와 장치에 깊이 의존하며 자력적 역량과 정신을 더욱 상실하게 되는 상황, 이른바 소외의 심화와 확대과정을 겪게 됐던 것이다. 말하자면 인간과 대지에 대한 신의 감시와 처벌, 그 계획과 지침이 지배적 주류의 세계관 설계의 기초였다. 설계도의 골자는 대지와 인간을 분리하고, 신을 받드는 인간들로 하여금 대지를 다스리게 하는 것이었다. 그 순간부터 대지는 신 중심의 인간 가족과 추종집단의 다스림 아래에서 생산을 위해 제공되는 원료와 도구로 전락하였다. 그와 동시에 인류는 특수-일반 체계의 피라미드형 방식에 따라 다시 특수계층과 일반의 무리로 분리되었다. 설계도와 전략은 대규모 산업화 훨씬 이전에 이미 대지와 인간을 분리하고 단절한 상태로 생산편향 시스템의 문명에 포획되게 만들었다.

그런 식으로 자연과 인간, 인간과 인간을 분리하여 지배하는 방식은 유사 이래 지금까지 사회의 각종 거시권력과 미시권력 등 주도권 장악을 노리는 자들의 일반화된 전략이 되었다고 해도 과언이 아니다. 그와 더불어 대지의 흙과 물, 인간의 자유도 조건부 허용이라는, 이른바 말로만 긍정적인 '포지티브 시스템'('이것저것은 해도 좋다'는 식) 하에 들어갔다. 동등한 출발선과 기회는 역사시대의 초기단계에서부터 관념과 말뿐이었다. 이것은 (후대 산업화 전후의) 소위 후기 본원적 자본축적이 일어나기 수천 년 이전의 사태로서 본원적 불평등과 편파적 현상이 반복, 재생산되는 과정의 역사시대 전기 인류사였다. 이렇게 역사시대에 돌입하기 이전과 이후부터의 사정을 사실대로 제대로 상기하기 바란다.

활생의 대지와 야생의 약동시대에서는 비교적으로 적지 않은 사람들이 자연의 내재면의 원리 그대로 살아가는 생성의 삶을 살 수 있었다. 즉 조물주의 절대적 지배-피조물의 피지배의 관념과는 무연 무관한 생성과 순환의 과정으로서의 삶이 있었다. 대지의 어머니로부터 태어나 야생과 더불어 대지를 품으로 삼고 자연의 순리에 따라 살다가 야생처럼 다시 대지로 돌아가던 삶의 시기였다. 물론 이 시대가 낙원이었다는 말이 아니라 야생과 별반 다르지 않은 대지의 일원이었다는 뜻이다. 이때 대지는 결코 인간을 위한 생산의 기지도 아니었고 더더구나 도구나 자원은 아니었다. 대지의 자연스러운 역능, 생성의 원리 그대로 순리를 좇아 살았던 사람들의 생각과 느낌에서 대지와 생명은 나뉨이나 통합 같은 관념과는 무관한 채로 살고 있었다. 흙과 물을 활용하며 살면서도 인간의 다스림과 용도에 바치는 공물처럼 대하는 생각은 없었다.

대지와 인간의 사이, 그리고 인간과 인간의 사이에 대지의 예속화, 인간의 주체-예속화 같은 그런 관념은 있을 리 없었고, 대등하냐 아니냐며 의식하고 따지는 그러한 관계관념도 있을 수가 없었다. 그렇다고 하나로 된 몸이냐고 묻지도 생각지도 않았다. 주종도 없고 주객도 없는데 하나이니 별개니 따질 이유도 생각할 필요도 없는 관계였다.

이를 굳이 일러 말한다면 '하나도 둘도 아님 너머로'라고밖에는 말할 수 없다. 일말의 불안과 두려움이 늘 주위를 감싸고 있는 가운데서도 대지의 모든 것을 가족과 같이 인간의 지체처럼 조심스럽게 보살피며 살았다. 아니 진실은 인간이 오히려 삶의 터전으로서 대지의 보살핌을 받았으며 그 이상의 베풂의 은혜를 입었다. 인간은 대지와 야생의 다양함과 변화무쌍함, 그리고 미묘하고 불가사의한 조화에, 그 풍성함과 다채로움에 의하여 삶이 때로는 기쁘고 즐거우며 숭고하기까지 하였으며, 그것을 깨닫고 대지에 진정 고마움을 느끼며 살고 있었다. 그리하여 자연의 오묘하고 신비한 생성 변환 속에 무진장한 아름다움의 광맥과 원천이 잠재하고 있음을 발견하고 대지와 더불어 '둘 아님'의 조화로운 문화를 창조할 가능성도 얼마든지 있음을 상상하며 살아왔었다.

그러나 이렇게 인간에게 가장 자연스럽고 가장 본질적이라고 할 정도의 의미를 지녔던 이 중요한 흐름이 역사시대 이후 고대에서부터 문명화의 미명하에 오랜 기간 지배적 세계관의 대세몰이에 의하여 주변으로, 수면 아래로 내몰려 소수, 비주류나 이단이라는 이름하에 숨을 죽이는 처지로 되고 말았던 것이다. 생성 변화의 과정, 대지와의 '둘 아님'의 생성 프로세스가 수천 년을 지나 지구붕괴의 위기를 우려하는 오늘에 와서야 다시 새로운 의미로 알려지고 있다. 그리하여 대지와 야생의 사고와 가장 많이 닮은 불교의 현대화로 새롭게 희망의 메시지를 찾고자 움직이고 있는 것이다. 레비-스트로스의 말처럼 그것이 유지되려면 유럽의 세계관이 먼저 더 일찍이 불교를 만났어야 했다. 우주 대자연과 대지의 연기법대로 순리를 따라야 했었다. 이를 현대의 철학자 브뤼노 라투르는 축약해서 다음과 같이 말했다.

'생산(경제화) 시스템과 생성(대지화) 시스템의 모순.'

"지금 상황은 생산 시스템과 생성 시스템 사이의 모순이다", "단순히 경제학의 문제라기보다는 문명 그 자체의 문제인 것이다."[4] 그러한 갈등과 모순이 점점 첨예화를 표면화하고 있는 시대에 문제의 심각성을 잘 알고 있는 이른바 '대지주의자 또는 습지주의자'(문학 작가들의 표현)들은 지리-사회적 투쟁이 벌어지고 있는 곳을 잘 알고 있다. 그들은 어디에서나 투쟁을 목격하고 안간힘을 쓰고 있으며 그들의 입장에서는 확실히 전쟁 상황에 들어섰다. 그러나 다른 수많은 곳에서 많은 이들이 완전히 못 본 척하고 있는 것도 사실이다. 라투르의 표현에 의하면 이 전쟁 상황은 "다른 '대지의 것들'과 함께 거주하기를 추구하는 '대지의 것들' 사이의 갈등이며, 글로벌로의 비행이나 로컬로의 탈출을 꾀하는 근대의 인간들 사이의 갈등"이며, "사람 사이에 벌어지는 것이면서 동시에 도덕적인 양상을 띠며 내부로부터 우리를 갈라놓는다."

지금의 상황에 이르기까지 무엇이 어디에서부터 어긋났는지 돌이켜보지 않을 수 없다. 지구 자연과 생명현상을 피상적으로 보고 안다고 자만하며 섣불리 당대의 기술적 지식에만 끌려온 탓이라고 해도 과언이 아닐 것이다. 연기적 다양성과 차이생성의 존재론에 근거한 일의성의 본원적 대전제, 즉 대지와 생명의 숭고함과 평등한 존엄성, 그것을 기본으로 하고 인간의 자유와 평등이 지켜져야 했었다. 그러나 임의적 관념의 조작에 의한 세계관과 왜곡된 생산 일변도의 시스템으로 인하여 이 대전제가 지켜지지 않았다. 그러므로 첨단 정보기술화 시대와

---

4 Bruno Latour, 『지구와 충돌하지 않고 착륙하는 방법』, 박범순 옮김, 이음사, 2021, 126~8쪽.

안팎으로 투명성이 강하게 요구되는 사회를 맞아 이 본원적 전제를 깊이 알도록 해야 한다.

지구 자연, 우리의 대지는 실체를 한정적으로 규정할 수 없는 끊임없이 생성하고 변화하는 존재다. 이 무한히 생멸하는 존재는 정해진 틀이나 경직된 시스템으로 재단하고 지배 장악할 대상이 아니다. 부단히 움직이고 변화하고 순환하고 반복하며 흐르는 과정의 생성과 순환의 프로세스다. 그러나 단순 반복의 순환과정이 아니라 나선형(스파이럴) 순환 생성과정이며 그것은 고정된 방향을 가진 나선형이 아니다. 어디로 어떻게 생성되고 순환하는 과정을 거치며 흐를지 알 수 없다.

이제 인류는 지구 자연의 흙과 물과 공기를 함부로 대하지 말고 삼가며 회복이 가능하다고 보이는 부문은 가능한 한 회복하도록 최선을 다해야 한다. 그리고 생산위주 시스템 의존의 수탈문명에서 눈을 돌려, 생성순환 프로세스의 순로를 따라 대지가 지닌 잠재력 발휘를 자연스럽게 최대한으로 실현하는 신문명으로 방향전환을 해야 할 것이다.

2) 대지는 원천적 공동운명체, 활생은 인류의 책임

생명이 살아 움직이는 대지는 연기적 원리에 의해 대지를 구성하는 요소들 자체이며, 대지의 품에서 자란 뭇 생명들의 흙과 물과 대기의 구성 결과이다. 오랜 기간, 지극히 작은 미생물들에서부터 온 생물들이 참여하여 물과 흙과 대기를 생성, 순환, 반복하는 과정을 거치며 펄펄 살아 움직이는 활생의 대지에 이르렀다. 대지는 굳어 버리고 말 못하는 기계가 아니라 계속하여 생명의 숨결과 정동이 함께 생성하는 영원히 흐르는 샘물 같은 존재였다. 대지는 결코 하늘도 신도 국가도 그 누구의 것도 아니다. 대지와 하늘을 비롯하여 우주 대자연을 포함한 일체 존재에 관하여 제법무아, 그리고 연기적 상호의존과 생성변화의 이치가 그것을 가르쳐 주고 있다.

다행이 원천적 야생의 사고는 대지가 뒷받침하고 터전을 제공해 줌에 따라 자연스러운 존중과 견제와 균형의 조화를 지니고 있었다. 상상을 절할 오랜 세월 동안 미묘하고 복잡하기 그지없는 과정을 거치며 변화하는 자연의 생성 프로세스 자체가 생명이다. 그 생명이 생명과의 사이에 계통과 관계에 따라 생성 변화하고, 때로는 얽히고설키며 때로는 가로지르는 절화折化를 거치며 진화하는 가운데 이어져 온 과정이 또한 생성 프로세스이다.[5] 자연은 스스로의 원리에 따라 어떠한 구속이나 제약도 받지 않고 자연스럽게 생산하고 창조하며 다양함을 생성하고 표현하며 반복한다. 그 자연으로부터 생명은 자연의 역능을 이어받아 자기 보존과 재생산의 역량, 더 잘 살려는 의지와 욕망과 에너지, 미래의 개척과 변화 발전의 잠재력, 다양함의 생성을 거듭하는 능력들을 타고 태어났다.

그리하여 자세히 보면 단 한순간도 멈추지 않고 머무르지 않으며 움직이고 변화한다. 자연이나 생명에 고정된 것은 없고 본질이라고 특정할 수 있는 것은 없다. 생명과 자연에 관하여 그 어떠한 임의적

---

5 생명은 공생의 영역에서 때로는 횡단적 결연, 즉 가로지르기 같은 우연적 접속과 변이를 통해서도 진화한다. 이를 절화라고 한다. 이정우, 『천하나의 고원』, 180~1쪽 참조.

전제를 내세우거나, 그 어느 누구도 '나의 것'이라고 소유를 고집하거나, 다른 생명에 대하여 또는 집단과 조직화를 통하여 다스릴 권한을 주장하거나 부여할 그 어떠한 근거도 없다.

이러한 관점에서 지구 자연의 생성을 우리는 대지의 활생이라고 부른다. 이 활생의 대지에서는 모든 생명 존재자에게는 원칙적으로 걸림 없는 자유의 길이 마련되어 있다. 그 대지의 생명에게는 탄생과 더불어 활생의 꿈이 있고 그 꿈을 이룰 수 있는 길이 열려 있다. 그것이 대자연의 연기법이다. 거기서 모든 생명체의 비배타적·기본적 자유와 권리가 나온다. 그 기본적 자유와 권리는 지구상의 공간, 즉 대지에 대한 존중과 선의의 관리자로서의 의무, 이 의무와 결부된 자유로운 향유권이다. 즉 '대지의 보호와 관리의 책임 위에 성립된 대지와의 조화에 근거한 공동 향유 및 이동권'이다.

대지가 무슨 공동 향유를 하나라고 물을지 모르나, 대지는 그냥 대지가 아니다. 온 천지에 가득한 미생물과 식물과 동물로 이루어진 생명의 세계이다. 그리고 자기조절과 자기조직 기능이 있어 어떤 자연적 이치를 위반하거나 한계를 넘으면 생태계, 기후체계, 지질상태 등에 큰 변동을 일으키기도 하고 심하면 무너지기도 한다. 인류가 최근에 겪고 있는 팬데믹과 기후온난화로 인한 지구 생태위기가 그것을 잘 설명하고 있다.

이처럼 대자연의 모법으로서 대지는 저항하고 참여하며 공유자로서의 권리가 있으며, 인류와 더불어 지구 운명의 공동결정권을 행사하는 당당한 행위자로서 인정해야 한다. 이 대지의 권리행사는 자연과학과 인문사회과학의 '둘 아닌' 복합적 관점에서 자연의 원리를 제대로 알고 대접함으로써 실현될 수 있다. 대지에 기반을 둔 생명의 존엄성, 인간의 자유와 기본권은 하늘나라가 인정하는 천부인권이 아니라 대지, 즉 천지자연이 부여한 살 권리, 즉 '대자연적 생명권'이다. 천자나 국가가 준 것은 더더구나 아니다.

무릇 태어난 생명은 이 하늘아래 땅 위에 살 권리가 있다. 인간을 비롯하여 대지에서 생을 받은 모든 다른 생명에게도 태어날 때부터 당연히 같은 자유와 권리가 있음을 인정해야 한다. 서로 배타적으로 소유권을 주장하지 않고 존중과 애호에 기반을 둔 공동 임차와 관리의 책임자 및 향유자로서 삶의 터전을 삼을 수 있다는 의미다. 대지와 대양에서 먹을 것을 구하고 주거를 마련하고 건강을 유지할 기본적 권리와 자유는 나라 이전에 이미 대지로부터 타고났다. 종교와 나라가 빼앗았다가 다시 나눠주고 인정해 주어야 비로소 공인되는 그런 것이 아니다. 생물의 진화와 인류의 탄생 및 그 이후의 전파와 확산과정에서 모든 살아있는 생명들이 오대양 육대주 구석구석까지 미치지 않은 곳이 없었다는 사실이 이미 증명해 주고 있지 않은가? 대지 이외에 거기에 무슨 국경이 있었으며 먹고 자기 위해 무슨 허락 받을 일이 있었던가? 태양은 에너지를 생명체에 적당한 매개과정을 통해 순수하게 증여하고 있었다. 대지와 하늘, 대자연의 모든 공간과 산천초목이 형편이 허용하는 한 최대한 베풀고 우리에게 말없이 누구 하나 소외시키지 않고 순수하게 보시하여 먹이고 머물게 해주었다.

그러던 것이 언제부터인가 사태가 급변하였다. 누가 먼저 남을 괴롭히고 억압할 생각부터 하였는가? 아무래도 '대중의 공포와 불안, 그리고 대중에 대한 불안과 공포'를 이용하여 잔머리 굴려 선수를

쳤던 것이 아닌가 한다. 한편으로 불안과 위하와 공포를 가하고, 다른 한편으로 미지를 이용한 '임의적 관념의 가짜뉴스'와 꼬임으로 백성을 몰아간 배경과 역사를 그대로 두고 본질적인 문제점은 짐짓 외면한 채, 지금도 국가제도의 확대와 강화에 집착하고 있다.

일이 꼬였을 때는 근본으로 돌아가 생각해 봐야 한다. 이왕 기본을 거론하려면 제대로 철저하게 논해야 한다. 태초에 자유롭게 머물고 움직이며 향유할 수 있는, 지구공간에 대한 대지와의 공동 권리와 자율적인 삶은 생명의 탄생부터 누렸던 자유와 권리다. 비록 불안과 공포가 가시지 않은 야생의 미묘한 균형 속에서이지만 타자他者와 공존하며 먹고살기 위해 행동하는 모든 생명이 타고난 것이었다. 가능한 한 각기 최선을 다해 야생은 야생대로 인간은 인간대로 살아가야 하고 살도록 해야 한다. 이것이 새 시대의 '대자연적 주권으로서 기본적 자유권·책임'이다. 이것은 맑고 깨끗한 공기와 물과 숲과 땅에 대한 구체적 의무이자 권리이다. 대지에 감당하기 어려운 상처를 내고 회복할 수 없을 정도로 개발을 일삼는 짓을 결코 저지르지 않을 책임이 부여되어 있었다. 그 책임과 의무를 신의성실의 원칙하에 철저히 수행하는 한도 내에서 자유롭게 이동할 수 있고 향유할 권리이다.

자연적인 생태의 존중과 보존, 환경의 보호와 향유의 권리 등은 당연히 이 제일의 기본의무와 기본권에 포함되어 있었던 가장 중요한 내용이었음은 두말할 필요가 없다. 적어도 원리원칙상 이것이 인정되고 보장되지 않는 한, 자유경쟁이나 재산권 보장은 아직 논리적으로는 정당화될 수 없다. 백성이 부탁도 하지 않았는데 강제적으로 보호를 제공할 터이니 백성은 그 대신 복종을 하라는 식에서부터 시작한 제도화의 오류가 수탈성 교환관계로까지 역사는 숨 가쁜 질주를 계속해 왔다. 왕권신수설은 종교의 권위를 이용하였다.[6] 국가와 권력은 필요악이라고 하지만 그건 그렇게 말하는 사람들 자신의 인간조건 때문이다. 싯달타가 다 버리고 출가한 이유가 그걸 설명하고 있지 않은가? 권력투쟁은 힘 있는 또는 무장한 세력들 간의 힘겨루기와 싸움판에서 만들어졌으며, 백성들의 입장에서는 '원천적으로 완전히 기울어진 운동장(싸움판)'이었다. 아니, 싸우고 경쟁할 수단도 없는 상태에서 아예 운동장에서 쫓겨난 신세였다.

지금에 와서 누구를 탓하자는 것이 아니다. 진정 자각하고 깨친 새로운 인류의 눈으로 솔직하게 진실을 보고 말은 제대로 하자는 것이다. 역사는 말하고 있다. 왕권에 의한 봉건가신단의 강제적 해체, 장원의 분해, 봉건영주들의 자영농민에 대한 폭력적 축출, 수공업자와 직인들의 생산도구의 상실 등을 거치며 수많은 백성들이 삶의 터전과 생업의 수단을 잃고 떠돌이 신세가 된 것이 역사적 사실이었다.

그런 상태에서 지배 권력층과 신흥 상공업자들은 서로 이용해 가며 그들의 토지와 생산수단과 부에 대해서는 재산권과 계약의 자유라는 이름하에 실정법적 보장 장치를 권력으로 제도화하였다. 허울은 분업과 교환관계이지만 그전의 전제적 조건과 기반에서는 자유롭지도 공정하지도 아니하였던 것이다. '대지와의 공동 자유향유권' 같은

---

6 이와 관련, (바이블) 로마서 13:1~7, 레위기 19:15, 토마스 아퀴나스의 『로마서 주석』 1022절 등 참조. 신의 권위 이용은 절대왕정 시대의 왕들뿐 아니라 5세기 프랑크 왕국의 클로비스 1세 때부터 있었다.

대자연법상의 개념과 권리는 아예 생각조차 하지 않았을 것이다. 아무튼 그런 식으로 전개되어 온 역사 속에서 백성의 대부분은 생활의 현장에서 생존에 목을 매여 사는 사람들이었다.

이미 일어난 일은 일어난 것으로 현실을 무시할 수는 없다. 그러나 시대가 달라졌다. 그러므로 인식과 태도의 일대 전환은 필요하다. 이제 시대는 대지의 네메시스로 지구 대붕괴를 향해 치닫고 있을 뿐만 아니라, 판도라처럼 인류의 두뇌에서 나온 '고도의 비의식 알고리즘'이 천지를 개벽하는 시점에 왔다. 이런 시점에서 이론적으로는 권력국가 체제라는 공리 아닌 공리계에 대한 인식을 근본적으로 재검토할 필요가 있다고 본다. 그러나 국가에 대하여 당장 '대지와의 공동 자유향유권'을 법률과 제도로 구현하여 보장하라고 하는 건 아니다. 최소한 이러한 대자연의 법칙을 헌법 또는 헌장 전문에는 밝혀둘 수 있지 않을까 하는 것이다. 이미 에콰도르와 볼리비아 등에서는 이른바 '야생의 법'을 내용으로 하는 공적 제도화 작업에 착수한 것으로 알려졌다.[7]

이런 추세와 함께 자연생태존중 사상과 홍익인간의 정신문화 및 전통 속에 녹아 있는 풍류도에 비추어볼 때 대지와 생명에 대한 존중과 애호의 정신을 교육현장 또는 기회가 허락한다면 헌법 전문에라도 포함시키는 것을 검토하자고 제의한다. 그리고 최소한의 토지 또는 주거 활용권을 비배타적 권리(비소유권이지만 평생사용권)로서 선언하는 정도의 발상의 전환은 검토할 수 있지 않겠는가 한다. 인간의

---

7 컬리넌(Cormac Cullinan), 『야생의 법-지구법 선언』, 박태현 옮김, 로도스, 2016, 318~327쪽.

우월적 지위가 무너지고 국가의 통치 행정 시스템이 통째로 흔들리고 있는 이런 천지개벽과 위기의 시대에, 정부더러 세금으로 돈이나 배급하라는 발상 정도로는 안 된다는 것이다.

아직은 실감이 나지 않을지 모른다. 늦어도 30년 안에, 아니 곧 본격적인 도전이 내습한다. 국가와 정부가 없어지는 것은 아니지만 그 기능과 역할이 대대적으로 바뀌는 시기가 곧 올 것이다. 몇 가지 중요 기능을 제외하고, 정부의 대부분의 기능이 송두리째 바뀌어 빅데이터와 AI 시스템 네트워크에 맡기고 인간은 그것들이 할 수 없는 자유로운 발상과 창의적 일에 집중할 수밖에 없을 때가 예상보다 빨리 올 것이다. 그것이 철저하게 기본으로 돌아가 생각하는 길이다.

모든 존재자 저마다의 잠재적 역량을 살리는 방도를 강구하기 위해 인간이 먼저 마음의 창을 한껏 열고 창의적인 머리를 쓰도록 하자. 그 비의식 시스템은 인간을 보조종사원으로 거느리는 사물의 시스템이다. 빅데이터와 AI 및 만물 인터넷 등의 전 지구적 연결 시스템으로 어떤 특정 인간집단이 함부로 움직일 수가 없는 자체적 대응 시스템이 될 것이다. 이 비인간 사물에 의한 자체 조절 대응 시스템 능력을 머지않아 고도로 발휘하는 날이 올 때 그때 준비를 개시하는 것은 뒷북치는 짓이 될 것이다. 그때는 대혼란이 오거나, 거꾸로 인간이 당할지 모른다. 그러므로 우리 인간이 미리 '존재와 존재자의 연생적 복합적 성격과 의미'에 부합하는 기본적인 프로세스를 구축해 놓을 필요가 있는 것이다.

그러기 위해서 우리는 야생의 세계로 향한 눈부터 떠야 한다. 맨 먼저 야생의 영역을 회복시키되, 우선 인간과의 영역 사이에 충분한 완충지대를 마련하고 그들을 간섭하지 말고 내버려두어야 한다. 보고 싶으면 완충지대를 격하여 멀찌감치 물러나서 보아야 한다. 그리고 난 뒤에 인간의 문제를 고려해야 한다. 그것이 연생관계에 있는 유능한 책임자, 인간의 도리다. 일의 순서가 그래야 인간의 문제도 풀리게 되어 있다. 연기법은 이런 것이다.

이제 인간의 최우선적 기본권과 기본적 책임에 실질적 관심과 존중의 눈을 돌려보자. 기본권 중에서도 제일 중요한 기본권은 지구를 포함한 이 '대지에 속한 생명의 자유와 권리'다. 우리 인간의 입장에서 말하면 '대지와 대지에 속한 생명에 대한 존중과 애호의 의무이며, 그 의무와 책임을 완수하는 인간에게 대지가 부여하는 기본적 자유·권리'이다. 이것은 신체의 자유와 대등한, 아니 그것을 포함한 최우선적 기본권리다. 모든 자유와 권리가 거기서부터 출발한다. 생명은 타자를 침해하지 않는 한 이 우주공간, 무엇보다 대지와 대양을 성심으로 지켜갈 책임을 다함과 동시에 마음껏 돌아다니고 거처를 마련하고 먹을 것을 구할 자유와 권리를 타고났다.

이 하늘과 땅에서 타자와 나의 구별이 없는, 어떤 실체, 어떤 정체성에 대한 집착도 없고 차별적 행위도 하지 않은 '무아', 즉 '일체의 사물과 관계 속에서도 제약 없는 자유'를 제법무아라고 하였다. 예수도 산상수훈에서 "하늘을 나는 새와 땅 위에 핀 저 백합도 무엇을 먹고살 걱정을 하지 않는데, 너희들은 무엇을 걱정하고 염려하느냐."라고 물었다. 내일을 염려하지 않고 자연 그대로 축복을 받으며 살 수 있는 것이 원래의 행복을 타고난 생명의 본래 진면목임을 명확히 하였던 것이다.

대지와 대지의 생명들을 보살피고 사랑하며 타고난 기본적 권리와 자유가 있으면 신체의 자유와 표현의 자유, 그리고 자기가 지은 집과 수확한 '먹을 것'과 생산물에 대한 직접적 권리는 당연히 따라 나오는 것이다. 그러므로 '대지에 대한 존중과 자유'가 가장 중요한 기본의무이며 기본권이라는 것이다. 다만 이것은 배타적 소유의 권리는 결코 아니다. 모든 생명 존재자와 함께하는 차별 없는 자유와 권리이기 때문에 '대지에 대한 존중의 의무 하에 타자에 대한 침해를 하지 않는 한'이라는 연기법적 전제가 처음부터 상관하고 있기 때문이다.

2. 키아스마적 복합성의 제도화를 위한 토대

1) 대지활생 지향의 소수 되기 윤리

나는 머리말에서부터 여기까지 자연이라는 존재 세계와 인간을 포함한 생명의 터전인 대지와 인간의 운명, 그리고 인류의 진로에 관한 방향을 모색함에 있어서 통섭과 융합이란 방법적 태도를 취하여 왔다. 그것은 학제 간 연구와 지식의 통합이라는 방법론을 존중하되 그것을 넘어서 연기와 중도의 입장에서 지혜를 모색하고 실천하는 것을 의미한다. 그리하여 불교의 연기법, 공의 원리, 제법무아, 『반야심경』과 『금강경』의 핵심 사상들을 융합하고, 차이생성의 복합적 존재론과 소수자 윤리학과의 대조와 연결을 시도하며 가능한 범위 내에서 현대철학의 개념과 용어 및 표현을 활용하여 설명해 왔다. 이 과정에서 하이데거의 존재론, 화이트헤드의 과정철학, 들뢰즈의 차이생성의 존재론 등과 비교하고 연결하면서 현대적으로 조명하려고 하였다.

특히 소수 되기의 윤리와 행동학이 젊은 고타마 싯달타의 실천적 삶과 일치하며, 사회변혁의 전략을 비폭력적 평화적으로 현실화 하는 기초가 된다고 생각하므로, 그 소수 되기 윤리의 원천과 도출과정을 다음과 같이 다시 요약하여 정리하고자 한다.

1) 임의적 전제가 아니라, 경험적 현실세계의 차원, 즉 '있음'의 존재현상 내재면의 존재론으로서 자연에서 출발하고자 한다. 자연 이외의 실체를 발견할 수 없어 자연을 실체로 간주해 보지만 실체성을 가정하더라도 그 속성은 양태로 나타날 수밖에 없다. 감각하고 경험하며 인식할 수 있는 것은 오직 양태뿐이다. 양태를 다른 말로 하면, 현실적 계기로서의 사건 및 사건과 사건의 합성들이며 그 과정이다. 양태는 원래 차이생성의 원리인 자연의 생산 및 창조의 잠재역량이 다양함으로 나타난 것이다. 차이가 존재론의 출발점인 셈이다. 다시 말하면 다양체적 차이의 잠재성이 다양함으로 표현된 것이다.

2) 생성이란 자연의 연기적 생성과 변멸의 반복이다. 끊임없는 생산과 창조, 머무름 없는 차이생성의 변화이다. 연기적 생성은 연기적 있음과 없음의 본질적 성격 없음, 실체 없음, 즉 공과 다름없음이라고 할 수 있다. 공은 공 자체를 지키지 않으며 무상이나 무아도 지키지 않는다.

3) 공성은 자유분방한 무한 다양체의 잠재력으로서의 생산과 창조적 변화현상으로 표현된다. 또한 자연이 지닌 역량으로서 생산 창조한 생명의 본능과 의지, 욕망과 에너지로 나타난다. 끊임없는 다양함의 생산원리인 자연을 닮은 생명도 '생산하는 욕망이고 욕망하는 생산'임

을 나타내며 거듭한다. 그러나 욕망 자체도 공성에 의해 고정된 욕망에 머무를 수 없으며 지킬 수 없으므로 욕망도 끊임없이 변화 생멸할 수밖에 없다(만일 머물려고 집착하면 자가당착, 모순, 딜레마, 소외, 권태, 불안, 고뇌, 비애, 허무에 빠짐). 인간 자신의 입장에서는 자기 보존과 유지의 욕망, 동시에 욕망 자체의 변화 사이에서 번민하며 그런 상황을 해소하려고 노력하는 과정에 처한다. 변하는 욕망은 욕망을 넘어서려 하는 성질도 갖고 있다. 탈유기적 조직·기관체, 탈층화, 탈영토화, 탈중심, 탈코드화, 탈주체화 등의 복잡다단하고 다양한 변화과정을 반복한다.

4) 이상의 과정을 '차이와 다양함의 생성' 또는 간단히 '차이생성'이라고 요약할 수 있다.

이 차이생성의 존재론은 생명과 그 삶의 토대, 즉 대지에 대한 어떠한 제약과 구속, 감시와 통제도 부정하는 입장이다. 그 제약과 감시가 초월적 존재로부터 오든 현실의 지배 장치로부터 오든 거부한다. 자연적이고 자유로운 양태를 적극적으로 긍정하는 것이 기본 입장이다. 어떠한 주체와 객체 또는 소유와 대상이라고 본질적으로 규정할 수 없는 양태임에도 생성과 변이과정에서 주류의 흐름이나 지배적 지위를 차지하려는 움직임이 돌연변이처럼 나타날 수 있다. 예컨대 다수의 과잉 대표화와 집합표상의 과도작용이 자행되면 이에 대한 소수의 저항은 자연히 발생하게 마련이고. 여기에서 소수자-되기 윤리학이 나온다.

5) 지배적 다수의 흐름에 저항하는 소수의 물결이 바라는 것은 자연의 다양체적 잠재성 그대로 자연스럽고 자유롭게 움직이게 하는

것이다. 생산하고 창조하는 무한 가능성, 차이와 다양함을 생성하는 역량 그대로 움직일 수 있는 한 움직이도록 하는 것이다. 이는 모든 지층, 양식, 규범, 틀, 영역 등을 벗어나 탈피하려는 움직임이다. 이 탈피와 탈주의 움직임은 소수-되기, 동물-되기, 여성-되기, 모든 타자-되기, 모든 것이-되기를 거치면서 지각불능-되기, 식별불능-되기, 인칭확정불능-되기로 변이하기도 한다.[8] 그리하여 무아-되기 즉 만인-되기, 궁극적으로는 아무것도 아님-되기 등 다양한 가능성의 길이 열린다. 그리고 마침내 자연의 대지처럼 아무런 표시, 상, 티가 나지 않아 그냥 보통 사람으로 사는 삶이 될 수도 있다. 이는 '괴짜'라고 오해하기도 하는 특이한 행로를 거쳤지만, 시장에서 잘 팔리기 위해 특수 계층화하는 재층화再層化의 경우(특수-일반성 사고)와는 완전히 다르다. 이를 '특이-보편성 사유'라고 표현하기도 한다. 차이생성 존재론에서 말하는 궁극적 되기는 절대적 탈영토화의 경지로서, 이를 불교적으로 표현하면, 보편성의 지평을 향하며 '평상심이 곧 도'라는 자연 속의 연기적 이치대로 사는 삶이다.

6) 소수자 윤리학은 고타마 싯달타가 전하던 다음 이야기와 일치한다고 생각한다.

"어디에 머무는 바 없이 마음을 낼 수 있기 바란다." "나, 너, 주·객, 얻음과 잃음, 존재와 소유, 본질과 현상, 이승과 저승 등 일체의

---

8 이정우, 『천하나의 고원』, 돌베개, 2020, 231~2쪽 '절대적 탈영토화' 항목에서 "탈유기화를 통해 지각할 수 없게 되고, 탈기표화를 통해 식별할 수 없게 되고, 탈주체화를 통해 인칭을 확인할 수 없게 되는 차원으로 나아가는 시간이다."라는 언급 등 설명 참고. 또한 72, 194, 211~2쪽.

관념과 상은 모두 그 정체를 파악하거나 규정할 수 없으며 실체가 없는 공한 것들이다. 그러므로 이 모든 관념과 상이 모두 그 관념과 상 그대로일 수 없음으로 본다면 제대로 보는 것이다."

이 '연기 및 차이생성의 복합존재론'과 '소수자 윤리학'[9]에 대한 설명이 다음과 같은 정치경제학적 제도개혁의 발상으로 가는 길의 한 작은 이정표가 되기를 바란다.

2) 정치철학적 과제와 작은 삼권분립의 시대 — 공익적 가치시장 제도의 운영을 위한 AI 등 신 거버넌스의 준비

기본적 권리와 의무 책임에 관한 일대 발상의 전환이 있어야 함과 동시에, 정치구조와 정치과정의 개혁, 다수결 원리의 적용기제 축소, 거버넌스(governance)의 혁신이 필요하다. 그리고 법률주의적 지배의 억제와 법치주의의 존중 등 이 시대가 필요로 하는 과제들이 어떻게 되느냐 하는 것들은 대단히 중요한 문제다.

여기서 중도적 정치철학의 새 지평을 연, 현대의 사회철학자 에이미 것만(Amy Gutmann)의 말을 잠시 들어보자. 그에 의하면, "정치철학은 정치가 갖는 가능성의 폭을 확대하는 역할을 수행해야 한다고 믿고 있다. 정치철학은 반드시 정치가 상상하는 '가능성의 경계'를 확장함으로써 '가능한 최선'이 보다 많은 사람들의 삶을 풍부하게 할 수 있도록 해야 한다는 것이다. 따라서 정치철학자는 결코 정치적 실효성이나 정치적 타협에 정치철학적 원리와 진리를 희생시켜서는 안 되며, 동일한 이유에서 정치철학자는 정치권력과는 다소 거리가 있는 일반

9 위 같은 책, 161~233쪽 '되기의 윤리학' 참고.

사람들의 평가에 더 귀를 기울여야 한다."[10]

이 의견에 전적으로 공감한다. 우리나라는 자유민주주의적 방식보다는 권위주의적 방식을 택함으로써 소위 '한강의 기적'이라는 단기간의 산업화에 성공하였다. 그러나 그 부작용과 후유증과 외상값은 막대하고 비싼 것이었다. 흔히 산업화와 민주화가 순차적으로 잘 이루어진 것처럼 말하지만, 솔직히 그것은 권위주의 세력과 일부 민주화 세력 상층부 간의 담합 및 그 후 기성 정치엘리트 간의 정치공학적 결탁의 산물인 면이 없지 않았다. 우리는 아직도 그 대가를 다 치루지 못해 신산의 세월을 감내하고 있다.

선진국의 경우에는 자유민주주의가 지금까지 기여한 공적이 많은 것도 사실이지만, 우리의 경우는 정권교체가 되었다고는 해도 그 배경과 시행과정을 잘 들여다보면 여러 가지 면에서 형식적이고 피상적이었으며 불철저함 또한 무시할 수 없다. 그 결과는 바로 오늘의 현실이 웅변해 주고 있다. 자유와 민주의 추구가 기득권 또는 집권층 중심의 질서와 프레임 옹호가 되고, 그런 옹호와 주창자(특히 주도계층과 그 혜택을 입은 진영의 대중인)들의 관심과 이해가 중심이 돼버린 측면이 있음을 현실이 여러 가지로 설명하고 있다. 그렇다고 자유민주를 빼고 공동체 우선주의를 택했다고 해도 통제의 폐해 등 문제는 있었을 것이다. 그것은 전체성의 이념으로 치달아 종래의 자유 민주마저도 축소시킬 우려가 있으며, 언제 어디서 전체주의적 성향이 세를 불릴지도 모를 위험성이 있다. 공동체주의 강조나 큰 정부론은 국가기

---

10 곽준혁, 『경계와 편견을 넘어서』, 한길사, 2010, 228쪽.

능의 강화로 이어질 가능성을 높이므로 현대 민주주의 위기가 거론되는 시기에는 적합하지 않은 사고이다. 그보다는 어차피 현대는 과학기술의 응용이 큰 시대의 흐름이므로 이를 잘 이용하는 방향으로 생각을 발전시켜 가는 것이 더 나을 것이다.

고도 정보화 시대를 맞아 인공지능과 빅데이터 시스템에 의해 자료의 수집과 정리와 분석, 계측과 진단, 예상과 전망 등 웬만한 사무처리와 정책대안의 입안과 제시와 홍보 등은 모두 다 가능한 시대가 되었다. 이를 잘 활용하면 인간에 의존하여 얻는 성과보다 나을 것이다. 이러한 기능의 백업을 받아 입법, 사법, 행정 업무를 수행하는 것이 더 효율적이고 원활할 것이므로 삼권분립의 견제와 균형 시스템 자체는 살려두되 각기 자체적으로 인력을 대폭적으로 감축할 필요가 있다. 법안에 대한 국회 본회의의 토의과정은 거의 생략되다시피 하여 통과되고 있어 민주적 헌정의 취지에 반할 뿐 아니라 미비나 중복 등 입법 부실, 불비의 문제가 심각하다. 국민의 혈세로 지탱이 되는 나라의 예산이 얼마나 어떻게 효율적으로 쓰이고 있는지, 이런 의회에 대한 감독과 견제가 이루어지고 있는지도 의문이다.

행정부의 경우는 입법, 사법부보다 훨씬 더 현대기술 의존도가 높다. 특히 정치체제 운영의 획기적 개혁을 위해서는 현대 고도정보화 기술을 슬기롭게 활용할 필요가 있다. 행정부를 비롯하여 '작은 삼권'을 위한 과제수행이 우리 앞에 놓여 있다. 삼권의 각 부에서 소속된 고급인력은 기계(AI 등)가 하기 어려운 방면에서 필요하지만 팩트체크나 정보 지식, 통계수치 같은 지식정보 관련 업무처리를 위해 필요로 하는 시대는 지났다. 인공지능과 빅데이터 등 고도 첨단기술이 응용된 시스템과 네트워크가 일반화되어 있는 최근의 상황에 맞추어 인력의 충원과정과 배치기준 방법 등에 획기적 개혁을 필요로 한다. 사람 못지않은 판단력과 지성을 가진 AGI(Artificial General Intelligence, 범용인공지능)가 나오는 '지능 대확산'의 시기가 도래한다면 사람은 창의적 관여와 윤리적 판단 부문에 집중하는 것이 중요 임무가 될 것이다. 이 경우에도 인공지능의 보좌를 필요로 할 것은 물론이다.

이에 대비하자면 앞으로는 의원을 뽑아 대표하게 하는 대의제 의회정치를 혁신하여 국민이 온라인 방식을 통해 정책에 대한 토론참여와 결정투표를 행사하여 대표하도록 하는 '정책대표제'로 환골탈태해야 할 것이다. 최근 개발되어 국제적으로 공인(2023.1.5. CES 최고혁신상 수상)된 한국 스타트업 Z(지)크립토의 '지케이 보팅 시스템'은 이런 국민의 직접의사표시를 투표의 4대원칙에 따라 문제없이 행사하는 데 충분히 기능할 것이다. 이에 추가하여 후술하는 공익성 목적가치시장에 의한 시장복합화로 시장의 민주화가 한층 더 업그레이드된다면 '정책대표제'의 용도와 효율성은 크게 높아질 것이다.

3. 직·간접 자유경쟁시장의 입체교차로 방식

1) 자유의 고도화 기획으로서의 시장 복합화

(1) 공익성 목적의 고가치 시장의 창설 필요성

최대한의 생산물을 통한 최대의 이익을 내는 생산 시스템 위주의 이념적 체제 공리계는 사실 상 국가의사를 지배하는 부류들의 편향적

이익에 경도, 좌우되기 쉬운 체제이므로 거기에 속한 자연과 인간은 분리 지배를 당하고 그 본성이 왜곡 굴절되기도 쉽다. 그리하여 결과적 현실적으로는 대부분의 사람들이 생존에 급급한 상태에서 종속적 수단가치에 매여 빠듯한 시간과 돈의 제약 아래에서 살기 마련이다. 여기서 벗어나서 고차적 목적적 가치지향의 삶을 살기 위해서는 국가의 정신문화와 자연환경부문 등 인간의 본질적 목적가치 관련 자원배분 기능의 상당 부분을 정치체의 대표들에 대한 위임통치 방식에만 맡겨서는 제대로 이뤄질 수 없다. 이는 역사가 증명하고 있다. 이를 국민의 직접민주주의적 통제 하로 옮겨 올 수 있으면 옮겨 와야 한다.

이제 IT기술의 발달로 국민의 자유비밀투표가 보장되는 직접 결정이 가능한 시대에 왔다. 그 시행 무대는 국민 참여형 공익성 목적가치 기여가 가능한 시장이 형성될 수 있다면 그곳이 될 것이다. 지금까지 우리가 논의한 사회철학적 원리와 문명사회의 변화에 의한 현실적 요청에 따라 이에 대한 구상을 시안으로서 생각한 바가 있어서 여기에 제시하고자 한다. 현 단계에서는 이의 원칙적 핵심내용만 언급하고자 한다.

먼저 공익성 목적가치 또는 이를 대표하는 정책 목록의 작성을 국민의 자율적 담론 형성과정과 직접적 의시표시(투표)로 결정하게 한다. 공익실현을 위한 기여도는 그 목록 중에서 선택한 가치(일)를 위해 자비(자력)로 또는 기여금 형성으로 성과를 경쟁하게 함을 원칙으로 한다. 선택(공익실현을 위한 참여, 소요재원 기여의사 등의 신청)과 기여도 실적 경쟁은 자율적 공개경쟁시장에서 벌이게 하되, 그 공적 보상 등은 (선택·신청 시 정한 공적 기여목표와 산정기준에 의거)

공적 점검과 확인을 통해 전 국가적 행사로 공개리에 수령토록 한다. 중요 요점은 그 목적가치 목록 중의 선택과 기여(성과) 경쟁은 전적으로 신청인의 자기책임 하에 실행한다는 것. 그 결과를 블록체인 등 공적 기록장치에 등록하도록 하며, 필요시 누구든지 공개열람이 가능하게 하는 것. 그리고 그 성과를 AI에 의한 점검 확인을 통해 일반에 공개함과 동시에 보상금(또는 포상) 산정은 자동 계산되어 확인할 수 있도록 하는 것 등이다(산정기준 계산단위는 당시의 일인당 국민소득을 기본단위로 함).

이 구상을 지금의 자유경쟁 시장경제와 융합시켜 실현하는 길을 모색하는 것이 주요 과제다. 그런데 그것이 가능한 시대에 가까이 왔다. 그런 일을 사회적으로 평가하고 인정하여 공적으로 제대로 평가 보상받을 수 있게 하는 제도화가 필요한 시기에 이르렀으며, 그 실현을 뒷받침할 수 있는 조건이 형성되어 있다. 원래 고가치 평가의 목적가치 경제와 저가치 평가의 종속가치 영리경제는 서로 균형과 보완관계를 이루어야 할 경제사회 구조의 양면으로서 종합적으로 이루어져야 했다. 그러나 유사한 목적가치 지향 집단 사이에도 말처럼 보완이 쉽지 않았다.

그래서 '대지-행위자론'을 주장하며 '행위자 네트워크 이론(ANT)'을 펼친 브뤼노 라투르는 생태운동과 녹색정치, 사회주의운동이 발전적으로 각자의 한계를 넘어 협력하지 못한 것을 비판하며 사회문제와 생태정치는 둘이 아니라는 입장에서 새로운 정치경제학의 지평을 넓혀야 한다고 주장한 바도 있다.[11]

국내에서도 글로벌정치경제연구소가 시의에 맞추어 지구정치경제학의 필요성을 표방하며 나름대로의 새로운 정치경제학을 지향하고 있다. 그들은 "지난 몇십 년간 작동해 온 지구적 정치, 경제 구조 전체가 근본부터 변화하는 구조적 변화의 시점에서는" 정치와 경제, 국내와 국제라는 "이분법과 그에 기초한 각각의 분과학문들이 본격적으로 한계를 노정하게 된다."고 말하고 있다.[12] 하물며 한 국가 내부에서의 보완 필요성은 더 말할 필요가 없을 것이다.

여러 가지 점을 고려할 때 직접경쟁을 핵심으로 하는 자유경쟁 시장체제만으로는 국내외의 위기상황을 돌파하기에는 역부족이므로 특단의 전략적 대응이 필요하다고 생각한다. 상기 구상에 대한 부연 설명을 관련 항목에서 더 진행하고자 한다.

(2) 왜 직접경쟁과 간접경쟁의 교직화를 생각하는가?

마을에서 자연스럽게 사고팔던 시장을 제외하면 시장은 대부분 자생적 시장이 아니었다. 과거 중앙집권제나 영주의 지배 하에서도 관청이 시장의 개폐와 시전市廛 허용여부를 결정하거나 간섭하였다. 시장은 정치적 강제나 영향력 하에서 역사적 발전과정을 거쳐 지금의 모습으로 변하여 왔다. 큰 시장은 초기부터 상당히 불완전한 경쟁의 조건하에서 부자유스럽고 불평등한 교환과 분업을 감수할 수밖에 없는 과정을 오랫동안 거쳐 왔다. 토지와 생산수단 등을 소유한 부류(이 중에서도 규모의 차이가 있었음은 물론이다)와 가진 것이라고는 몸 하나밖에 없는

---

11 Bruno Latour, 『지구와 충돌하지 않고 착륙하는 방법』, 박범순 옮김, 이음사, 2021, 72~85쪽.

12 홍기빈, 『비그포르스, 복지 국가와 잠정적 유토피아』, 책세상, 2012, 12쪽 참조.

부류 사이의 비대칭적 상황을 두고 경쟁이란 처음부터 불가능한 것이었다. 그러한 불공정한 경쟁 아닌 경쟁의 결과는 뻔하였다. 가진 것 없는 부류는 경쟁 마당에서 탈락하는 것은 물론이고, 소득을 얻을 호구지책에 급급한 상태에 포로가 돼버리는 것은 필연적이었다.

공정하고 완전한 형태의 경쟁이 아닌, 불완전하고 불공정한 경쟁마저도 생산수단과 토지 등을 가진 자들끼리의 경쟁일 뿐이었다. 가진 자들 사이에서도 상당한 비대칭적 경쟁상황에서 출발한 관계로 소득의 격차가 발생하고, 점차 누적적으로 확대되어 그것이 투자의 격차로, 투자의 격차가 이윤획득의 격차로 확대재생산을 거치면서 반복되었다. 그리하여 오늘날처럼 대규모 시장 지배적 사업자와 현대판 봉건제후 또는 검투사 군群들이 군웅할거 식으로 시장을 장악하는 시대를 형성하였다. 독과점 방지법이나 공정거래법 같은 것으로는 명실상부한 자유롭고 공정한 경쟁이 가능할 수 없었다. 또 어느 정도의 공정한 경쟁이 제한적 범위 내 부분적으로 보장된다고 해서 인간과 생명의 존엄성, 대지와 생명의 공동운명에 대한 사려, 인간다운 삶의 추구가 가능하리라는 전망이 확실한 것은 아니다. 자유롭고 공정한 출발선을 보장하고 시의적절하게 교정하고 조정해 나가는 제도화는 필요조건이지만 충분조건은 아니다.

이제 전 지구적 규모의 정보망과 빅데이터를 기반으로 고도 AI와 로봇기술 등이 결합한 새로운 시스템의 대세가 형성되고 있다. 그것에 의하여 각 부문의 직업군에서 수많은 보통의 인류가 뒷전으로 밀리어 신 인류형 노마드나 21세기형 프롤레타리아로 변신을 강요당하는 사태가 온다. 여기서 우리가 국가에 무엇을 요구하는 시대는 지나가고 있다고 말하고자 한다. 진짜로 국민이, 세계시민이 앞장서 진로 방향을 외쳐야 하는 시대이다. 지금까지는 이름과 허울만 국민이 주권자였지 실질은 몇 년에 한 번 겨우 '우리를 지배할 자'를 뽑는 수동적 피지배자에 불과하였다. 장 자크 루소조차도 "인민은 어셈블리(집회)에서만 주권자로서 행동할 수 있다."[13] "대표제 의회에서 인민은 주권자가 아니라 노예라고 말하고 있다."[14] 각종 시장을 비롯한 여러 제도들에서도 그들 지배집단이 만들어 놓은 것에 따라가는 추종자에 지나지 않았던 것이다.

이제 국민이 진짜 주권자로 나서야 할 때가 왔다. 각자의 매체로 연결망으로, 혹은 독립적 자율적으로 혹은 연락과 연대를 통하여 외치고 정책을 제안하고 결의로 나아가자는 것이다. 지금의 직접적 자유경쟁시장 등 현실의 체제와 제도를 일단 있는 그대로 인정하고 존중하되, 거기에 새로운 경쟁방식을 추가하여 포함하자. 이 추가로 포함할 교직적 융합방식은 '간접적 자유경쟁시장의 경쟁방식'이다. 즉 공익적 공유가치시장을 만드는 안이다. 거기서 성과와 실적 쌓기 경쟁을 벌이도록 하자! 이것이 간접적 자유경쟁이다. 새로운 '대자연적 기본권'의 개념에 입각하여 생명과 인간의 존엄성을 살리기 위한 잠재력 발휘 목적의 경쟁시장을 제도화하자는 취지이다. 이를 구현하기 위해서는 입법화의 추진 이전에 시민사회 차원의 과학적 문화적

---

13 ルソー(Jean-Jacques Rousseau),『社會契約論』, 桑原武夫 外 日譯, 岩波文庫, 1954, 127쪽 및 장 자크 루소,『사회계약론』, 이환 옮김, 서울대출판부, 1999, 117쪽 참조.

14 가라타니 고진,『자연과 인간』, 조영일 옮김, 도서출판b, 2013, 217쪽 참조.

운동이 필요하다. 지금부터는 새로운 단계의 민주화운동이 필요하다는 의미이다.

(3) 냉엄한 경쟁현상을 보되 잠재된 호혜적 호수성互酬性도 보자 — 대지·생명·인간 간의 호혜적 증여와 교환의 연결·복합화

인류는 처음 가족 그리고 씨족 단위에서 서로 나누고 사는 삶을 살았다. 선사시대 및 유사 이래 생활세계 형성과정의 근저에는 호혜적 증여의식과 무주상 보시(베풂의 의식화가 없는 베풂)의 순수증여가 있었다.[15] 호혜성과 무주상 보시는 유동적 심층 무의식의 발로이며 이 심층의식은 불교적으로 말하면 대자연적 원리인 연기적 '공과 제법무아의 작용'이다. 순수증여와 증여와 교환, 이 세 가지는 복합적으로 개인과 공동체의 생활사에 함께 역할을 하였다. 개인과 공동체가 그 세 가지 요소의 적절한 사회적 배합에 대한 인식과 공감대를 얼마나 갖추고 있는가 하는 것이 경제·사회의 원활함과 사회 안정을 달성시키기도 하고 침체와 혼란을 거듭하게 하기도 한다.

지금 눈앞에 벌어지는 국내외 경제와 사회 상황을 잘 들여다 볼 때 현재의 교환과 분업체계가 사회의 공감과 지지를 받고 실행되고 있는지에 대한 의문이 있다. 교환을 빙자한 사이비 교환 또는 유사교환과 어쩔 수 없이 수용할 수밖에 없는 강제적 분업방식이 시장

15 베풀고도 의식하지 않으며 은혜나 보상을 기대하지 않은 행위, 상相을 내지 않은 보시를 뜻한다. 쟈끄 데리다(Jack Derrida)도 그의 '선물론'에서 같은 취지를 언급한다. 데리다의 '선물론'에 대해서는 김상환의 『철학과 인문적 상상력』, 251~259쪽 '선물의 역설' 이하 및 394쪽 참조.

지배적 사업자와 세력들의 형성과정에서 때로는 암암리에 때로는 노골적으로 섞여 들어왔다는 것도 사실이다. 또한 기술력과 이윤 일변도식 운용에 의해 시장이 주도되어 왔다고도 볼 수 있기 때문에 자유롭고 공정한 경쟁이 실천되었다고 보기 어려운 점도 많다. 앞으로 자본주의 시장경제 체제가 전반적으로 저성장, 저이윤, 저구매력을 특징으로 하는 정상상태定常狀態[16] 하에 놓이게 될 가능성도 있다.

일찍이 데이비드 리카도와 아담 스미스도 고도자본주의는 풍요의 단계에 오르면 이런 평균적 이윤율 저하의 정상상태에 이르게 된다는 것을 인정하였다. 마르크스와 같은 좌파적 시각은 이를 자본주의의 쇠퇴와 종말의 징후로 보지만, 스미스 같은 이들은 그런 상태에서도 자본주의는 유지된다고 보았다. 물론 후자의 경우에 자본주의 국가들이 외부와의 관계에서 자본의 수출과 교역을 통해 그들 국가의 시스템의 불완전과 결함을 보완하는 식으로 활로를 모색하리라고 전망하였었다.

좌우간에 자본주의 시장경제 체제가 앞으로도 숱한 난관에 봉착할 것이다. 자유시장 경제체제의 유지와 원활화를 위해 시장의 교정 또는 질서정책 등을 통해 노력을 경주해 왔지만 전후 서독을 제외하고

16 저성장, 저소득, 저구매력, 저투자, 저이윤 등의 현상이 순환궤도처럼 상시화되어 가는 상태, 확대재생산의 상승곡선이 어려운 자본주의의 상황을 의미한다. 미즈노 카즈오(水野和夫), 『資本主義の終焉と歴史の危機』, 集英社, 2015, 187~190쪽. 또한 각도를 달리한, 정상상태와 역성장 경제에 대해서는 찰스 아이젠스타인, 『신성한 경제학의 시대』, 정준형 옮김, 김영사, 2015, 274~293쪽 참조.

는 기대만큼의 큰 효과를 보지 못했다. 그 이유는 지속적으로 이윤과 자본축적의 격차가 확대되고, 그 결과 잠재성장력과 투자력의 격차도 더 벌어지는 경향성으로 인해 대기업, 다국적, 초국적 거대기업의 출현은 필연적이고, 그들 간의 치열한 경쟁이 세계정세의 주요 국면을 형성하여 왔기 때문이다.

대등한 경쟁이란 일부 작은 기업들 간의 문제가 되어 버렸다. 거대집단 간의 전면전을 방불케 하는 경제전쟁에서 그 어느 집단도 내일을 장담 못하는 이유들은 점점 많아질 것이다. 더구나 팬데믹 같은 사태가 반복된다면 세계는 급격한 사회경제적 변화를 맞이할 것이다. 현란할 정도의 기술발전이 이끄는 산업의 혁신과 재편에도 불구하고 앞으로의 자본주의 세계는 미구에 전 지구적 생태위기, 전반적 양극화의 심화, 글로벌한 차원의 구매력 저하, 성장률 저하, 금리 및 이윤률 저하의 악순환에 봉착할 우려가 있다.[17] 기술 급변의 격류와 빅데이터의 홍수와 범람에 휘말려 무한 과도경쟁과 양극화 등 현상의 극대화는 중대한 사태를 초래할지 모른다.

이럴 때 시장경제가 난관을 넘어 전 지구적 차원에서 구매력을 회복하고 유지하며 경제사회를 발전시키기 위해서는 근저에 있는 상생적(호혜적) 호수성을 살려내지 않을 수 없을 것이다. 먼 과거에 존재하였고 현대 인류의 심층 의식에도 존재하는 순수증여와 호혜적 증여의식을 되살려 고차원적 교환관계로 현대적으로 제도화할 수

17 토마스 피케티, 『21세기 자본론』, 장경덕 외 옮김, 글항아리, 2014, 689~697쪽 및 찰스 아이젠스타인, 『신성한 경제학』, 정준형 옮김, 김영사, 2015, 274쪽 참조.

있다면 그 길을 마다할 이유가 없다.[18] 우리 사회도 바람직한 선진국상을 이루어 내려면 이 순수증여와 증여의식 및 교환의 삼자 간에 상향의 교직적 융합의 필요성을 인식하고, 그러한 공감대 위에서 사회적 신뢰도를 높여가야 할 것이다.

2) 공익시장 제도화의 의의와 효과 ― 공리의 추가에 불과한가?

(1) 대지의 활생과 씨알의 희망이 기준이 돼야

책임능력을 갖고 움직일 수 있는 국민이면 누구에게나 평등하게 시장에서의 직접경쟁의 기회와 더불어 공익참여 활동의 기회도 보장하는 것이 진정한 자유사회의 자유경쟁이다. 대부분이 서민대중인 백성은 생활자금에 여유가 없어 사회에 좋은 일을 하고 싶어도 할 수가 없다. 또한 아무리 일해도 소득이 부족하거나 기능장애 등 능력이 없어 일할 수 없는 사람과 함께 공존하기 위해서도 제도적 방도를 강구해야 한다. 우리가 제안하는 공익가치 지향의 경쟁시장 방식에 대한 이해를 돕기 위하여 다음과 같이 다시 정리하고자 한다.

현실에서 기본적인 대전제는 현실을 살아가는 국민의 당장의 생업, 즉 민생안정과 법적 안정성을 고려한 자유민주주의와 경쟁시장 경제 체제다. 혁명보다 더 어렵다는 개혁과정에서 서민대중의 고통과 불편

---

18 이미 고찰한 바와 같이, 나카자와 신이치의 키아스마적 구조의 에너지 및 경제운용 시스템, 가라타니 고진의 고대 호수성의 현대적 고차원 교환방식으로의 부활 필요성도 참고가 되었다. 위 아이젠스타인의 '신성한 경제학'과 조안나 메이시의 '엑티브 호프'의 아이디어도 우리의 구상과 상호 보완하면 실현 가능성을 높일 것이라고 본다.

을 최소화하기 위해서는 현실의 제도적 생활기반을 흩트리지 말아야 한다는 의미이다. 현실의 인간은 눈앞의 경제적 이익을 좇아 직접 경쟁을 자유롭게 벌이고자 하는 측면을 분명히 지니고 있다. 또 그것이 어느 정도 경제적 효율성을 높이는 것도 사실이므로 자유시장 경제체제 하에서 직접적인 자유경쟁을 보장하는 것이다. 이 점에서 보면, 자본주의 공리계를 포함한 현재의 여건 하에서 이를 전제로 우리가 새로운 제도 도입과 체제개혁 보강을 논하고 있는 것은 사실이다. 사회구성원의 의사와 수용능력, 추진력의 강도와 속도에 달려 있는 과제라는 냉엄한 현실인식은 모든 공공적 기획과 전략수립의 출발점이다.

이런 현실 적응의 측면 말고 다른 측면도 있다. 인류에게는 인간존엄성을 지키며 품위 향상이 가능한 삶, 인간다운 자유경쟁에 대한 속깊은 바람과 기대도 분명히 있다. 불교사상과 일반시스템 및 심층생태학 연구가인 조안나 메이시(Joanna Macy)도 인간은 어려서부터 알고 있는 것보다 훨씬 더 크고 강하고, 깊고, 창조적인 존재라는 사실을 일깨워 주고 있다.[19] 우리는 이러한 동력을 불러 일으켜야 한다. 이것은 인류의 '뫔'(몸과 마음)의 심연에 있는 '둘 아닌 세계의 유동적 대칭적 무의식'과 '호혜적 증여의 호수성'을 발견함으로써 확인된 진실이라고

---

19 조안나 메이시(Joanna Macy)와 크리스 존스톤(Chris Johnstone) 공저, 『액티브 호프(Active Hope)』, 양춘승 옮김, 벗나래, 2016, 55~58쪽 등에서 새로운 힘과 통찰력의 원천인 잠재역량 개발을 위한 '재교감 작업의 나선형 순환'을 말하고 있다. 잠재역량 개발에 대해서는 게랄트 휘터(Gerald Hűter), 『우리는 무엇이 될 수 있는가?』, 이상희 옮김, 추수밭, 2012, 55, 56, 198~223, 224~235쪽 참조.

말하고 싶다. 이 진실은 대지가 물려주고 가르쳐주며 최근에는 격렬한 저항을 통해 강열하게 호소하고 있다.

생명은 살기 위해서라도 고정된 틀 또는 영역에 묶여 있을 수 없다. 현재의 흐름을 타면서도 탈기관과 탈예속 주체화, 탈영토화를 거듭하며 흐름과 싸우고 새로움으로 전진한다. 진행을 멈출 수 없는 걸음은 계속 다수의 흐름을 버텨내며 소수의 샘물을 긷는 길을 간다. 그러면서 대지의 가족인 생명 모두가 자연의 무한생성력을 평등하게 발휘하는 길로 끝없이 가는 것이다.

철저하고 엄밀한 연기적 생성 존재론의 관점에서 보면 언제나 미완성의 모습일지 모른다. 자본주의의 공리계를 비롯한 일체의 제약 요소를 해소하여 유토피아와 완전한 인간상을 이룬 경지에 도달해야 완성되는 것으로 이해한다면 현실의 사회적 개선은 언제나 미흡하게 보일 것이다. 그러나 다양한 현실 그대로 자연의 완성이라고 볼 수도 있다. 사실 '하나도 아니고 둘도 아니며 그 너머'의 불이중도사상이나, 순수증여와 증여의 조화는 일반 사회의 차원에서는 온전히 실현되기가 어려울 것이다. 사회화와 대중화 과정에서 적용을 하다 보면 세속화의 문제가 발생될지 모른다. 우리가 공익경쟁에도 공적 보상을 제도화해야 함을 주장하는 이유도 이런 데 있다. 비록 미완성으로 인식될지라도 지금보다는 획기적으로 진전된 '복합적 자유경쟁 시장체제'를 통해 중간목표라도 실현하도록 노력해 보자는 것이 우리의 취지이다.

이 새로운 간접적 공익경쟁 시장제도의 도입으로 자유경제체제의 개선에 상당한 성과를 낸다면, 그 다음 단계로 도약하는 길이 열릴 수 있다. 그런 식으로 공리계는 변화할 수 있다. 자본주의의 문제를 얼마든지 신랄하게 비판하고 급진적인 대안들을 제시할 수 있을 것이다. 그러나 대안이 오늘의 국민과 세계시민들의 수용범위를 넘은 것이라면 그것은 관념적 이론으로 머물거나 '해결책이 또 하나의 문제를 첨가하는 경우'가 될 수 있다. 어떤 좋은 일을 하든지 일의 주역, 제일의 이해당사자는 백성 즉 '씨알'이다. 그들에게 현실의 기본적 생활 영위가 가능한 생활기반과 법적 안전성은 필요하다. 그들의 사정도 듣고 살피고 함께 대화를 나누며 이해를 구해야 한다. 소수를 아우르는 자세로 나아가야 한다. 이것이 소수자 윤리학의 요청이기도 하다.

(2) 시민활동의 사회성 점증과 공익적 가치시장의 긴요성 증대

우리가 보기에 과거에는 비사회적인 개인 또는 소규모 집단의 범위에 머물던 활동이나 작업들이 최첨단 기술의 일반화로 그 자체로 범위를 넓혀 개인을 넘어 사회와 관련되는 성격과 의미를 지닌 것으로 변화하고 있다. 생산, 유통, 소비 등 전 과정이 정보화되고 자동화되고 있다. 그리하여 기업단위의 생산과정과 노동이 기업 외부의 사회적 의미와 관련성을 증가시켜 가고 있다. 생산 활동의 사회적 의미증가는 노동자 측 사정으로부터만 발생하는 현상이 아니다. 소비자 측의 데이터의 공급, 각종 아이디어, 지식 및 의견의 제공과 참여로 생산, 유통, 소비에 적극적 역할을 수행하는 활동이 늘고 있다. 그리하여 부분적으로 어떤 경우에는 영향력에 있어서 생산자와 소비자의 관계 역전 현상까지 나타날 조짐이 보인다.

이런 현상을 노동과 소비의 사회화라는 용어로 규정함이 적절한지는 더 논의해야 하겠지만, 종래처럼 개인과 기업 간의 사적 계약에만 맡겨서는 안 된다고 생각한다. 이제 시대의 흐름이 개인을 개인이 아니라 사회와의 관련성이 높아가는 인간으로 만들고 있다. 이런 추세에는 사회적 고려의 대처가 필요하다. 그렇다고 개인의 선택과 자유를 조금이라도 축소하거나 소홀히 해서는 안 된다. 오히려 자유의 고양화, 고도화로 나아가야 한다. 여기서 말하고자 하는 것은 개인의 활동과 참여가 사회적인 의미를 지니고 있기 때문에 적합한 대응과 배려가 필요하다는 것이다.

이 사회적 배려를 누가 어떤 방식으로 하도록 할 것인가에 대해서 연구와 논의가 있어야 하겠지만, 이를 위해서도 우리가 제안하는 '사회와 공익성에의 기여 경쟁제도'를 적극적으로 활용할 필요성이 있다고 생각한다. 이제는 공존 상생과 조화를 위한 교직 복합적 자유경쟁을 제도화하여 '공정하고 인간다운 자유경쟁'을 원하는 사람에게는 공익가치 시장에서의 간접적 경쟁도 자유롭게 할 수 있도록 해주어야 한다.

이 진정한 자유경쟁의 핵심은 '공존적 상관관계(공존체)의 목적가치에의 기여도'를 매개로 하는 경쟁이다. 빅데이터와 블록체인 등 모든 첨단기술을 동원하여 자동적으로 그 기여도와 그에 따른 보상 및 배분 등이 등록, 저장, 계산, 결정, 이행되고 그것이 공개되는 시스템이다. 이것은 현대의 고도 기술시대를 만나지 못했다면 실현 불가능한 것이다. 그런 점에서 이 제도는 이 시대와 사회의 존재론적 조건의 반영이다. 아래에서 이를 계속 설명하고자 한다.

(3) 누구나 국민소득분(pci)을 벌 수 있고, 공적 기여를 통해 공적 포상을 받을 수 있다

공존체의 목적적 가치, 즉 공익적 가치 중의 가장 최고의 가치는 인간으로 하여금 인간다운 삶을 가능하도록 그 기반을 마련하고 가능하게 하는 일이다. 그 기반을 마련하는 일은 대지의 생성원리를 존중하고 지켜주는 일에서부터 시작한다. 대지의 활생과 인간다운 삶, 공익적 목적가치의 지향은 공익적 목적가치 창출과 공헌의 시장을 국가의 전산망에 개설함으로써 이루어진다. 국민(이를 편의상 '씨알'로 부름)이 누구든지 원한다면 공개적 의견수렴 과정을 거쳐 공인된 공익가치 프로젝트 목록에서 항목을 지정, 선택하여 신청할 수 있게 제도화하는 것이다. 가치 있는 일을 위한 공익적 성격의 소득 창출과 축적에 기여할 수 있고, 그 기여에 대해서는 사회적으로 공공적 명예, 포상, 보상이 반드시 보장되게 한다. 그리고 창출된 소득은 기본적 생활소득이 부족하여 필요로 하는 사람과 돈이 없어 공익에 기여하고 싶어도 할 수 없는 사람의 공익기여 기회를 부여하고 그 근로에 대해 적절한 배분이 이루어지도록 하는 제도를 의미한다.

나는 이 공익적 기여를 위해 창출 축적되는 소득을 '공적 씨알 기반 소득 지수(Public Peoples' Infra-Income Index: PPII)'라 부르고자 한다.[20] 이 PPII는 '일인당 국민소득(per capita income: pci)'을 기본

---

20 대안적 경제발전지표로 거론되는 '실질진보 지수'(genuine progress indicator)와 '국내 총행복 지수'(national happiness index)는 소득이 목적이다. 이와 우리의 씨알 기반 지수는 다르다. 우리의 이 매개지수의 지향점은 소득이 아니라 '좋은 일', 보람 있는 활동이다. 공적 소득창출 기여활동으로 영광스러운 보상을 수령하

계산단위로 산출하며, 신청자(참여자)가 이 pci를 얼마나 분담하여 만들어내느냐, 그 실적을 블록체인(국세청과 지방자치 단체의 전산망 포함)에 올리게 한다. 이것은 처음부터 공개적으로 경쟁하는 선의의 공적 기여경쟁이므로 누구나 자유롭게 확인하고 참여할 수 있도록 한다. 이 실적으로 얼마나 PPII의 전체적 증대에 기여하느냐는 것이 블록체인에서 자동적으로 계산, 공시되어 언제든지 확인할 수 있는 것이다.

이러한 공익 창출과 증대에의 참여와 기여는 물질적 기여이면서 정신적 공헌이다. 이것은 씨알의 전인적 인간상의 실현을 위한 고귀한 기반이다. 이렇게 창출되고 축적된 씨알소득은 사회적 공익적으로 의미 있는 일, 목적적 고가치 지향의 활동에 종사하는 사람들에게 합리적으로 배분되도록 해야 할 것이다. 아무리 경제적 사정이 좋지 않은 사람도 정신적이든 육체적이든, 재택근무든 야외활동이든 위와 같이 일하는 기회를 주고, 일한 사람의 생활형편과 일한 결과에 따라 배분하면 된다. pci의 기여는 어렵지만 사회봉사 등 약간의 공익에 도움이 되는 일이라도 하겠다는 사람의 경우에는 '공익봉사 기회신청 제도'를 통해 참여하고 소득배분을 받도록 할 수 있다. 만일 일을 할 수 있는데도 불구하고 일하지 않는다면 별도 규칙으로 조건을 만들어 대처하면 될 것이다. 그렇게 하면 이 과정이 선순환을 이루어 점점 더 향상 발전하는 방향으로 진전될 것이라고 믿는다.

는 것이나, 사회적으로 의미 있는 일에 종사함으로써 그 창출 축적된 소득의 배분을 수령하는 일 모두가 그 최종 목적가치는 명예와 정신적 성취감, 나아가 문화적 가치이다.

3) 개성 있는 선진화 모델의 보편적 의미

(1) 대지활생 지향의 정치와 경제를 위한 둘 아닌 복합관계

물질적 정신적 가치에의 공헌에는 인간의 생존과 풍요로운 삶에 필요 불가결한 야생의 회복과 대지의 재생에의 기여가 포함될 수 있을 것이다. 이뿐만이 아니다. 예술적 문화적 노력, 이웃과 사회를 향한 배려와 봉사, 값은 비싸지 않으면서도 품질은 우수한 제품의 생산과 보급을 통해 자원절약과 지구환경의 보호에의 기여 등 여러 가지가 있을 것이다. 이런 공익적 목적가치들의 리스트는 그 시대 씨알들의 가치관의 민주적 반영이다. 그런 목적적 가치관은 연기적 차이생성의 존재론과 소수자 윤리학 운동이 지향하는 가치들을 포함하고 있다.

이러한 공익적 목적가치 시장에서의 새로운 민주화, 즉 국민들이 지향하는 가치들을 반영하도록 하는 정치경제적 제도화는 자연의 무한생성력과 다양성, 그리고 그 잠재역량으로서 나타나는 변화발전으로서의 삶을 긍정하는 데서 출발한다. 그것을 긍정한다면 온갖 생명들을 어떤 가정의 선들에 머물게 하지 말고, 한정된 욕망의 틀에 가둘 것이 아니라 계속 무한히 생성토록 노력해야 한다는 것이다. 그 노력은 인간에 의해 초래된 제약을 벗어나고, 자유롭게 새로운 삶을 개척하도록 닫힌 문을 열고 경계선을 넘기도 하며 때로는 틀을 부수고라도 나아가야 한다는 것이다. 그리하여 지속적 자유의식의 진보를 거듭하며 소수 타자-되기와 만인-되기, 그리고 이 모두가 '둘도 하나도 아닌' 과정이라는 것을 깨닫고 몸소 행동하는 것이다.

가치관에 대해서 생각 깊은 사람들의 사회적 대화와 논의과정을 거쳐 국민과 시민의 정책(찬·반 및 제안) 및 의견투표가 이루어진다면 새로운 단계의 직접민주주의가 실현될 수 있을 것이다. 그뿐만 아니라 생산적이고 건설적인 아름다운 담론의 형성은 국민의 생활수준과 미의식 및 문화수준을 지속적으로 향상시키는 빛나는 성과를 가져올 수 있다. 이와 같은 제도화는 인간의 향기와 체취가 미적 공감과 인간적 유대에 필수적인, 그런 세상의 실현 과정에 대한 실질적인 공헌의 길을 열어주는 일이 된다.

아무리 인공지능이 인간을 대체하는 시대가 되어도 아름답고 풍요로운 삶을 이룩하기 위한 인간의 할일은 항상 있기 마련이고, 이런 제도화를 통하여 인간의 창조적 행위는 참신하고 풍성한 미래를 향하여 더욱 촉진될 것이다. 이것이 실제로 현실화하여 우리나라와 국민뿐만 아니라 국외와 국제기구에까지 그 영향력과 기여도를 넓혀갈 때 우리는 개성 있는 아름다운 선진국가로 세계가 인정하는 나라와 국민이 될 수 있는 것이다. 우선 이에 필요한 시뮬레이션이라도 해보자.

(2) 내외 다변의 연관효과와 부수적 과제 — 한반도 분단문제와 동아시아 평화정착을 향한 진일보

교환과 증여와 순수증여의 입체교차로식 결합방식, 즉 직·간접 경쟁시장으로의 복합화를 핵심적 매개체로 한 사회통합방식은 우리의 현실에서만 적용될 수 있는 것이 아니다. 이것은 분단과 좌우대립, 세대와 지역 등 여러 가지 이분법적 갈등의 난제를 안고 있는 우리 한반도뿐만 아니라 세계의 다른 나라와 지역에도 도움 또는 참고가 될 수 있는 방안이라고 생각한다. 우리가 추구할 사회적 공익적 목적가치와 보상체계 및 배분 조건과 방법 등은 앞으로 보다 전문적 수준의 연구와 검토를 거쳐 국민 또는 시민사회가 자율적으로 정할 것이다. 다만 사람을 뽑는 투표가 아니라 가치리스트를 선택하는 토론과 투표가 될 것이므로 의미 있는 담론 형성이 활발하게 전개될 것이다.

이와 관련한 여론조사와 투표를 위해서는 최근(2023.1.5. CES 대회) 국제적으로 공인(최고혁신상 수상)된 한국 스타트 업계(Z크립토)의 '지(Z)케이 온라인 보팅 시스템'이 개발되어 있다. 국제사회로부터 '인류가 당면한 3대 과제 중의 하나를 해결할 기술 3가지 가운데 하나(민주주의 완성할 기술)'라는 극찬과 주목을 받으며 상용화를 기다리고 있다. 만일 이런 제도화가 실현된다면 이것이 우리 사회뿐만 아니라 현대 국가 사회 전반의 분위기 쇄신과 순화, 나아가 자유시장 체제의 향상 발전에도 상당히 긍정적인 영향력을 미치는 효과를 가져올 것이라고 믿는다.

연기적 생성변화 원리의 현대화와 사회화를 지향하는 목적은 '온 전체'(holos)와 '낱 개체'(on)의 나선형 복합체인 대자연의 생명세계, 지구촌, 국가와 시민사회의 존재 의의를 살리고 향상시키기 위함이다.[21] 위에서 우리는 한반도와 한국사회의 현실에서부터 출발하기 위하여 우선 '직접경쟁과 간접경쟁 시장의 교직적 복합화', 비유적 표현을 하자면 '시장의 입체 교차로화'를 제시하였다. 공익성과 개별 이익, 종국적으로는 온 생명과 낱 생명의 호혜[22]를 목표로 자발적으로

---

21 Janus 신화와 신과학적 지식을 원용하여 현대 복합적 인간관과 세계관을 선보인 바 있는 Arthur Koestler의 『Holon 革命』('ホロン革命', 田中三彦·吉岡佳子 譯, 1983, 工作舍), 63~71쪽 참조.

22 장회익의 『삶과 온 생명』 및 『불교문화』(2020. 2월호)의 19~24쪽 에세이, '온

기여 및 공헌도 경쟁을 가능하게 하는 '공익적 목적가치의 자유시장 경쟁'이다.

이것은 물질적 재화의 생산과 서비스의 제공만을 기준으로 한 경제성장론에서 국민의 기반적 소득의 증대를 비롯하여 전반적인 공익적 목적가치, 특히 돈으로 살 수 없는 아름답고 귀한 덕목의 확산을 포함하는 새로운 '복합적이며 총합적인 질적 성장·발전론'의 방향으로 나아가는 전환의 계기가 될 것이다.[23]

이 제도가 원활한 운영의 궤도에 진입하여 사회발전의 전망에 밝은 빛을 던질 경우에는 우리는 남북한 간에도 이를 기초로 하는 '복합적 통일국가'에로 가는 가능성을 여는 계기가 될 수 있을 것이라고 생각한다. 이 복합적 '한'국가는 연방제와는 다르다. 우리의 태극기가 상징하듯이 '둘이면서 둘이 아니고, 하나이면서 하나도 넘어가는', 화쟁적인 새로운 차원의 '한'국가가 될 것이다.

생명과 낱 생명' 참조.

23 진보적 자유주의 철학자 마이클 월저(Michael Walzer)는 돈으로 성공하는 자가 권력과 명예까지 차지하는 사회는 진정한 자유사회는 아니라고 하며 '돈으로 살 수 없는 것'의 목록을 제시한 바 있다. 김홍우, 『현상학과 정치철학』, 문학과 지성사, 1999, 336쪽 참조.

4장 대지와 생명·인간·사물의 '둘 아님'의 현대화

1. 생태인문운동과 사회문화운동의 연결—미학적 노력의 의의와 한계

이런 구상은 융합적 사유 속에서 가능하다고 본다. 호혜와 순수증여의 정신, 연기적 생성변화, '하나도 아니고 둘도 아님'의 불이중도사상, 공의 의미와 무아적인 미의식 및 유동적 무의식의 흐름이 바탕이 되어 조화를 이루고 있다. 이러한 조화의 실현은 각기 주장과 개성이 강한 진리와 선과 정의라는 자녀들을 다 포용하고 잘 키워내는 아름다움의 어머니, '자비희사'의 마음을 지닌 어버이 같은, '불교를 비운 불교'일 수 있다면 가능할 것이다. 그래서 나는 이를 불교의 '미학적 법력'이라고 부르고 싶다.[1]

---

1 김규칠, 『불교가 필요하다』, 213~215쪽 '미학적 불교의 가능성을 찾아서', 216~228쪽 '자연과 문화의 풍성한 융합을 위한 미학적 불교', 216쪽 폴투갈 시인 Fernando Pessoa의 시詩 참조.

의식과 정신이 보다 심화되고 투철할수록 이 제도는 더욱 원활하게 실현될 것이고 목표로 하는 가치도 더욱 고양될 것이다. 미학적 법력의 의의는 인간과 공존체가 이 세계에 대한 고정관념과 생生의 특정 영위방식에 머무르지 않고, 늘 새로운 변화와 함께 적응과 창발을 조화롭게 전개해 내는 과정에 있다.

그러나 이 미학적 노력은 계몽주의 이후 이분법적 분리와 이항 대립에 반작용으로 일어났던 운동과는 성격을 달리한다. 과학-기술의 문명화 과정에서 상실되고 있던 전인적 총체적 인간상을 다시 회복해야 한다는 낭만주의 시대의 미적 교육론(Bildung: 교양·품성 함양)이나 '미적 국가의 이념'[2]이 나름의 시대적 의의는 있었지만, 그것을 새삼 되뇌고자 하는 것은 아니다. 미적 노력을 포함하여 인문운동과 과학적 공헌, 그리고 사회적 노력의 결합과 연대를 중시하지만 그 맥락과 의미는 많이 다르다.

낭만주의 대표격인 프리드리히 실러는 이런 요지를 피력했다. "실천적 현실 안에서 바람직한 정치를 해나가고자 한다면 미의 이념, 또는 미학적 노력을 통해서 접근해야 한다. 인간은 오로지 아름다움을 통해서만 자유에 이르는 길을 열어갈 수 있다." "이성이 사회적 행동의 원칙들을 그의 내면에 심어주었다면, 오로지 아름다움만이 그에게 사회적인 성격을 부여할 수 있다. …(중략)… 다른 모든 인식의 형식들은 인간을 분리시키고, …(중략)… 다른 모든 의사소통의 형식들은 사회를 분리시킨다. 미적인 의사소통만이 사회를 단합시킨다."[3]

---

2 실러(Friedrich Schiller)는 1795년 미적교육론, 미적 국가의 이념을 피력한다.

3 위 Schiller의 『인간의 미적 교육에 관한 편지』, 안인희 옮김, 청하, 1995, 164~165

토마스 만 역시 새로운 인간성의 가능성에 대한 희망을 이렇게 읊었다.[4] "새로운 인간은 예술가의 태도를 지닐 것이다. 그것은 인간이 자연과 '깊은 마음'의 나라에 소속되고 있다는 사실에서 무한의 가치와 아름다움의 원천이 발發하고 있다는 것을 인정하는 태도 이외의 다른 것이 아니리라." 여기서 '자연과 깊은 마음의 나라'란 존재자의 존재 근원으로부터 울려오는 심연의 소리에 귀 기울이는 미의 탐구자 예술가적 표현이 아닐까? 서양의 예술가는 자연과 정신(또는 혼魂)의 두 왕국이라고 표현하였으나, 나는 대자연과 통하는 '깊은 마음의 세계'라고 말을 바꿨다.

우리가 읽고 사색하고 조용히 귀 기울이는 동안, 세상의 한 모퉁이에서라도 양심의 등불을 밝히고 때로는 독선적이고 강포할 수도 있는 진리와 정의의 소유자들을 향하여 '아름답지 못한 진리, 아름답지 못한 선善이란 존재할 수 없다'고 일깨우는 소리가 들릴 것이다. 이와 같은 목소리는 윤리·도덕을 강조하는 당위론이나 규범론적 과제를 넘어서 인간과 인간, 인간과 자연을 통합하고 화해시키는 조화의 이상을 향한다. 제도개혁은 사회경제적 측면에서 시도하고 구현해 나가지만, 목적적 가치가 이끄는 개혁의 기운은 아름다운 마음에서 비롯된다는 것을 강조하기 위함이다.[5]

쪽. 참조

4 롤로 메이(Rollo May)의 『My Quest for Beauty』, 日譯版: '美は世界を救う'('아름다움이 세계를 구한다') 伊東 博 譯, 1992, 誠信書房, 221쪽에서 토마스 만(Thomas Mann)의 글을 인용한다.

5 현존하는 존재자가 다른 존재자 및 사물과 만나는 바람직한 방식은 이론과

그러나 청년시절 셸링, 횔덜린과 함께 '미적 영감'을 찬탄하며 '미美 안에서만 진眞과 선善은 형제가 된다'고 믿었던 헤겔이 뒷날 이에 대해 비판적인 입장을 취한 적이 있다. 그는 미적(교육) 이념을 역사적 상황 속에서 나름의 역할을 한 것으로 인정하고 계승하되 지양의 대상으로 보았다. 이항 구도 하의 대립과 분열의 사고방식을 삼항 구도의 '동일성과 비동일성의 동일성'의 사유로 변모시킨 이상과 지향성을 긍정은 하되 미적 상상력에 의한 주관적 종합의 한계와 예술작품 속에서 물질에 구속되는 무한자적 정신의 소외를 보았다.

그리하여 헤겔은 철학으로 하여금 인문학적인 것과 사회과학적인 것의 결합을 가능하게 하도록 시도하였으며, 정신이 미래를 향하여 객관정신, 절대정신으로 발전해 가는 상승적 변화 단계를 제시하였다. 그러나 그의 의도대로 '실천과 분리되지 않은 관조', '객관성과 분리되지 않는 절대성'을 이루지는 못했다. 실제로는 민족과 국가에의 경도, 서양 중심의 세계사 인식, 선형적 목적론적 역사관, 역사에

관조에 있는 것이 아니라 배려의 손과 염원의 눈길에 있다고 할 수 있다. 여기 『논어』의 '문질빈빈'文質彬彬을 '빈빈의 미학'이라고 하는 철학자 김상환의 말을 옮겨본다. "아름답다는 것은 극단적인 것 사이에서 일어나는, 따라서 불가능한 것처럼 보이던 화해와 균형의 실현이다. 멋있는 것은 신산의 가능성을 맛보게 해주는 어떤 것이다."(그의 『철학과 인문적 상상력』, 227쪽). "아름다움이 바람직하다고 해도 큰 이익을 가져오지는 않는다. 큰 이익을 기대한다면 아름다움을 포기해야 한다." "아름다움은 어떤 과격한 갈등 속에서도 타협이 가능함을 증언한다. 멋은 무엇인가를 얻되 다른 것을 잃어야 하고 무엇인가를 이루되 다른 것을 훼손해야 나타날 수 있다. 아름다움에는 웃음이 있는 것처럼 상처도 있다." 같은 책, 227쪽의 주 3)과 4) 참조.

있어서 민족과 개인의 대표적 역할에 대한 치우친 평가 등 많은 한계점과 문제점을 남겼다.

물론 헤겔의 정신철학이 상기 긍정적인 점과 함께 자유방임주의적 개인주의와 관념적 코스모폴리타니즘을 넘어 제삼의 '인문적 세계화의 길'을 지향하려 했다는 점에서 세계화의 난기류와 혜맴의 위기에 직면하고 있는 현대적 문제를 일찍 의식하고 일깨워 주었다고 볼 수 있다. 그러나 인문적 세계화의 길에는 먼저 근대 이후 인문학의 약점을 극복하는 일이 과제로 놓여 있다. 환원주의적 세분화와 자율화로 인한 야성적 의욕과 개척정신의 상실, 지식과 문예에 대한 비판·비평·해설에의 몰두, 현장의 부재와 '그들만의 언어와 기호들', 회의주의와 해체주의 너머의 상상과 창조의 난감함, 박진迫眞[6]의 합리성과 실용주의의 적실성 주변에서의 좌시坐視 등은 인문적 사색인뿐만 아니라 불교인을 비롯해 다른 모든 '생각하는 사람들' 앞에 놓인 고민이고 난제들이다.

고민은 고민대로 해나가면서 우리의 현실로 돌아와 할 수 있는 것부터 할 수밖에 없다. 이율배반적이고 이중적이며 모순적이기까지 한 인간성이 한줄기 인문운동이나 미학적 예술과 문화의 힘만으로 변화 발전되어 나가리라고 보지는 않는다. 그래서 사회제도면의 개혁과 개선을 위한 집중과 선택, 그리고 인류의 기본적 생활양식인 식의주 생활면에서의 실질적 개선 효과를 목표로 하는 과학적, 사회적, 문화적 운동을 함께 연결하고 병행할 필요가 있다고 생각한다.

---

6 박진('verisimilitude: getting nearer to the truth')의 개념에 대해서는 이한구, 『역사주의와 반역사주의』, 철학과현실사, 2010, 120쪽 참조.

2. 진일보하는 소수-되기의 힘 — 소수의 화쟁적 노력

에드문트 후설이 지적하였듯이 '근대의 제諸과학이 장대한 전개를 이루어 왔음에도 불구하고 위기에 빠졌으며, 그것은 유럽적 인간성의 위기로 이어졌다.' 그는 '원인을 과학적 객관주의와 초월론적 주관주의의 분리에 의해 야기된 단절을 극복하지 못한 근대철학의 불행에서 찾았다.'[7] 그 밖에도 유수의 지성인들이 그러한 분리와 단절을 발견하고 제삼의 길을 찾고자 노력하며 부문과 요소들의 연결과 종합을 모색하고, 그 관계 설정과 배치 방식들에 대한 고민을 해왔다. 지극히 복잡다단하고 얽히고설킨 현대적 환경 속에서 제삼항의 설정이 재차 이항 구도에서의 어느 한편으로의 편향을 결과해서도 안 되며, 연결과 결합이 혼성화의 가속화와 혼종의 키치적 양산으로 귀결되는 것도 바람직스러운 것은 아니다.

벌써 그런 양상이 상당히 전개되고 있고 파장은 번져갈 조짐도 보이고 있다. 그것은 전 지구적 사회경제적 혼란과 생태적 위기의 문제로 나타나고 있다. 기술의 급발전과 현대 정신문명의 퇴락에 대한 하이데거식 처방인 '초연한 내맡김'(Gelassenheit)은 내면의 정신적 세계를 스스로 이루어낼 능력자에게는 삶의 지침이 될 수 있을지 모르겠으나, 많은 평균적 대중인은 기술의 변화와 문명의 흐름에 대해서 어차피 끌려다닐 수밖에 없는 수동적 입장이므로 실질적 의미가 적다.[8] 현대성을 드러내는 인간과 비인간 행위자의 복합 혼성(또는

---

7 에드문트 후설의 『유럽 제학문의 위기와 초월론적 현상학』(일역서, 참고문헌 참조) 421쪽 참조.

혼종)화 사태에 대해 독특한 시각으로 파악하는 관점도 있다.

브뤼노 라투르는 복합 혼종화와 현실적 분리 단절 상태의 불일치와 관련하여 복합사물 사이의 분립과 자율 존중을 핵심으로 하는 비근대적 헌법 아이디어를 제시하였다.[9] 이들 제반 정신적 철학적 대처 노력에는 나름의 문제제기의 의미와 모색 방향의 시사점이 있으나 현대적 맥락에서는 이미 특정한 철학적 해석이나 계도기능에 의존할 수 없다. 자연과 인간관계의 대칭성 회복 문제는 물론이고 지구촌 사회의 각종 비대칭적 문제의 해결과제에 개재된 권력과 자본의 개입, 이와 관련한 정보의 분리와 격차에 더하여, 팬데믹의 딜레마에서 탈출하기 위해 각자도생하려는 비상대처상황에서의 분리와 격차까지 심각한 문제로 떠올랐다.

이런 모든 사정을 고려하여 우리는 대처 가능한 사유방식과 제도적 뒷받침을 통한 문명과 사회의 방향전환 방안도 모색해 보았다. 따르는 여러 가지 과제의 수행에는 인문학과 자연과학의 협조와 연대가 필수적이며 사회적 개선과 개혁의 실천적 노력이 있어야 함은 당연하다. 이와 같이 복합요소들 사이의 연결과 분립 자율(on/off적 교대작업)[10]을 반복하고 나선형 상승곡선을 그리며 나아가는 전략은 인문

---

8 비토리오 회슬레(Vittorio Hösle)는 『독일철학사』(이신철 옮김, 에코리브르, 2015)에서 '하이데거'의 후기 작업의 특징을 언급하며, "근세적 주관성과 고삐 풀린 기술에 대한 증대되는 마음의 불편함을 개념화했다."고 인정하면서도 "기술적 세계에 대한 동시적인 긍정과 부정으로서 사물에 대한 '내맡김'이라는 정적주의적 윤리학"이라고 평가하였다. 『독일철학사』, 366~7쪽 참조.

9 브뤼노 라투르(Bruno Latour), 『우리는 결코 근대인이었던 적이 없다』, 홍철기 옮김, 갈무리, 2009, 343~351쪽 참조.

과 비인문(비의식 지능, 빅데이터, 사물의 사회 등)을 분리해서는 안 된다는 의미이다.

어떤 분야, 어떤 일이든 현대는 자율성과 연대성을 둘 다 존중할 수밖에 없다. 현실파악과 문제의 인식도 어렵고 원인분석과 종합적 판단도 어렵지만, 시대정신의 목표설정과 해결방안의 수립과 실천은 비교할 수 없을 정도로 더 어렵다. 화쟁의 방식처럼 먼저 마음을 비우고 사태에 임하며 진실을 인정하자. 이상을 포기하지 않고 구체적 타당성을 추구는 하되, 너무 성급하게 완벽성을 기하려고 지나치게 세세한 사변과 논의에 매달려 싸우지는 말자. 조금은 덜 준비되었으나 중요한 지점을 짚고 포인트를 지녔을 때는 인정해 주고 협조해 보자. 이것이 소수-되기의 윤리가 힘을 발휘하는 진일보의 길이다.

---

10 복합 연결과 분립 자율, '둘 아님의 상관적이며 차이남의 분별'을 스위치 on & off식에 비유한다.

종장. 대증요법과 근본적 대책의 결합 시대

1. 터전을 빼앗긴 야생의 내습과 인류의 대응 — 키아스마형 발전모델과 목적가치 지향의 융합

지구의 자연 생태계는 미생물을 필두로 하는 야생에서부터 시작하였다. 인류는 거의 맨 나중에 등장하여 그 야생의 터전에서 야생과 더불어 대칭적 관계에서 오묘한 균형을 이루며 삶을 영위하였다. 신화의 시대와 신석기 시대 전후를 통과하는 과정에서 인류는 그 대칭적 관계에 질적 양적 변화를 일으켰다. 야생과의 균형관계를 깨트리기 시작하여 마침내는 야생을 장악하고 포획하며 지배 수탈하는 비대칭적 관계로 변질시키고 고착시켜 버렸다.[1] 그것이 지구대지와 인류의 역사다.

지금 야생의 자연이 마지막 단말마의 비명을 지르는 절체절명의 순간을 맞이하고 있다. 홍적세 말기 전후부터 자행하기 시작한 야생의 대학살은 오늘날 오대양의 바다 생태계와 육대주의 원시림을 마구 파괴함에 이르렀다. 야생은 지구의 구석구석까지 내몰리고 밀리다가

---

1 비대칭적 관계로의 변화에 대해서는 브뤼노 라투르(Bruno Latour)의 같은 책, 126, 135, 233, 388~9, 391~6쪽 및 나카자와 신이치(中澤新一)의 『대칭성 인류학』(참고문헌 참조), 225, 323쪽.

아예 송두리째 그들의 터전을 인류에게 빼앗겨 버렸다. 그리하여 급기야는 지구진화의 처음부터 가장 원초적이고도 최대량의 거주자들인 미생물들의 오랜 생태계를 건드리고 파괴한 결과가 되었다. 그들 야생의 세계에서는 미생물과 숙주인 야생 동식물들 사이에 오랜 세월 동안 공생과 공사를 거듭하며 함께 살아온 끊을 수 없는 관계가 있으므로, 이제 그 야생들 모두는 일제히 함께 들고 일어나 인류에게 자연의 정당한 반격을 단행할 수밖에 없었던 것이다. 일조 유사시 그들이 대응하고 내습해 오는 경로와 방식을 다 알 수 없고 예측할 수도 없다. 그런 반격과 복수의 결과 지구 전체가 당하고 있다.

늦어도 2030년경부터 한 세대 안에 지구온난화를 더 이상 지속시키는 흐름을 획기적으로 바꾸지 않고, 지금처럼 멸종 위기의 야생 상태를 더 악화시키고 그들의 터전과 삶을 마구 침범하고 도륙한다면 바이러스와 슈퍼 박테리아 등 야생 전체의 돌연변이와 내습은 막을 길이 없을 것이다. 미봉책으로는 어림도 없을 것이다. 변화하는 대자연의 생래적 공습에 대처하기에 당황하고 급급하다가 마침내 지구적 삶의 일대 카타스트로피를 맞이할지 모른다.

이제는 근본적 성찰을 통해 대전환을 이루어야 한다. 이와 관련하여 다년간 실천적 과업에 종사해 온 조안나 메이시와 그의 동료 크리스 존스톤의 경험과 의견을 참고할 필요가 있다. 그들은 세 차원의 대전환을 말한다.[2] 제1차원은 지구생명의 방어를 위한 지연 전술, 제2차원은 생명의 유지를 위한 체제와 실천으로서 경제·사회 구조의 개선과

---

2 조안나 메이시(외)의 같은 책, 『액티브 호프』, 42~51쪽.

개발, 제3차원은 인식과 사고 및 가치의 전환을 위한 의식 전환이다. 이 세 차원은 동시에 일어나고 서로를 보강해 준다. 획기적 전환을 위해 행동에 나설 사람들의 용기와 역량 강화를 위해서는 우리가 생명망과 서로 하나로 연결되어 있다는 교감을 되찾도록 도와주는 재교감, 재연결 작업이 필요하다. 이 재교감은 '고마운 마음과 친절의 표현'에서 시작하여, 세상과 세상의 고통에 대한 존중을 경험하고, 생명의 세계와 사물에 대한 새로운 눈으로 보기 등 이 세 가지 계기와 과정의 자기 훈련과정이 필요하다.[3]

나는 이들의 견해가 귀중한 것임을 인정하면서도 인성의 함양이나 개혁을 위한 정신적 윤리적 노력보다 사회의 제도적 개선에 초점을 맞춘 전략을 선호하는 편이다. 의식의 전환이나 가치관의 변화가 바람직하기는 하지만 대중 일반에까지 이르기를 기대한다는 것은 무리가 아닐까 한다. 그러므로 코막 컬리넌 같은 사회운동가는 "인간의 사고방식의 변화만으로 지구가 보호되지는 않을 것이다. 모든 생명이 신성하다고 믿는 불교론자와 도교론자가 많은 나라에서도 환경 파괴는 일어날 것이다. 정말 필요한 전환을 이루려면 법(제도)의 성격과 목적을 근본적으로 다르게 이해하려는 노력과 우리 사회에 대한 규율 방식(거버넌스 시스템 등)에서 변화가 요구된다."라고 하였다.[4]

인간의 존엄과 자유와 평등을 제대로 누리기 위해서는 인간만을 위한 인간중심의 사고로는 부족하다. 다른 생명들, 동식물들과 대지

---

3 위 같은 책, 17~9쪽과 55~61쪽.

4 코막 컬리넌(Cormac Cullinan), 『야생의 법』, 박태현 옮김, 로도스, 2016, 84~5쪽.

의 존재 의의를 지켜주고 살려주어야 한다. 진정 가치 상향의 삶과 다양성의 자유로운 전개가 충분히 가능하여, 결과적으로 인간의 존엄이 보장됨으로써 평등성도 실현되는 사회가 되리라는 희망이 먼저 보여야 한다. 이러한 희망을 위해서는 대지의 의의와 인간 존재자의 복합성의 의미를 제도에 반영해야 한다.

실질적인 조치는 결국 법적 정치적 구체화 과정을 거쳐야 하지만 그것은 문화적 아젠다(Agenda) 제시를 계기로 시작할 수밖에 없다. 자발성에서 출발하여 진정한 소수-되기의 행동윤리를 터득한 시민사회의 운동 에너지가 발휘된다면 구현 가능성을 높일 것이다. 대지와 생명 그리고 자유의 의미를 심화·확대시키는 기획을 통해 인간의 존엄과 평등성의 보장을 향상시키고, 나아가 대자연 속 생명체들의 생명다움까지 배려할 수만 있다면 이것이 근대의 초극과 탈근대의 논의를 넘어 새로운 시대의 공존체 실현에도 기여하는 방향이 될 것이다. 그리하여 자유와 평등의 '둘 아닌 세계'로 업그레이드되는 길을 발견할 것이라고 본다.

2. 생동하는 평화 혁명 — 식물 혁명과 활생

1) 활생을 위한 변혁의 요구

세계적 환경운동가이자 영국의 생태사상가 조지 몽비오(George Monbiot)는 "지금은 과거에 일어났던 커다란 변혁만큼이나 중대한 새로운 혁명이 필요한 시대이다. 그것은 바로 식물성 식품으로 전환하는 것이다."라고 하였다.[5] 육류의 생산과 소비로 인한 이산화탄산가스(탄소) 배출이 항공기를 포함한 교통수단으로 인한 것보다 더 많다는 것은 이미 주지의 사실이다. 몽비오에 의하면 육류가 공급하는 단백질은 곡류와 야채 등 식물성 식품이 공급하는 것보다 더 적으며, 더욱이 육류 생산을 위해서 사용하는 토지 등 생태적 희생물을 식물성 식품 산출에 필요한 것과 비교하면 육류는 너무나 비효율적이라는 것이다.[6]

바다의 경우도 고래와 상어 등 상위 포식자들의 남획과 생활 및 산업 폐기물로 인한 생태질서의 파괴 또한 심각하다. 고래와 식물성 플랑크톤과 어류의 선순환 관계, 그리고 고래와 식물성 플랑크톤의 엄청난 탄소 흡수 및 공기정화 기능은 최근 들어 IMF까지 주목하기에 이를 정도가 되었다.[7] 야생의 멸종과 야생 서식지에 대한 침탈은 생물의 풍부도와 다양성을 파괴하고 오랜 공생관계의 기반이 되었던 안정된 면역체계까지 뒤흔들어 야생과 중간숙주와 인간 사이에 미생물의 무질서적 혼재혼란 사태를 야기하였다.

앞으로 지금보다 2도 이상의 온난화로 기후가 변화할 경우, 팬데믹 등 질병 대량감염 사태는 다발로 발생하여 걷잡을 수 없는 단계로 번질지 모른다. 그런데 전쟁은 더 나은 세상에 대한 사유를 차단하고, 자본주의 사회에서 빈곤은 '고귀한 선택지'를 앗아간다. 의식과 문명의 전환은 사회제도의 개혁 문제와 완전히 별개가 아닌 '둘 아님의

---

5 George Monbiot(조지 몽비오)의 논문, 「고기라는 질문」(동녘출판사의 『비거닝』, 2020), 68쪽.

6 위 같은 책, 58~67쪽 같은 글 참조.

7 죽은 고래 사체의 장기간 탄소저장 효과뿐만 아니라 고래의 분변에 의존하는 식물성 플랑크톤 등은 육상 우림 등 식물의 탄소 흡수 총량의 약 60%를 흡수하는 기능도 한다.

복합적 과제'다. 새로운 기본권 사상 그리고 직접과 간접의 자유시장 시스템의 총합적 실현을 통하여 생명체들의 잠재력을 최대한 살려나가는 '생동하는 평화'의 공존체로 전진하는 길밖에는 없다.

2) 과학적 진보의 지역운동과 국제적 연대활동

식물성 혁명뿐 아니라 시장복합화로의 개혁과정에도 난관이 존재함은 물론이다. 이 난관은 기존의 체제나 기득권 질서와의 관계를 어떻게 조정하고 극복하며 타결해 가느냐의 문제다. 크게 보아 두 가지 기득권 체제가 있다. 자본의 힘과 정치적 사회적 권력이다. 그들은 그들의 현실적 권익이 크게 손상 받는 일은 결코 응하지 않으려 할 것이다. 보통의 무난한 상황 하에서는 쉽게 응하지 않을 것이다.

역사는 그 변곡점에서 수많은 우여곡절을 통과하게 한다. 투쟁도 시련도 있다. 인종적 차별의 지배체제이든, 자본주의나 사회주의이든 기득권 체제는 강고하다. 반체제 측의 적극적 문제제기와 저항운동이 불가피하며, 사회적 책임기업과 협동조합 방식의 추진 및 기본소득제에 대한 논의도 계속될 것으로 전망된다.

앞에서 여러 차례 언급한 바와 같이 현재의 대세와 변화 발전 상황을 고려할 때 자유경쟁시장 시스템의 복합화 다양화 기획에 대한 논의가 필요하다. 식물성 식품의 변혁을 비롯한 이 모든 문제는 지구적 규모의 기후변화 과제와 맞물려 있다는 문제의식 하에 국제적 연대작업을 전개할 필요가 있다. 습지의 생태적 가치를 최대한으로 살리자는 습지주의자들의 시적 은유처럼 고체형 문명을 액체성 문화의 물성으로 흘러 들어가게 하여 내부에서부터 변화가 일어나도록 끈질긴 노력을 거듭하는 길이 그것이다. 전 지구적 범위에서 인류의 식생활이 반 정도라도, 아니 삼분의 일 정도라도 식물성으로 전환된다면 상당수 지구상 인구의 건강과 후생복지, 지구온난화 문제를 해결하고, 언제 또 내습할지 모르는 팬데믹 사태의 대비까지 감당할 수 있을 것이다.

이러한 식물성으로의 식물食物 혁명은 영국 등 선진국에서는 이미 인구의 12~3% 이상 자발적으로 실행하고 있을 정도로 급진전하고 있다. 조금만 더 과학적 연구와 국제적 협조 및 연대의 노력이 경주된다면 머지않아 상당한 성과를 거둘 수 있으리라고 기대한다. 생태·환경 운동가 조지 몽비오는 이러한 연구와 실천의 연대를 위하여 어려운 작업들을 실행해 오고 있다. 그의 체험과 연구와 실천이 녹아든 『활생』은 전편에서, 특히 '바다의 활생'과 '바다의 선물'을 통하여 야생의 현실을 생생하게 보고하며, 아울러 야생의 비전을 제시하고 있다.[8]

3) 식물 혁명과 시장 복합화의 연결 — 활생의 연기법

마지막으로 우리가 제안했던 '공익시장에서의 간접적 자유경쟁'과 인류 먹을거리의 식물성으로의 일대 변화를 결합하는 일이야말로 기득권 체제에 변화를 일으켜 활로를 열 수 있는 길이라는 것을 강조하고 싶다. 이 두 가지는 종국적 목적과 방법을 공유한다. 즉 다른 생명과 자신을 함께 존중하고 살리는 것, 일차적 기초생활인 식생활면에서의 불안과 염려를 거두고 질병의 예방과 기본적 건강의 유지를 가능하게 하는 것, 나아가 그것이 팬데믹과 지구 온난화를 예방하는,

---

8 조지 몽비오(George Monbiot), 『활생』, 김산하 옮김, 위고, 2020, 제13장 및 제14장 참조.

금세기 최대의 과제 수행이라는 공익적 가치의 실현에 공헌하는 것 등이다. 이것은 정적으로 조용한 평화를 기도하는 일이 아니라, 생동하는 평화운동이다. 몸과 마음, '그대와 그들과 나'의 '둘 아님'이 펼치는 '화쟁운동'이다.[9] 앞에서 강조한 소수자 윤리학의 의의를 실행에 옮기는 일이다.

실천은 부단한 자기갱신과 수범, 경청과 포용, 정진과 지혜를 필요로 한다. 현대적 용어로 환언하면, 에머슨(Ralph Waldo Emerson)의 말처럼 '타인의 개혁은 자기 개혁 없이는 실패하고, 스스로를 개혁하게 되면 타인을 개선시킬 정책이나 법부터 재검토하고 반성하게 된다'는 의미에서 '내부로부터의 변화', '마음의 변화'를 먼저 실행하는 리더십을 시사한다. 이것이 화쟁의 요체다. 양분된 것을 적당히 중재하고 절충시킴이 화쟁이 아니다. 제삼의 푯대를 세워 놓고 이끄는 것도 아니다. 곁에서 함께 전진하며 표 안 나게, 상 없이, 때로는 몰이해와 빈축을 당하면서도 할 일은 주도면밀하게 진취적으로 실행하는 길이 화쟁이다.

이것이 첨단 현대에 우주 대자연과 지구대지, 대지와 인간, 인간과 비-인간 사물을 상관적 분별과 상호존중(둘도 하나도 아님의 살림)의 유동적 복합화 과정을 통해서 조화와 향상의 방향으로 전개하는 연기적 운동이다.

---

9 화쟁론은 원래 불교의 교상판석敎相判釋에 관한 태도와 방법론으로 원효의 『십문화쟁론十門和諍論』에서 유래한다. 각도와 입장을 달리하는 다양한 주장과 견해를 가능한 한 수행과 실천의 과제를 가장 중시하는 자세로 존중하고 포용하며 최대한으로 살려내되, 각기 수정 보완의 여지와 자기 혁신의 가능성을 용인하며 솔선수범하는 태도와 방법을 뜻한다.

참고문헌

(가나다 순/ 외국인 저자명 원어명 표시)

가타리, 펠릭스(Félix Guattari), 『기계적 무의식』, 윤수종 옮김, 푸른숲, 2003.
고든, 로버트(Robert Gorden), 『미국의 성장은 끝났는가』, 이경남 옮김, 생각의힘, 2017.
고미숑, 『그대가 보는 적은 그대 자신에 불과하다』, 푸른사상, 2010.
곽준혁, 『경제와 편견을 넘어서』, 한길사, 2010.
그레이, 존(John Gray), 『호모 라피엔스』, 김승진 옮김, 이후, 2011.
김규칠, 『불교가 필요하다』, 김영사, 2019.
김상일, 『수운과 화이트헤드』, 지식산업사, 2001.
김상환, 『철학과 인문적 상상력』, 문학과지성사, 2013.
김성철, 『중론』, 불교시대사, 2004.
김영수, 『사기를 읽다』, 유유사, 2016.
김종욱, 『불교생태철학』, 동국대학교출판부, 2004.
김형효, 『구조주의의 사유체계와 사상』, 인간사랑, 1990.
______, 『하이데거와 화엄의 사유』, 청계, 2002.
______, 『원효의 대승철학』, 소나무, 2006.
김홍근, 『보르헤스 문학전기』, 솔출판사, 2005.
김홍우, 『현상학과 정치철학』, 문학과지성사, 1999.

나카자와 신이치(中澤新一), 『대칭성인류학』, 김옥희 옮김, 동아시아, 2005.
______, 『곰에서 왕으로』, 김옥희 옮김, 동아시아, 2005.
______, 『신의 발명』, 김옥희 옮김, 동아시아, 2005.
______, 『신화, 인류 최고의 철학』, 김옥희 옮김, 동아시아, 2005.
______, 『사랑과 경제의 로고스』, 김옥희 옮김, 동아시아, 2004.

______, 『日本の大轉換』, 集英社, 2011.
노바크, 마이클(Michael Novak), 『민주자본주의의 정신』, 김학준 외 역, 을유문화사, 1983.

다니우치 유주루(溪內 謙), 『現代社會主義の省察』, 岩波書店(岩波現代選書), 1978.
다마지오, 안토니오(Antonio Damasio), 『스피노자의 뇌』, 임지원 옮김, 사이언스북스, 2007.
다이어몬드, 재레드(Jared Diamond), 『문명의 붕괴』, 강주헌 옮김, 김영사, 2005.
대한불교 조계종 성전편찬회, 『불교성전』, 동국역경원, 1972.
도킨스, 리차드(Richard Dawkins), 『확장된 표현형』, 홍영남 외 옮김, 을유문화사, 2016.
둘리엔, 세바스티안(Sebastian Dullien)외, 『자본주의 고쳐쓰기』, 홍기빈 옮김, 2012.
들뢰즈, 질(Gilles Deleuze)·가타리, 펠릭스(Félix Guattari), 『Anti-Oedipus』, Robert Hurley 외 영역, Athlone, 2000.
들뢰즈, 질·가타리, 펠릭스, 『천개의 고원』, 김재인 옮김, 새물결, 2001.
들뢰즈, 질(Gilles Deleuze), 『의미의 논리』, 이정우 옮김, 한길사, 1999.
______, 『스피노자와 표현의 문제』, 이진경 권순모 옮김, 인간사랑, 2003.
______, 『차이와 반복』, 김상환 옮김, 민음사, 2004.
______, 『프루스트와 기호들』, 서동욱·이충민 옮김, 민음사, 2012.
______, 『Qu'est_ce la philosophie?'』, Paris, Ed, de Minuit, 1991.
라이히홀프, 요세프(Josef H. Reichholf), 『미의 기원』, 박종대 옮김, 플래닛, 2012.
라투르, 브뤼노(Bruno Latour), 『과학인문학 편지』, 이세진 옮김, 사월의책, 2012.
라투르, 브뤼노, 『우리는 결코 근대인이었던 적이 없다』, 홍철기 옮김, 갈무리, 2009.
______, 『인간·사물·동맹』, 홍성욱 엮음, 이음, 2010.
______, 『지구와 충돌하지 않고 착륙하는 방법』, 박범순 옮김, 이음, 2021.
라훌라, 월폴라(Walpola Rahula), 『What the Buddha taught』, Gordon Fraser, 1978.
레비-스트로스, 클로드(Claude Levi-Strauss), 『슬픈 열대』, 박옥줄 옮김, 한길사,

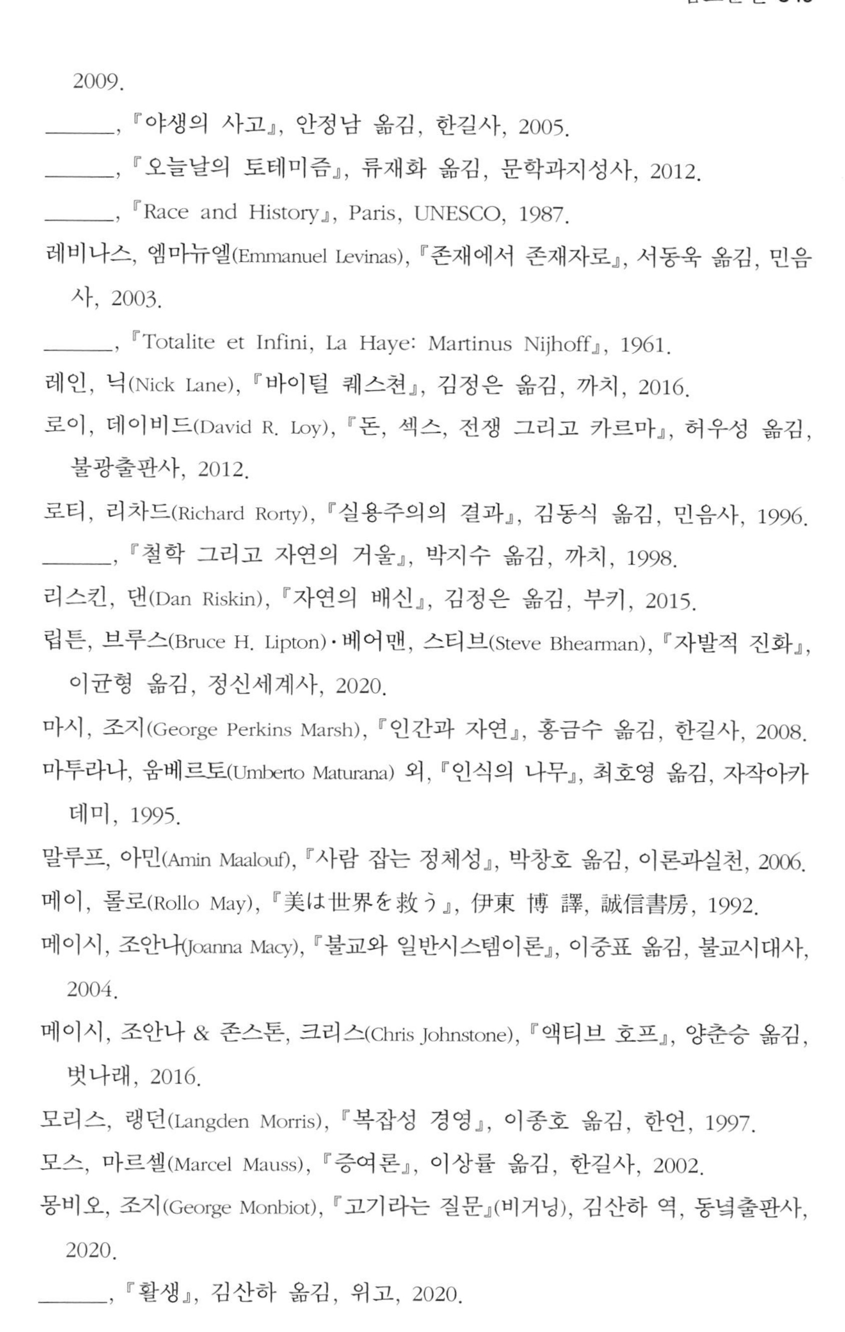

2009.
______, 『야생의 사고』, 안정남 옮김, 한길사, 2005.
______, 『오늘날의 토테미즘』, 류재화 옮김, 문학과지성사, 2012.
______, 『Race and History』, Paris, UNESCO, 1987.
레비나스, 엠마뉴엘(Emmanuel Levinas), 『존재에서 존재자로』, 서동욱 옮김, 민음사, 2003.
______, 『Totalite et Infini, La Haye: Martinus Nijhoff』, 1961.
레인, 닉(Nick Lane), 『바이털 퀘스천』, 김정은 옮김, 까치, 2016.
로이, 데이비드(David R. Loy), 『돈, 섹스, 전쟁 그리고 카르마』, 허우성 옮김, 불광출판사, 2012.
로티, 리차드(Richard Rorty), 『실용주의의 결과』, 김동식 옮김, 민음사, 1996.
______, 『철학 그리고 자연의 거울』, 박지수 옮김, 까치, 1998.
리스킨, 댄(Dan Riskin), 『자연의 배신』, 김정은 옮김, 부키, 2015.
립튼, 브루스(Bruce H. Lipton)·베어맨, 스티브(Steve Bhearman), 『자발적 진화』, 이균형 옮김, 정신세계사, 2020.
마시, 조지(George Perkins Marsh), 『인간과 자연』, 홍금수 옮김, 한길사, 2008.
마투라나, 움베르토(Umberto Maturana) 외, 『인식의 나무』, 최호영 옮김, 자작아카데미, 1995.
말루프, 아민(Amin Maalouf), 『사람 잡는 정체성』, 박창호 옮김, 이론과실천, 2006.
메이, 롤로(Rollo May), 『美は世界を救う』, 伊東 博 譯, 誠信書房, 1992.
메이시, 조안나(Joanna Macy), 『불교와 일반시스템이론』, 이중표 옮김, 불교시대사, 2004.
메이시, 조안나 & 존스톤, 크리스(Chris Johnstone), 『액티브 호프』, 양춘승 옮김, 벗나래, 2016.
모리스, 랭던(Langden Morris), 『복잡성 경영』, 이종호 옮김, 한언, 1997.
모스, 마르셀(Marcel Mauss), 『증여론』, 이상률 옮김, 한길사, 2002.
몽비오, 조지(George Monbiot), 『고기라는 질문』(비거닝), 김산하 역, 동녘출판사, 2020.
______, 『활생』, 김산하 옮김, 위고, 2020.

믈로디노프, 레오나르드(Leonard Mlodinow), 『새로운 무의식』, 김명남 옮김, 까치, 2013.
미즈노 카즈오(水野和夫), 『資本主義の終焉と歴史の危機』, 集英社, 2015.
바그너, 안드레아스(Andreas Wagner), 『패러독스』, 김상우 옮김, 와이즈북, 2012.
박동환, 『안티호모에렉투스』, 사월의책, 2017.
박동환, 『x의 존재론』, 사월의책, 2017.
박성배, 『한국사상과 불교』, 혜안, 2009.
박종홍, 『한국의 사상적 방향』, 박영사, 1969.
박찬국, 『원효와 하이데거 연구』, 서강대학교 출판부, 2010.
______, 『니체와 불교』, 씨·아이·알, 2013.
______, 『에리히 프롬과 불교』, 대한불교진흥원 학술총서, 운주사, 2022.
박, 페르(Per Bak), 『자연은 어떻게 움직이는가?』, 정형채 외 옮김, 한승, 2012.
박희병, 『한국의 생태사상』, 돌베개, 2005.
발리바르, 에티엔(Étienne Balibar), 『스피노자와 정치』, 진태원 옮김, EjB, 2005.
______, 『대중들의 공포』, 최원·서관모 옮김, 도서출판b, 2007.
백승영, 『니체, 디오니소스적 긍정의 철학』, 책세상, 2005.
베르그송, 앙리(Henri Bergson), 『물질과 기억』, 박종원 옮김, 아카넷, 2005.
보그, 로날드(Ronald Bogue), 『들뢰즈와 가타리』, 이정우 옮김, 새길, 1996.
보드리야르, 쟝(Jean Baudrillard), 『시뮬라시옹(Simulation)』, 하태환 옮김, 민음사, 1992.
볼딩, 케네스(Kenneth E. Boulding), 『토털 시스템으로서의 세계』, 이정식 옮김, 범양사, 1990.
비트겐슈타인, 루드비히(Ludwig Wittgenstein), 『철학적 탐구』, 이영철 옮김, 책세상, 2011.
사카모토 요시카즈(坂本義和), 『相對化の時代』, 岩波書店, 1997.
사토이, 마커스 드(Marcus du Sautoy), 『대칭』, 안기연 옮김, 승산, 2011.
살로몬, 미하엘 슈미트(Michael Schmidt-Salomon), 『어리석은 자에게 권력을 주지 마라』, 김현정 옮김, 고즈윈, 2012.
섀거넌, 나폴리언(Napoleon A. Chagnon), 『고결한 야만인』, 강주헌 옮김, 생각의힘,

2014.
서광, 『현대 심리학으로 풀어본, 유식 30송』, 불광출판사, 2003.
서동욱, 『들뢰즈의 철학』, 민음사, 2002.
______, 『차이와 타자』, 문학과지성사, 2000.
서순, 도널드(Donald Sassoon), 『우리 시대의 병적 징후들』, 유강은 옮김, 뿌리와이파리, 2021.
소웰, 토마스(Thomas Sowell), 『비전의 충돌』, 채계병 옮김, 이카루스미디어, 2006.
슈츠, 알프레드(Alfred Schutz), 『The Phenomenology of World', George Walsh』, 영역, Evanston, 1967.
슘페터, 죠셉(Joseph A. Schumpeter), 『Capitalism, Socialism and Democracy』, Harper Colophon Books, 1950.
스피노자, 바루크(Baruch Spinoza), 『Ethics(에티카)』, 'The European Philosophers from Descartes to Nietzsche', Modern Library Edition, Random House, Inc., 1992.
슬로터다이크, 페터(Peter Sloterdijk), 『세계의 밀착: 지구시대에 대한 철학적 성찰』, 한정선 엮음, 한승완 외 옮김, 철학과현실사, 2007.
시오자와 요시노리(塩澤由典), 『왜 복잡계 경제학인가』, 임채성 옮김, 푸른길, 1999.
신소천, 『심경, 금강경 강의』, 보각선원, 1963.
______, 『활공원론活功原論』(重版本/韶天禪師文集Ⅱ), 불광, 1993.
신용국, 『인식이란 무엇인가』, 김영사, 2019.
실러, 프리드리히(Friedrich Schiller), 『인간의 미적 교육에 관한 편지』, 안인희 옮김, 청하, 1995.
아이젠스타인, 찰스(Charles Eisenstein), 『신성한 경제학』, 정준형 옮김, 김영사, 2015.
야마자키 마사카즈(山崎正和), 『近代の擁護』, PHP, 1995.
얀치, 에리히(Erich Jantsch), 『자기조직하는 우주』, 홍동선 옮김, 범양사, 1991.
양해림, 『한스 요나스의 생태학적 사유 읽기』, 충남대학교출판문화원, 2013.
에드워즈, 데이비드(David Edwards), 『자유와 진보 그 교활함을 논하다』, 송재우 옮김, 모색사, 2005.
에모트, 빌(Bill Emmott), 『20 : 21 VISION』, Farrar Straus and Giroux, N.Y, 2003.
엘리아데, 미르치아(Mircea Eliade), 『신화와 현실』, 이은봉 옮김, 한길사, 2011.
______, 『영원회귀의 신화』, 심재중 옮김, 이학사, 2003.
엘리아스, 노베르트(Nobert Elias), 『문명화 과정 I 』, 박미애 옮김, 한길사, 2011.
______, 『문명화 과정 II 』, 박미애 옮김, 한길사, 2006.
원효元曉, 『금강삼매경론』, 보련각, 원효전서국역간행회, 1987.
월러스틴, 임마뉴엘(Immanuel Wallerstein), 『Unthinking Social Science』, Polity Press, 1991.
______, 『유토피스틱스』, 백영경 옮김, 창작과비평사, 1999.
유기천, 『자유사회의 법과 정의』, 유기천기념사업회, 지학사, 2003.
융, 칼 구스타브(Carl Gustav Jung), 『인간과 상징』, 열린책들, 2009.
윌슨, 에드워드(Edward Wilson), 『인간 본성에 대하여』, 이한음 옮김, 사이언스북스, 2001.
______, 『인간 존재의 의미』, 이한음 옮김, 사이언스북스, 2016.
의상義湘, 『화엄일승법계도華嚴一乘法界圖』, 동국대학교 한국불교전서편찬위원회, 1979.
이정우, 『시뮬라크르의 시대』, 거름, 2000.
______, 『천하나의 고원』, 돌베개, 2020.
이진경, 『노마디즘 I , II 』, 휴머니스트, 2002.
______, 『철학의 외부』, 그린비, 2002.
이진경 외, 『모더니티의 지층들-현대사회론 강의』, 그린비, 2007.
이찬훈, 『둘이 아닌 세상』, 이후출판사, 2002.
______, 『불이사상과 불교미학』, 불교평론(제6권 제4호 겨울호), 2004.
______, 『화엄의 불이사상과 과정 형이상학』, 대동철학회 논문집(제23집), 2003.
이태수, 『인문과학의 이념과 방법론』, 성균관대학출판부, 1995.
이한구, 『문명의 융합론』, 철학과 현실사, 2019.
______, 『역사주의와 반역사주의』, 철학과 현실사, 2010.
인셋, 앤더스(Anders Indset), 『양자경제』, 배명자 옮김, 흐름, 2022.

임원택, 『정치경제학의 철학적 기초』, 법문사, 1988.
장하준, 『국가의 역할』, 부키, 2006.
정문길, 『소외론 연구』, 문학과지성사, 1987.
장회익, 『삶과 온 생명』, 현암사, 2014.
조순, 『하이에크 연구』, 민음사, 1995.
지글러, 장(Jean Ziegler), 『탐욕의 시대』, 양영란 옮김, 갈라파고스, 2010.
짐멜, 게오르그(Georg Simmel), 『돈의 철학』, 김덕영 옮김, 길, 2013.
칙센트미하이, 미하이(Mihaly Csikszentmihalyi), 『몰입』, 최인수 옮김, 한울림, 2004.
가라타니 고진(柄谷行人), 『세계사의 구조』, 조영일 옮김, 도서출판b, 2013.
______, 『자연과 인간』, 조영일 옮김, 도서출판b, 2013.
______, 『철학의 기원』, 조영일 옮김, 도서출판b, 2015.
카시러, 에른스트(Ernst Cassirer), 『국가의 신화』, 최명관 옮김, 창, 2013.
______, 『상징형식의 철학』, 박찬국 옮김, 아카넷, 2014.
카텝, 조지(George Kateb), 『The Inner Ocean』, Cornell University Press, 1992.
카프라, 프리쵸프(Fritjof Capra), 『The Turning Point』, Flamingo, 1985.
캘러헌, 데이비드(David Callahan), 『치팅 컬쳐』, 강미경 옮김, 서돌, 2008.
커즈와일, 레이(Ray Kurzweil), 『특이점이 온다』, 김명남 외 옮김, 김영사, 2007.
컬리넌, 코막(Cormac Cullinan), 『야생의 법-지구법 선언』, 박태현 옮김, 로도스, 2016.
케이, 하워드(Howard L. Kaye), 『현대 생물학의 사회적 의미』, 생물학의 역사와 철학 연구모임 옮김, 뿌리와이파리, 2008.
콘즈, 에드워드(Edward Conze), 『Buddhist Wisdom』, Random House, 2001.
콜리어, 폴(Paul Collier), 『자본주의의 미래』, 김홍식 옮김, 까치, 2020.
쾨슬러, 아서(Arthur Koestler), 『ホロンHolon革命』, 田中三彦·吉岡佳 譯, 工作舍, 1983.
클라인, 나오미(Naomi Klein), 『이것이 모든 것을 바꾼다』, 이순희 옮김, 열린책들, 2016.
틱낫한(Thich Nhat Hanh), 『금강경』, 양미성·김동원 옮김, 장경각, 2013.
판 파레이스, 필리프(Philippe Van Parijs), 『21세기 기본소득』, 홍기빈 옮김, 흐름,

2018.

폴라니, 칼(Karl Polanyi), 『거대한 전환』, 홍기빈 옮김, 길, 2009.

______, 『經濟の文明史』, 玉野井 芳郞 外 編譯, 日本經濟新聞社, 1979.

프롬, 에리히(Erich Fromm), 『The Sane Society』, Routledge & Kegan Paul, 1973.

______, 『건전한 사회』, 김병익 옮김, 범우사, 1999.

______, 『소유냐 삶이냐』, 정성환 옮김, 홍신문화사, 2008.

플래너리, 켄트(Kent Flannery) 외, 『불평등의 창조』, 하윤숙 옮김, 미지북스, 2015

피케티, 토마스(Thomas Piketty), 『21세기 자본론』, 장경덕 외 옮김, 글항아리, 2014.

하라리, 유발(Yuval N. Harari), 『호모 데우스』, 김명주 옮김, 김영사, 2017.

______, 『21세기를 위한 21가지 제언』, 전병근 옮김, 김영사, 2018.

하영선, 『21세기 한반도 백년대계』, 풀빛, 2004.

하이데거, 마르틴(Martin Heidegger), 『동일성과 차이』, 신상희 옮김, 민음사, 2000.

______, 『숲길(Holzwege)』, 신상희 옮김, 나남, 2010.

하트, 마이클(Michael Hardt), 『들뢰즈 사상의 진화』, 김상운 외 옮김, 갈무리, 2004.

한자경, 『공적영지空寂靈智』, 김영사, 2018.

한병철, 『시간의 향기』, 김태환 옮김, 문학과지성사, 2014.

한국철학회, 『한국철학사』(상·중·하), 동명사, 1987.

혜능, 『현토 육조단경懸吐六祖壇經』, 김탄허 번역, 해동불교역경원, 1960.

호리고메 요조(堀米庸三) 편, 『西歐精神の探究(서구정신의 탐구)』, 일본방송출판협회, 1976.

호지, 헬레나 노르베리(Helena Norber-Hodge), 『행복의 경제학』, 중앙books, 2012.

호프만, 로얼드(Roald Hoffman), 『같기도 아니 같기도 하다』, 이덕환 옮김, 까치, 1997.

홉스봄, 에릭(Eric Hobsbawm), 『파열의 시대』, 이경일 옮김, 까치, 2015.

홍기빈, 『비그포르스, 복지 국가와 잠정적 유토피아』, 책세상, 2012.

화이트헤드, 알프레드(Alfred North Whitehead), 『과정과 실재』, 오영환 역, 민음사, 1991.
______, 『관념의 모험』, 오영환 옮김, 한길사, 1996.
______, 『과학과 근대세계』, 오영환 역, 서광사, 1989.
______, 『이성의 기능』, 김용옥 역안譯案, 통나무, 1998.
______, 『The Function of Reason』, Beacon Press, 1958.
황수영, 「베르그손(Henri-LouisBergson)」, 『생성으로 생명을 사유하기』, 갈무리, 2014.
회슬레, 비토리오(Vittorio Hösle), 『현대의 위기와 철학의 책임』, 이신철 옮김, 도서출판b, 2014.
______, 『21세기의 객관적 관념론』, 나종석 옮김, 에코리브르, 2007.
______, 『독일철학사』, 이신철 옮김, 에코리브르, 2015.
후설, 에드문트(Edmund Husserl), 『ヨーロッパ諸學の危機と超越論的現象學』, 細谷恒夫 外 日譯, 中央公論社, 1974.
휘터, 게랄트(Gerald Hüther), 『우리는 무엇이 될 수 있는가?』, 이상희 옮김, 추수밭, 2012.
휴암, 『장군죽비』(상·하), 명상, 1996.

찾아보기

【ㄴ】

【ㄷ】

【ㅅ】

【ㅈ】

지은이 김규칠

1960~70년대에 유신체제 하에서 학생운동과 대학생수도원 활동을 하였다. 서울대학교 법과대학과 신문대학원을 졸업한 후 국내외에서 공직생활을 하다 자진 사직하고 사회개혁으로 방향을 전환하였다. 이후 경제정의시민운동, 정치문화개혁 및 나라정책개발 활동에 참여하였으며, 불교의 현대화와 '새 생각운동'의 방향을 모색하면서 시사토론 진행 등 방송 활동을 하였다. 동국대 언론정보대학원 및 불교대학원 겸임교수, 산업기술정보원장, 불교방송 사장, 대한불교진흥원 이사장 등을 역임하였다.
지은 책으로는 『탈정치시대의 새로운 항로』, 『불교는 필요하다』 등이 있다.

대원불교 학술총서 07 활생문명으로 가는 길

초판 1쇄 인쇄 2023년 7월 5일 | 초판 1쇄 발행 2023년 7월 13일
지은이 김규칠 | 펴낸이 김시열
펴낸곳 도서출판 운주사
(02832) 서울시 성북구 동소문로 67-1 성심빌딩 3층
전화 (02) 926-8361 | 팩스 0505-115-8361
ISBN 978-89-5746-750-3 93220 값 25,000원
http://cafe.daum.net/unjubooks 〈다음카페: 도서출판 운주사〉